SCORPIO

W0060543

Douglas E. Noll

Die elegante Art,
HITZKÖPFE
und andere
STREITHAMMEL
zu beruhigen

*Wie Sie in 90 Sekunden
Ärger in Luft auflösen*

Aus dem amerikanischen Englisch
von Matthias D. Borgmann

SCORPIO

Wichtiger Hinweis

Die Informationen und Ratschläge in diesem Buch wurden mit größter Sorgfalt von Autor und Verlag erarbeitet und geprüft. Sie bieten jedoch keinen Ersatz für kompetenten medizinischen Rat. Alle Leserinnen und Leser sind daher aufgefordert, selbst zu entscheiden, ob und inwieweit sie die Anregungen in diesem Buch umsetzen wollen. Eine Haftung des Autors und des Verlags für Personen-, Sach- oder Vermögensschäden ist ausgeschlossen.

Die amerikanische Originalausgabe erschien 2017 unter dem Titel *De-escalate. How to Calm an Angry Person in 90 Seconds or Less* bei Atria Books/Beyond Words.

Copyright © 2017 by Douglas E. Noll
All rights reserved including the right of reproduction in whole or in part in any form. This edition published by arrangement with the original publisher, Atria Books/Beyond Words, a Division of Simon & Schuster, Inc., New York.
© der deutschsprachigen Ausgabe 2018
Scorpio Verlag GmbH & Co. KG, München
Umschlaggestaltung: Favoritbuero, München,
unter Verwendung von © shutterstock/retrorocket
Layout & Satz: Danai Afrati und Robert Gigler, München
Druck und Bindung: GGP Media GmbH, Pößneck
ISBN 978-3-95803-140-1
Alle Rechte vorbehalten.

Mehr über unsere Bücher
www.scorpio-verlag.de

Dieses Buch ist meiner Frau Aleya Dao gewidmet.
Ich widme es außerdem
den Insassinnen des »Prison of Peace«.
Jede von euch war mir eine Inspiration.
Ich bin stolz auf euch alle.

Inhalt

Vorwort

Konflikte! In unserer heutigen Welt könnte man das Gefühl bekommen, als würden wir vollkommen von ihnen verzehrt. Es herrscht Streit in Familien, zwischen Freunden und am Arbeitsplatz. Schalten Sie einmal die Fernsehnachrichten an oder lesen Sie die Zeitung, und Sie werden Zeugen gegensätzlicher Kräfte innerhalb von Regierungen, Behörden oder zwischen Einzelpersonen, die um die Macht wetteifern. In der gleichen Nachrichtensendung erfahren Sie von Menschen, die sich gegenseitig umbringen, von häuslicher Gewalt, Mobbing und einer Vielzahl anderer, nicht tolerierbarer Formen von Aggression. Konflikte, in welcher Form auch immer, scheinen unsere Gesellschaft weltweit auf jeder Ebene zu durchdringen – dies führt zu Misstrauen und Angst, die letztlich in einem sinnlosen Ausdruck von Wut eskalieren.

Was bringt uns so weit, dass wir Gewalt als Mittel zur Lösung von Meinungsverschiedenheiten akzeptieren? Worin liegt die Ursache für Konflikte, und wie können wir als Einzelpersonen und als Gruppe deren mutmaßliche Folgen verändern? Können wir jemals eine friedliche Lösung erreichen für etwas, das uns als unüberwindbarer Konflikt erscheint?

Die Antwort auf all diese Fragen finden Sie auf den nachfolgenden Seiten von *Die elegante Art, Hitzköpfe und andere*

Streithammel zu beruhigen. Wie Sie in 90 Sekunden Ärger in Luft auflösen. Dieses Buch liefert uns einen Bauplan, wie wir den kleinsten Familienstreit bis hin zu großen politischen Konflikten erfolgreich meistern können. Die Grundlage dafür bilden emotionale Intelligenz und die Kunst des Zuhörens.

Als Mitbegründer des »Prison of Peace«-Projekts und durch seine Arbeit mit Häftlingen in kalifornischen Hochsicherheitsgefängnissen kommt Rechtsanwalt Douglas E. Noll zu dem Schluss, dass die Lösung des Problems in der emotionalen Intelligenz liegt – statt auf die Worte müssen wir auf die Gefühle der Menschen hören. Die Beherrschung dieser Technik eröffnet uns Möglichkeiten, nach denen sich viele Menschen sehnen, wenngleich wir alle in der einen oder anderen Form Konflikte erleben.

Auf vorzügliche Weise beschreibt Doug die Schritte, mit denen man einem Streit die Schärfe nehmen kann. Er zeigt uns, dass wir – indem wir den mächtigen emotionalen Trigger »Sprache« ignorieren lernen – uns selbst davor schützen, in den Konfliktsog hineingezogen zu werden und zu einem Verständnis der emotionalen Erfahrungen eines anderen Menschen gelangen können. Mit diesem Wissen können wir die Gefühle des anderen zurückspiegeln und anerkennen und einen Weg in Richtung Verständigung einschlagen. Die Anwendung dieser einfachen Hilfsmittel führt zu einer möglichen und faktischen Deeskalation von Spannungen.

Das sind zwar nur die Grundpfeiler des Verfahrens, aber sie sind eine solide Basis für Möglichkeiten und Handlungen, die beiden Konfliktparteien zugutekommen. Die Techniken, die im Buch *Die elegante Art, Hitzköpfe und andere Streithammel zu beruhigen* vorgestellt werden, sind von unschätzbarem Wert. Sie können in jeder spannungsgeladenen Situation erfolgreich eingesetzt werden. Ihre Anwendung kann Ergebnisse herbeiführen, die früher hoffnungslos und unerreichbar schienen. Außerdem gewährt die Umsetzung von Dougs Techniken jedem von uns die Möglichkeit, mehr über andere und sich selbst zu lernen.

Die elegante Art, Hitzköpfe und andere Streithammel zu beruhigen ist sowohl ein Selbsthilfebuch als auch eines für die Vermittlung zwischen Menschen. Beide Aspekte sind unumgänglich, wenn wir miteinander in vorurteilsfreier Harmonie leben wollen.

Douglas' Deeskalationsverfahren erfordert von uns, unser geistiges und körperliches Sein dahingehend zu verändern, dass es auf der emotionalen Ebene empfänglicher wird. Wir müssen unser Ego zur Seite schieben sowie unsere spontane Reaktion, auf eine konfliktgeladene Umgebung gleichermaßen mit Groll antworten zu wollen. Am Anfang mag Ihnen dies als Kapitulation erscheinen, aber in Wirklichkeit ist es die Grundlage für eine Haltung einfühlenden Bewusstseins. Mit diesem Verständnis können Sie die eigentlichen Probleme hinter einer Eskalation ergründen und eine Problemlösung herbeiführen.

Stellen Sie sich vor, Sie wären in der Lage, sich mit Ihrem Kind hinzusetzen und ein konstruktives Gespräch zu führen, das Ihnen den eigentlichen Grund seines Ärgers verrät. Oder wie wäre es, auf einen sarkastischen Mitarbeiter in einer Weise einzugehen, die eine konfliktfreie Lösung des Problems ermöglicht? Malen Sie sich einen Prozess aus, der Politiker gegensätzlicher Parteien in eine Lage versetzt, in der sie tatsächlich miteinander ins Gespräch kommen können. Würden Politiker den Weg beschreiten, der in diesem Buch beschrieben wird, könnten wir alle davon profitieren.

Doug hat diese Methode während vieler Jahre als Strafverteidiger, später als Mediator und schließlich als Friedensstifter entwickelt. Die Beständigkeit seines Deeskalationsverfahrens hat sich immer wieder aufs Neue bestätigt. Es ermöglicht jedem, der dieses Buch liest, an einer Methode teilzuhaben, die zu einem umfassenderen Verständnis und einer besseren Kommunikation mit anderen Menschen führt. In der heutigen Zeit kann *Die elegante Art, Hitzköpfe und andere Streithammel zu beruhigen* zum Leitfaden für jeden von uns werden.

Brit Elders,
Autorin und Geschäftsführerin der Website ShirleyMacLaine.com

Einleitung

Liebe Ms. Kaufer,

Mein Name ist Susan Russo, ich bin Insassin des Gefängnisses »Valley State Prison for Women«. Ich schreibe Ihnen in der Hoffnung, dass Sie vielleicht bereit wären, einen Workshop zu geeigneten Mediationsverfahren für unsere Netzwerk-Gruppe zu veranstalten. Diese Gruppe von Frauen möchte nicht nur ihre eigenen Verhaltensweisen im Umgang miteinander verbessern, sondern auch Menschen in der Bevölkerung dienen. Ich glaube, von einem Workshop über Mediation würden nicht bloß wir Insassinnen, sondern auch das Gefängnispersonal profitieren. Sie würden den Workshop mit den Frauen in unserer Netzwerk-Gruppe machen, und wir würden anschließend das, was wir gelernt haben, der Allgemeinbevölkerung beibringen.
Ich hoffe, Sie überlegen es sich und ich höre bald von Ihnen. Danke für Ihre Aufmerksamkeit!

Hochachtungsvoll,
Ihre Susan Russo, Valley State Prison for Women

Meine gute Freundin und Kollegin Laurel Kaufer rief mich an, las mir den Brief vor, den sie gerade von Susan bekommen hatte, und fragte:»Was meinst du?«

»Da bin ich dabei!«, antwortete ich, ohne einen Moment zu zögern. Wenn wir Häftlingen beibringen könnten, zu Friedensstiftern zu werden, hätten wir ein für alle Mal den Beweis erbracht, dass jeder von uns zum Friedensstifter werden kann und in der Lage wäre, der Gewalt allerorten ein Ende zu bereiten. Was in einem Hochsicherheitsgefängnis voller Gewalt möglich wäre, wäre überall möglich!

Es war keine leichte Aufgabe, die Genehmigung für den Start des Projekts zu bekommen. Obwohl Laurel und ich erfahrene Rechtsanwälte waren, hatten wir es zum ersten Mal in unserem Leben mit einer Gefängnis-Bürokratie zu tun. Schließlich erhielten wir jedoch grünes Licht, und im April 2010 nahmen wir unsere Arbeit mit der ersten Gruppe von Insassinnen auf.

Zu jener Zeit stand das»Valley State Prison for Women« im Ruf, das größte und brutalste Frauengefängnis der Welt zu sein. Die Zahl der Insassinnen im Gefängnis belief sich auf 3480 – in einer Einrichtung, die ursprünglich einmal für 2400 Frauen vorgesehen war. Die fünfzehn Frauen aus unserer Pilotgruppe verbüßten allesamt langjährige oder lebenslange Haftstrafen. Sie repräsentierten alle möglichen sozialen Schichten, ethnischen Zugehörigkeiten, Bildungsniveaus und sozioökonomischen Hintergründe. Sie waren taffe, verschlossene, zornige und tief verletzte Frauen. Sie waren die vergessenen Unberührbaren der modernen Gesellschaft. Wir hatten keine Ahnung, ob unsere Techniken bei diesen schwierigen Fällen überhaupt funktionieren würden – aber diese Frauen wollten die Konflikte und Streitigkeiten in ihrer Gefängnisgemeinschaft beenden, und dafür brauchten sie die entsprechenden Fertigkeiten.

Nicht einmal im Ansatz lässt sich das Gefühl beschreiben, mit dem ich das Hochsicherheitsgefängnis am ersten Tag betrat. Normalerweise bin ich nicht leicht zu beeindrucken, aber als ich durch die Hauptkontrolle lief und hörte, wie der Schieber der computergesteuerten Sicherheitstür sich dröhnend und mit einem lauten Klicken hinter mir schloss, zog dies meine ganze Aufmerksamkeit auf sich – wir befanden uns im Bauch der Bestie.

Uns war der Besprechungsraum im Büro von Hof D zugeteilt worden. Um zu Hof D zu gelangen, musste man rund vierhundert Meter durch den externen Haupthof des Gefängnisses marschieren. An diesem Morgen herrschte einer jener typischen kühlen und klaren Apriltage in Kaliforniens Central Valley. Laurel und ich liefen schweigend den Weg entlang und ließen die Eindrücke der Gefängnisumgebung auf uns wirken: Die hohen Zäune mit dem messerscharfen Stacheldraht, die Wachtürme, die weiten, kahlen Flächen ohne die geringste Vegetation – es war ein düsterer, bedrückender und hoffnungsloser Ort.

Als wir das Büro von Hof D erreichten, fielen uns umgehend die rechteckigen Kabinen entlang der Wand auf, und uns wurde erklärt, dass diese Kabinen dazu dienten, wütende Insassinnen in Schach zu halten, bis die Gefängniswärter sich um sie kümmern würden. Der Wachmann geleitete uns in den Besprechungsraum. Mit spärlichem Neonlicht beleuchtet, in tristem Grün gestrichen – wie für diese Art von Institutionen typisch – und mit seinem Fußboden aus Beton, war dieser Raum der Inbegriff von Schäbigkeit. Die Hälfte der Stühle war zerbrochen, und an den Wänden stapelten sich ausrangierte Computer. Alles hier wirkte anstaltsmäßig, kalt und unfreundlich. Laurel und ich waren es gewohnt, in den hellen Klassenzimmern von Graduiertenkollegs und den Konferenzräumen von Hotels zu unterrichten. Etwas wie dies hatten wir noch nie zuvor gesehen.

Während der nächsten 15 Minuten trafen unsere Schülerinnen ein. Farbige, Weiße, Hispanics – junge Frauen, Frauen mittleren Alters, ältere. Sie alle waren Langzeithäftlinge oder Häftlinge auf Lebenszeit. Sie trugen die charakteristischen blauen Gefängniskittel, ihre Gesichter waren entweder nur spärlich oder gar nicht geschminkt. Einige von ihnen hatten Sonnenbrillen auf. Was ihre Kopfbedeckungen anging, war von Baseballmützen bis Kopftüchern alles vertreten.

Ein paar wütende und misstrauische Blicke richteten sich auf mich, man musterte mich skeptisch; manche der Frauen wirkten unterwürfig und verängstigt. In den Augen aller erkannte ich eine Frage:»Was will dieser große, alte, weißhäutige Anwalt hier?«

So fing alles an.

* * *

In der vierten Trainingswoche bemerkte ich, dass etwas Eindrucksvolles vor sich ging.

Wir waren an diesem Tag bereits früh am Morgen ins Gefängnis gekommen. Ich hatte mich noch immer nicht an das dröhnende Geräusch gewöhnt, mit dem sich die schweren Stahltüren hinter meinem Rücken schlossen. Wieder einmal traten wir die vierhundert Meter Fußmarsch an durch Hof D zum Büro und jenem schäbigen Besprechungsraum, der zu unserem Klassenzimmer geworden war.

Im Raum flimmerte schwaches Neonlicht. Eine der Häftlinge, ihr Name war Sarah, war früher als sonst erschienen. Sie saß auf einem metallenen Klappstuhl in einer der Ecken des Raums und schluchzte leise vor sich hin. Laurel kniete sich neben sie auf den Boden. Ich hielt diskreten Abstand.

»Was ist los, Sarah?«, fragte Laurel mit sanfter Stimme. Die Frau schwieg einen Moment lang, und dann erzählte sie uns: »Ich bin seit mehreren Jahren im Gefängnis und habe einen Sohn, der bei meiner Mutter lebt. Ich schreibe ihm jede Woche, aber ich habe seit drei Jahren nichts von ihm gehört. Wie es ihm geht, erfahre ich nur durch das, was mir meine Mutter erzählt. Vor zwei Wochen beschloss ich, die Techniken auszuprobieren, die ich von Ihnen beiden gelernt habe. Ich schrieb ihm einen ganz anderen Brief als sonst, wandte diese neuen Fertigkeiten an und beschrieb ihm seine Gefühle, die er über all die Jahre empfunden haben musste. Im Grunde machte ich in meinem Brief *Affect Labeling* mit ihm, ohne auch nur ein einziges Wort über mich selbst zu verlieren«, erklärte uns Sarah, wobei sie auf eine der zentralen Fertigkeiten des Zuhörens anspielte, die wir der Gruppe ein paar Wochen zuvor beigebracht hatten.

Dann zeigte sie uns ein Blatt Papier und eine Fotografie. »Ich habe heute zum ersten Mal in drei Jahren einen Brief von ihm erhalten. Er ist ziemlich wütend auf mich, aber er sagt, er habe endlich das Gefühl, dass ich ihm zuhöre. Inzwischen hat er eine Freundin und er würde mich gerne einmal besuchen kommen«, berichtete uns Sarah und fing wieder an zu weinen. Aber es waren Tränen der Freude und des Glücks.

Laurel und ich sahen uns an. In diesem Moment wurde uns klar, welche Wirkungskraft in diesen Fertigkeiten steckte und wie sehr sie das Leben dieser Frauen und ihrer Familien verändert hatten. Die Kraft des Zuhörens und der Deeskalation hatten Sarah verändert. Dass sie imstande war, durch einen Brief »zuzuhören«, und nach Jahren des Schweigens von ihrem entfremdeten Sohn eine Antwort erhalten hatte, war bemerkenswert.

Seither sind wir Zeugen Hunderter ähnlicher Geschichten von Häftlingen des »Valley State Prison« und Häftlingen aus anderen Gefängnissen geworden. Die Insassen waren in der Lage, Konflikte mit Eltern, Geschwistern oder Kindern per Telefon oder während eines Besuchs zu schlichten. Ein männlicher Häftling konnte sich nach fünfzehn Jahren mit seiner Exfrau aussöhnen, allein weil er ihr auf eine neue Weise zuhörte. Familien, Freunde und sogar Mithäftlinge bemerkten tief greifende Veränderungen, je besser unsere Friedensstifter die Deeskalationstechniken und das tiefe, mitfühlende Zuhören unseres Programms beherrschten.

Vom »Valley State Prison« dehnten wir unser Programm noch auf zwei weitere Frauengefängnisse und ein Männergefängnis aus. Schließlich bildeten wir einen Kader von Häftlingen in jedem Gefängnis aus, die im Anschluss die Ausbildung anderer Häftlinge übernahmen. 2017 veranstaltete unser »Prison of Peace«-Projekt Workshops und Seminare für jeden Sträfling, der den Wunsch hatte, zu lernen, wie man gewaltvolle Situationen auf schnelle Weise deeskaliert; bis dato haben unsere sechshundert Friedensstifter und Mediatoren über 15 000 Insassinnen und Insassen in Gefängnissen unterrichtet.

Mit finanzieller Unterstützung haben wir das Projekt auf insgesamt elf Männer- und Frauengefängnisse ausgedehnt. In einigen dieser Gefängnisse gibt es »Prison of Peace« deshalb, weil unsere Ausbilder in diese Gefängnisse verlegt wurden und unverzüglich damit begannen, in ihren neuen Gefängnisgemeinschaften die Praxis des Friedensstiftens zu unterrichten. Zusätzlich dazu hat ein Kollege von uns eine »Prison of Peace«-Initiative in Athen/Griechenland gegründet. Weitere Projekte in Italien und Frankreich sind in Planung.

Dieser Welleneffekt der Friedensstifter hatte mit dem Brief einer einzigen Frau begonnen – Susan Russo.

* * *

Das »Prison of Peace«-Projekt gehört zu den intensivsten Erfahrungen meines Berufslebens. Es hat mich immer wieder zutiefst bewegt, wie Häftlinge tiefes, mitfühlendes Zuhören, Führungsqualitäten und Problemlösungstechniken gelernt und in die Praxis umgesetzt haben, um die Gewalt in ihren Gefängnisgemeinschaften zu verringern. Ihr Engagement, zu lernen, Dinge zu verbessern und ihren Gemeinschaften zu dienen, war für mich Anlass genug, die Prinzipien von »Prison of Peace« so weit wie möglich auszudehnen, damit jeder, der von dem Wunsch beseelt ist, die Methoden des Friedensstiftens zu lernen, die Möglichkeit dazu hat.

Ich möchte Ihnen beibringen, wie Sie jede Situation und jeden Menschen schnell und effizient deeskalieren können. Sie werden lernen, dies zu tun, ohne dabei Ihre Selbstkontrolle oder Beherrschung zu verlieren. Sie werden ganz neue Kompetenzen und ein neues Selbstvertrauen entwickeln im Umgang mit verärgerten Menschen in Ihrer Familie, am Arbeitsplatz und in Ihrer Gemeinde. Sie werden in der Lage sein, auf Beleidigungen, Provokationen und Respektlosigkeiten anderer Menschen zu reagieren, ohne aus der Fassung zu geraten. Sie werden in der Lage sein, den heftigen Emotionen anderer standzuhalten und im richtigen Moment auf angemessene Weise das Richtige zu antworten. Kurzum, Sie werden eine gewaltige Menge an Selbstkontrolle über Ihr Gefühlsleben bekommen. Dies wird Ihnen eine Kraft verleihen, die Sie nie für möglich gehalten hätten.

Während Sie diese Fertigkeiten lernen und zur Meisterschaft bringen, werden Sie fünf gewaltige Verwandlungen erleben:

Zur *ersten Verwandlung* kommt es, wenn Sie zu der Einsicht gelangen, dass wir keine *rationalen,* sondern *emotionale Wesen* sind. Haben Sie sich erst einmal von der Vorstellung befreit, wir Menschen seien rationale Wesen, werden Sie die Handlungen und Haltungen derer um Sie herum besser verstehen. Sie werden wesentlich weniger bewerten und kritisieren und gleichzeitig Mitgefühl und Verständnis entwickeln.

Die *zweite Verwandlung* tritt ein, wenn Sie erfahren, was *emotionale Entwertung* bedeutet. Ich nenne sie auch die erste Todsünde. *Emotionale Entwertung* hat eine tief greifende und traumatisierende Wirkung. Wir haben gelernt, die Emotionen anderer Menschen zu entwerten, um dadurch unsere eigenen Ängste zu kompensieren. Sobald Sie ein Bewusstsein für *emotionale Entwertung* entwickelt haben, werden Sie in der Lage sein, diese zu beenden.

Die *dritte Verwandlung* erleben Sie, wenn Sie verstehen, was *Affect Labeling* ist, und dieses anzuwenden beginnen – es ist die Fertigkeit, den Gefühlen anderer Menschen zuzuhören (den Begriff *Affect Labeling* hat Douglas E. Noll von dem Neurowissenschaftler Matthew Lieberman von der Universität Los Angeles übernommen und für seine Methode eingeführt). Wenn Sie zum ersten Mal erfolgreich mit einem wütenden Kind oder einem aufgebrachten Partner *Affect Labeling* gemacht haben, wird sich Ihr Leben für immer verändern. Sie werden die ungeheure Kraft des tiefen, empathischen Zuhörens erfahren.

Zur *vierten Verwandlung* kommt es, wenn Sie eine Zeit lang mit anderen Menschen *Affect Labeling* gemacht haben. Irgendwann werden Sie bemerken, dass Sie *Affect Labeling* mit Ihren eigenen emotionalen Erfahrungen machen. Sie werden merken, dass Sie *sich selbst beruhigen können, in Ihr inneres Gleichgewicht kommen und weniger auf Provokationen von außen reagieren – ganz gleich wie groß diese sein mögen.*

Die *fünfte Verwandlung* tritt ein, wenn Sie während *Affect Labeling* den Zustand der *Egolosigkeit* erleben. Wenn Sie mit einem anderen Menschen *Affect Labeling* machen, wird sich Ihr Ego auflösen, und Sie erfahren Ihre wahre Essenz. Dies ist ein zutiefst geerdeter Zustand.

Dieses Buch ist so geschrieben, dass Sie die entsprechenden Fertigkeiten lernen und sofort auf jede Herausforderung in Ihrem Leben anwenden können. Wenn Sie das Vertrauen und die Fähigkeit besitzen, den emotionalen Erfahrungen der Menschen in Ihrem Umfeld zuzuhören und diese widerzuspiegeln, werden Sie die oben genannten fünf Verwandlungen erleben. Ihre Beziehung zu Ihren Kindern, Ihrem Partner, Ihrer Familie und Ihrem Umfeld wird dadurch leichter, tiefer und reichhaltiger werden.

Streitigkeiten werden der Vergangenheit angehören. Sie werden Konflikte nicht mehr scheuen oder zu vermeiden versuchen, und in dem Maße, in dem Sie wachsen und sich verändern, werden es auch die Menschen in Ihrem Umfeld tun. Sie machen den Menschen in Ihrem Leben das wertvolle Geschenk emotionaler Kompetenz – dies macht Sie sowohl zum Mentor als auch zum versierten Friedensstifter in einer entscheidenden Zeit, in der wir dies mehr denn je benötigen.

Höflichkeit ist von höchster Bedeutung in einer Gesellschaft, die von schwülstiger Übertreibung, gegensätzlichen Meinungen (mehr dazu in Kapitel 10) und offener Aggression beherrscht wird. Überall – in der Schlange im Supermarkt, in der Schule, beim Abendessen zu Hause, im Unternehmensbüro oder in der Politik – sind die Fertigkeiten, mit starken Emotionen umzugehen, Probleme zu lösen und wütende Menschen zu deeskalieren, dringend notwendig.

Ich habe erlebt, wie eine Handvoll engagierter Häftlinge die Kultur ihres Gefängnisses von einem Gefängnis der Gewalt in ein Gefängnis des Friedens verwandelte. Sie selbst können einen transformierenden Wandel bei den Menschen in Ihrer Umgebung bewirken. Wenn immer mehr Menschen die Fertigkeiten, die in diesem Buch vorgestellt werden, lernen und anwenden, werden wir eine langsame, aber deutliche Zunahme an Höflichkeit und Frieden beobachten. Wie die Computer-Simulationen des Politikwissenschaftlers und Autors Robert Axelrod in den 1980er-Jahren bewiesen, sind die Tauben in der Lage, die Falken zu verdrängen.

Axelrod schrieb: »Eine Welt ›Böswilliger‹ kann einer Invasion durch jeden widerstehen, der irgendeine andere Strategie verwendet, vorausgesetzt, die Fremden kommen einzeln an. Das Problem besteht natürlich darin, dass ein einzelner Neuling in einer solchen bösen Welt niemanden findet, der seine Kooperation erwidert. Wenn die Neulinge jedoch in kleinen Gruppen ankommen, haben sie durchaus eine Chance, Kooperation in Gang zu setzen.«[1] Axelrod kam zu dem Ergebnis, dass Frieden und Kooperation effizientere Möglichkeiten darstellten, mit Konflikten umzugehen, als Aggression und Gewalt. Wurde sie in die feindselige Umgebung von Falken gebracht, war auch eine kleine Gruppe von Tauben in der Lage, die Gewalt zu überwinden.

Diese Wirkung haben wir in den Gefängnissen beobachtet. In dem Maße, in dem Friedensstifter und Mediatoren in kleinen Gruppen in eine Umgebung gebracht wurden, in der Frieden und Kooperation etwas Unbekanntes waren, begannen sich Verwandlungen einzustellen. Gewalt und brutale Verhaltensweisen nahmen ab. Eine kleine Gruppe unserer ausgebildeten Friedensstifter und Mediatoren veränderte die gewaltvolle Atmosphäre ihres Gefängnisses. Warum sollte dasselbe nicht ebenso in Ihrem Leben, Ihrer Familie oder Ihrer Gemeinde geschehen, sofern Sie und einige andere Menschen bereit sind, diese Fertigkeiten zu erlernen und im Alltag zu praktizieren? Kurzum, die Beherrschung und Anwendung dieser Fertigkeiten zur Deeskalation wird:

» Streit reduzieren
» Verständnis und Empathie erhöhen
» Wichtige Beziehungen transformieren
» Es Menschen erlauben, in intensiver Weise gehört zu werden
» Einen neuen Raum für Höflichkeit schaffen
» Ein Instrument liefern, mit dem sich Menschen mit radikal unterschiedlichen Auffassungen über schwierige Themen verständigen können

Was Sie erwartet

Im Laufe unseres Lebens verändern sich unsere Prioritäten und Aufgaben auf ganz natürliche Weise. Das Buch versucht in seiner Struktur einem typischen biologischen Lebensverlauf zu folgen, mit realen Alltagssituationen, die ich mir ausgedacht habe, damit Sie sie anwenden und erlernen können. Obwohl Sie versucht sein mögen, von einem Kapitel zum anderen zu springen, ist der Lerneffekt am größten, wenn Sie die Kapitel zuerst der Reihe nach lesen.

Jedes der Kapitel bietet nützliche und allgemeingültige Lektionen, Einsichten und Hilfsmittel, die weit über das Lebensthema oder die spezielle Lebenssituation dieses Kapitels hinausgehen und in diesem Moment Ihres Lebens für Sie vielleicht nicht relevant sein mögen. Sind Sie zum Beispiel weder Eltern noch Großeltern, müssen Sie keine wütenden Kinder oder Jugendlichen deeskalieren; dennoch bieten jene beiden konkreten Kapitel wirkungsvolle Übungen, Ratschläge und Fallbeispiele, die sich in Form von Rollenspielen leicht nachspielen lassen. Sie werden schnell feststellen, dass das Erlernen der Fähigkeit, einen verärgerten Jugendlichen zu beruhigen, von Nutzen sein kann, um jeden emotional aufgebrachten Menschen zu beruhigen, unabhängig von dessen Alter oder der jeweiligen Situation. Daher mein Ratschlag: Um die Deeskalationsmethode zu erlernen, lesen Sie zuerst alle Kapitel durch und kehren Sie anschließend zu den Kapiteln zurück, die Ihren aktuellen Lebensabschnitt am besten widerspiegeln.

In Kapitel 1 lernen Sie die grundlegenden Fertigkeiten, auf denen das Deeskalationsverfahren aufbaut, sowie die Erkenntnis, dass wir emotionale Wesen sind – dies wird Ihnen helfen, auf eine neue und wirkungsvolle Weise zuzuhören. In Kapitel 2 setzen wir *Affect Labeling* in die Praxis um und führen vor, wie man ein empathischer Zuhörer wird. Zu lernen, wie wir mit den Trotzreaktionen, der Wut und der Frustration unserer Kinder umgehen, ohne dabei die Erfahrungen des Kindes emotional zu entwerten, ist einer der nützlichsten und stärksten Punkte dieses Buches – und ein hervorragender Einstieg zur Anwendung des Deeskalationsverfahrens.

Meine Schüler stellen mir immer die Frage: »Na gut, ich habe den anderen beruhigt – was mache ich als Nächstes?«

Nun, eine Antwort auf diese Frage liefert Kapitel 3, indem es Ihnen Fertigkeiten zu Problemlösungen anbietet, die sich im »Prison of Peace«-Projekt als ausgesprochen effektiv erwiesen haben, insbesondere, wie man anderen Menschen Verantwortlichkeit und persönliche Verantwortung beibringt. Kapitel 4 wirft einen Blick auf die Gefühlslandschaft Jugendlicher. Diese müssen neue emotionale Bindungen mit Gleichaltrigen eingehen, was häufig bedeutet, dass sie den Bindungen zu Eltern oder Familienangehörigen keine Beachtung schenken oder diese nicht ernst nehmen. Für Eltern kann dies zu einer frustrierenden Zeit werden – und zu wissen, wie man einen Jugendlichen erreicht, ist in der Tat etwas sehr Nützliches. Außerdem zeigt das Kapitel Fallbeispiele, in denen es um Mobbing in der Schule geht, und beschreibt die effiziente Nutzung von Friedenskreisen, die das tiefe Zuhören fördern sollen.

Danach geht es weiter mit Kapitel 5. Dort führe ich die Fertigkeit des Formulierens von Kernaussagen ein und zeige außerdem eine wirkungsvolle Weise, wie man auf Beleidigungen oder Respektlosigkeiten reagieren kann. Kapitel 6 nimmt uns mit in die Lebensphase, in der wir intime und emotionale Bindungen in einer Partnerschaft eingehen und Gefühle von Verpflichtung erproben. Es befasst sich außerdem mit den vielschichtigen Emotionen und den Fertigkeiten des Zuhörens, die nötig sind, um eine gesunde Ehe oder auch eine Beziehung nach der Scheidung zu fördern; hier beschäftige ich mich insbesondere damit, was wir als die »sechs Bedürfnisse von Opfern« bezeichnen. Unser Leben als Erwachsene beinhaltet ebenso das komplexe Gebiet von Karriere und Beziehungen am Arbeitsplatz – ein weiteres Lebensthema, das ich in Kapitel 7 behandle. Kapitel 8 konzentriert sich schließlich auf Hilfsmittel, die Sie benutzen können, um sich selbst zu deeskalieren, indem Sie

Selbstwahrnehmung und den transformierenden Zustand der Egolosigkeit kultivieren.

Kapitel 9 und 10 sind beides Sonderkapitel. Kapitel 9 führt uns in die Schule. Ich habe mit großem Erfolg Lehrern an Middle- und Highschools die Fertigkeiten der Deeskalation vermittelt. In diesem Kapitel führe ich vor, wie anders Unterrichtsführung aussehen kann, wenn ein Lehrer mit Entschlusskraft und Mitgefühl auf das Fehlverhalten seiner Schüler reagiert. Das Kapitel ist sowohl für Lehrer aus allen Bereichen als auch für Familien aufschlussreich. Kapitel 10 führt uns hinaus in die Welt – es behandelt die ernsten Probleme, die durch mangelnde Höflichkeit und Polarisierung in einer immer komplexer werdenden Gesellschaft entstehen. Wie höre ich einem Menschen zu und deeskaliere ihn, wenn dessen Weltanschauung und Überzeugungen sich radikal von meinen eigenen unterscheiden? Insbesondere, wenn es sich um einen Familienangehörigen, Freund oder Kollegen handelt?

Wie ich immer zu meinen Schülern sage – bleiben Sie offen für diese neuen Ideen. Manche davon werden Ihnen nicht eingängig sein und Ihnen ungewöhnlich vorkommen. Doch so neuartig Ihnen die Ideen erscheinen mögen, vergessen Sie nie, sie wurden über eine Zeitspanne von zehn Jahren in recht bedrückenden und hoch emotionalen Situationen entwickelt und verfeinert. Sie werden sehen, hinter den Techniken steckt exakte Wissenschaft. Vertrauen Sie den Verfahren und wenden Sie sie an, und schneller als Sie glauben, werden Sie die Verwandlungen in Ihrem Leben feststellen.

1
Das Geheimnis wird gelüftet

Was ich gelernt habe, ist großartig! Allein die Fertigkeiten des Zuhörens haben mir unheimlich geholfen. Zu wissen, dass es eine angemessene Art und Weise gibt, wie man ein Gespräch miteinander führen kann, verleiht mir Klarheit und Zuversicht. Die Fertigkeiten haben meine Beziehungen zu Freunden, Familienangehörigen und anderen Menschen verbessert. Ich habe gelernt, ruhig zu bleiben, abzuwarten, bis ich an der Reihe bin, und demjenigen, der mit mir spricht, wirklich zuzuhören. Wenn ich die Worte anderer reflektiere, spüren sie, dass ich ihnen tatsächlich zuhöre, und die wahren Themen kommen auf den Tisch. Letzte Woche sagte ein Häftling aus unserer Gruppe zu mir, ich sei ein Idiot, und ich fühlte mich von ihm respektlos behandelt. Statt ihm Kontra zu geben oder handgreiflich zu werden, beobachtete ich meine Gefühle und Emotionen und wartete so lange, bis ich mich beruhigt hatte, um ihm dann mit ruhiger Stimme und entschiedener Geisteshaltung zu antworten. Sobald ich ihm zurückreflektierte, »er sei stinksauer und ich sei ein Idiot«, entschuldigte er sich umgehend bei mir und erklärte, er habe sich von mir nicht ernst genommen gefühlt, als ich ihm nicht zuhörte, was er mir zu erzählen versucht hatte. Ich entschuldigte

mich bei ihm dafür (das sei nicht meine Absicht gewesen)
und sagte ihm, ich nähme seine Entschuldigung an
und fühlte mich, was die ganze Sache anginge,
nun viel besser.

Zuhören, widerspiegeln, klären und auf Richtigkeit
überprüfen funktioniert!

Bryce Markell, Valley State Prison

Sind Sie schon einmal folgenden Menschen begegnet?

» Einer wütenden, verärgerten Person
» Einem emotional nicht zugänglichen Partner
» Einer Person mit einer anderen Ideologie oder einem anderen Glauben
» Einem Mobber
» Einem überreizten Chef
» Einem frustrierten Mitarbeiter
» Einem ängstlichen, besorgten Freund
» Einem traurigen, leidenden Familienangehörigen
» Einem unzufriedenen Kunden oder Gast
» Einem verschwiegenen, teilnahmslosen Kind oder Jugendlichen

Wie sind Sie mit diesen Menschen zurechtgekommen? Wurde das Problem schlimmer? Verspürten Sie den Wunsch, wegzulaufen, zurückzuschreien oder sich auf der Stelle umzudrehen? Wurden Sie dadurch selbst wütend? Kam es zu einem heftigen Streit oder einer Auseinandersetzung?

Wenn Sie eine von diesen schwierigen Situationen mit Ja beantwortet haben, ist dieses Buch das richtige für Sie. Es wird Ihnen beibringen, wie Sie einen wütenden oder verärgerten Menschen jeden Alters in 90 Sekunden oder weniger beruhigen können und dabei selbst ausgeglichen und gelassen bleiben. Außerdem lernen Sie, wie Sie sich selbst schnell und effizient beruhigen können.

Die Fertigkeiten, die ich Ihnen nun enthüllen möchte, haben wir in einigen kalifornischen Hochsicherheitsgefängnissen an Häftlingen mit lebenslangen Haftstrafen getestet. Mithilfe dieser Fähigkeiten konnten die Häftlinge gewaltsame

Auseinandersetzungen, Bandenaufstände, Streitigkeiten und Mobbing beenden. Dutzende von Insassen haben mir erklärt, hätten sie diese Fertigkeiten zehn, fünfzehn oder zwanzig Jahre früher gelernt, säßen sie heute wahrscheinlich nicht im Gefängnis. Irgendwann wurde mir klar, dass ich über die Gefängnismauern hinausgehen und die Geheimnisse für jedermann zugänglich machen musste. Seither habe ich diese Kenntnisse Lehrern an Middle- und Highschools, Anwälten, Richtern, Mediatoren und Doktoranden vermittelt. Und nun auch Ihnen.

Bevor wir in die Materie einsteigen, möchte ich Ihnen ein paar Hintergrundinformationen darüber geben, auf welcher Grundlage ich die Deeskalationstechniken entwickelt habe. Als ich anfing, im Bereich der Mediation zu arbeiten, beruhten viele der Fertigkeiten, die Mediatoren und Friedensstifter lernten, auf den Erfahrungen früherer Mediatoren; es gab nur sehr wenige wissenschaftliche Erkenntnisse und Forschungen darüber, welche Methoden wirklich funktionierten und weshalb sie funktionierten.

Das Gebiet der Neurowissenschaften war gegen Ende der 1990er-Jahre und zu Anfang des neuen Jahrtausends noch ziemlich spärlich entwickelt. Zum eigentlichen Durchbruch kam es, als Tausende frischgebackener Doktoranden das menschliche Gehirn zu erforschen begannen, in einer Zeit, als auch ich anfing, mich ernsthaft mit den Konflikten zwischen Menschen zu beschäftigen. Mir fiel auf, dass der Schlüssel zu allem im menschlichen Gehirn lag. Also begann ich mich in die Forschungsliteratur einzuarbeiten und konzentrierte mich dabei auf Sozialpsychologie und kognitive Neurowissenschaften, weil ich herausfinden wollte, welche Erkenntnisse über die Funktionen und Prozesse des Gehirns sich für die Friedensarbeit nutzbar machen ließen. Dies gipfelte in der ersten Publikation über die Neuropsychologie von Konflikten, dem Kapitel 6 meines ersten Buches *Peacemaking: Practicing at the Intersection of Law and Human Conflict* (»Friedensstiften: Arbeiten an der Schnittstelle von Gesetz und menschlichen Konflikten«).[2]

Einige meiner frühen Einsichten entstammten meiner Lektüre über die Entstehung von Angst im Gehirn und über die Funktion der sogenannten Neurotransmitter, und hier vor allem die entscheidende Rolle, die Endorphine, Dopamin, Serotonin, Oxytocin und Cortisol bei der Regulierung von friedlichem und aggressivem menschlichem Verhalten spielen. Ich lernte, dass wir Menschen vor allem emotionale Wesen sind, mit einer gewissen Fähigkeit zu logischem Denken und Vernunft. Ich lernte, dass ein Großteil unseres Verhaltens automatischen Prozessen unterliegt und wir bei Weitem nicht über so viel freien Willen verfügen, wie wir zu glauben meinen. Ich erfuhr, was »kognitive Verzerrung« bedeutete, lernte die Verzerrung bei Entscheidungsfindungen kennen und die unterschiedlichen Gehirnsysteme, die für unsere Entscheidungsfindungen zuständig sind.

All dies hat meine Herangehensweise an die Mediation verändert, wie ich andere Menschen betrachte und mit diesen in meiner Arbeit umgehe. Ich warf jegliches konventionelle Wissen über Mediation und Friedensstiftung über Bord, das nicht wissenschaftlich gestützt war, und suchte nach Möglichkeiten zur Entwicklung einer Praxis und Lehre, die darauf beruhte, wissenschaftliche Erkenntnisse auf echte Lebenssituationen anzuwenden. Fachkenntnisse sind grundsätzlich eine gute Sache, aber ich war von dem Wunsch beseelt, bessere Mittel und Wege zu finden, um Menschen bei der Lösung von Konflikten und Problemen zu helfen – ich suchte nach Fertigkeiten, mit denen man potenziell gewaltsame Menschen und Situationen so schnell wie möglich deeskalieren konnte.

Mehrere Jahre des Forschens, des Herumexperimentierens und der entschlossenen Suche führten mich, nebst vielen anderen, zu den Arbeiten der sozial-kognitiven Neurowissenschaftler Matthew Lieberman und Marco Iacoboni von der Universität Los Angeles (UCLA). Ihr Interesse daran, wie das menschliche Gehirn soziale Informationen verarbeitet, lieferte mir tiefe Einsichten in die Praxis des Friedensstiftens. Die Deeskalationstechniken in diesem Buch basieren zum Teil auf den Erkenntnissen der beiden und denen anderer Forscher. Sie sind als praktische und effiziente Instrumente gedacht, die jeder von uns nutzen kann, um wütende und emotionale Menschen zu beschwichtigen.

Wir sind emotionale Wesen

In diesem Buch werden Sie eine neue Art des Zuhörens lernen. Im Prinzip erfahren Sie, wie man auf Gefühle hört und diese dem Gesprächspartner reflektiert. Dieses einfache Prinzip ist sowohl radikal als auch innerhalb der Gegenkultur zu verstehen, weshalb es bislang auch noch nicht im größeren Stil vermittelt worden ist.

In der Geschichte der westlichen Philosophie, Religion und Psychologie wurden Gefühle häufig abgelehnt und im Vergleich zum vernunftgesteuerten Denken als unzuverlässig, gefährlich oder gar negativ eingestuft. Den Worten, die Menschen äußern, schenken wir große Aufmerksamkeit, aber ihren emotionalen Erfahrungen schenken wir so gut wie keine. Erlebt ein Mensch einen emotionalen Moment, wird man ihn oder sie womöglich als unvernünftig bezeichnen, oder mit noch schlimmeren Attributen versehen.

Der klassische griechische Philosoph Platon begründete die Vorstellung, dass Gefühle etwas Unvernünftiges seien und dem Verstand und dem logischen Denken gegenüber unseren emotionalen Reaktionen Priorität einzuräumen sei. In seinem Werk *Phaidros* beschreibt Platon die menschliche Seele als einen Wagenlenker, der ein Gespann aus zwei Pferden lenkt – das eine ist unvernünftig und verrückt, das andere hingegen edelmütig und von guter Abstammung. Die Aufgabe des Wagenlenkers ist es, die Pferde zu kontrollieren, damit sie ihn in Richtung Erleuchtung und Wahrheit ziehen. Die wichtigste Erkenntnis hierbei ist, ganz simpel ausgedrückt: Gefühle sind schlecht und Vernunft ist gut. Dies ist eine Glaubensüberzeugung, die das abendländische Denken während Jahrtausenden geprägt hat – unsere Gefühle stehen unserer Vernunft im Weg.[3]

Durch die Philosophie des Neoplatonismus der frühen christlichen Kirche wurde die Überzeugung, dass Vernunft besser sei als Gefühle, noch zusätzlich verstärkt. Der heilige Augustinus von Hippo nahm als führender Theologe innerhalb der christlichen Kirche des 5. Jahrhunderts die Gedanken des Neoplatonismus in seine Schriften auf, was dazu führte, dass Christen aufgrund der Vermischung der Bibel mit klassischer griechischer Philosophie fortan mit ihren Gefühlen und ihrem Verstand rangen. In René Descartes, einem der Gründerväter der Philosophie der Aufklärung, fand der Neoplatonismus ebenfalls einen Anhänger. Descartes ist berühmt für seinen Satz »Cogito ergo sum« (»Ich denke, also bin ich«) aus seiner Schrift *Discours de la méthode*. Genau wie seine Vorgänger lehnte auch Descartes die Bedeutung der Gefühle ab und gab der Vernunft den Vorzug.[4]

Eine Analogie dieses Konflikts im modernen Sinne wäre das, was ich als »Spock-Syndrom« bezeichne. Wie Sie wahrscheinlich wissen, war Mister Spock der wissenschaftliche Offizier des Raumschiffes Enterprise aus der populären TV-Serie »Star Trek«. Als Sohn eines Vulkaniers und einer irdischen Mutter lag sein Verstand ständig im Streit mit seinen Gefühlen, was in vielen Episoden und einigen Filmen der späteren Spielfilmreihe für große Spannung sorgte. Meistens verfiel Mister Spock in eine emotionale Schwäche, musste seine inneren moralischen und ideologischen Kämpfe ausfechten und verleugnete am Ende seine Gefühle. Als Zuschauer wurden wir zu Zeugen dieses inneren Dramas und fühlten uns erleichtert, als Mister Spock wieder zur Besinnung kam und vernünftig wurde. Die unterschwellige Botschaft war, dass wir uns alle im Kampf mit unserem emotionalen und vernunftgesteuerten Selbst befinden. Nur wenn unser vernunftgesteuertes Selbst obsiegt, indem es das emotionale Selbst verleugnet, fühlen wir uns wirklich sicher.

Gene Roddenberry, der geniale Erfinder von »Star Trek«, war sich des Konflikts zwischen Gefühl und Verstand in unserer westlichen Kultur sehr wohl bewusst und setzte diesen Konflikt dramaturgisch geschickt ein. Mister Spock verkörpert die reine Vernunft im platonischen Sinne. Andere Figuren der Serie, wie Doktor McCoy, standen repräsentativ für Gefühle und Emotionen. Scotty, der Chefingenieur des Raumschiffes, war der Spezialist für die Technologie und zuständig für den Warp-Antrieb (dieser konnte – ähnlich wie unsere Gefühle – in jedem Augenblick explodieren und die gesamte Mannschaft an Bord in die Luft jagen). Natürlich war es die Aufgabe von Captain Kirk, der die Verantwortung für alles trug, dafür zu sorgen, dass es gar nicht erst so weit kam.

Die Auswirkungen des Konflikts »Gefühl versus Verstand« setzen sich bis in unsere moderne Kultur fort. Bereits als Kinder lernen wir, dass Gefühle und ein klares, logisches und realitätsbezogenes Denken miteinander in Konflikt stehen. Haben wir unsere Gefühle nicht unter Kontrolle, können sie unsere Wahrnehmung und Erinnerung verzerren. Sie können uns in Schwierigkeiten bringen, wenn wir ihnen erlauben, dass sie die Herrschaft über unser Gehirn übernehmen. Gefühle müssen unterdrückt, gemäßigt und unter Kontrolle gebracht werden. Kurzum, im Gegensatz zu unserer Vernunft behandeln wir unsere Gefühle wie gefährliche Erfahrungen, die wir, wann immer dies möglich ist, besser zu vermeiden versuchen.

Die westliche Kultur mit ihrer Überbewertung von Verstand und Vernunft hat uns der Fähigkeit beraubt, unsere Gefühle auf kompetente Weise einzusetzen und unsere eigene emotionale Intelligenz zu entwickeln. Wir setzen voraus, dass wir im Zuge des Erwachsenwerdens emotionale Kompetenz erlernen, aber niemand bringt uns – von einigen grundlegenden sozialen Kenntnissen einmal abgesehen – emotionale Kompetenz bei. Einige von uns lernen, wie man sich emotional intelligent verhält, aber viele von uns lernen es nicht. Die bittere Wahrheit ist, emotionale Kompetenz ist eine Fertigkeit, die einem jemand vermitteln muss und die es zu erlernen gilt.

Der Preis emotionaler Inkompetenz lässt sich in Todes- und Krankheitsfällen beziffern. Führen Sie ein Leben in Ihrer Familie und am Arbeitsplatz, das aus Streit, Auseinandersetzungen und Konflikten besteht, bringen Sie sich selbst um. Dänische Forscher fanden heraus, dass Menschen, die ständig miteinander streiten, zehnmal häufiger an Krebs, Diabetes und Herzkrankheiten leiden und eine zwei- bis dreimal höhere vorzeitige Todeswahrscheinlichkeit aufweisen als andere, bei denen dies nicht der Fall ist. Die Forschungsergebnisse hielten auch dann noch stand, als man chronische Erkrankungen, Depression, Alter, Geschlecht, Familienstand, Hilfe durch soziales Umfeld sowie die gesellschaftliche und finanzielle Situation in die Untersuchung mit einbezog.

Für diese Studie sammelten Rikki Lund und ihre Kollegen von der Universität Kopenhagen Daten von fast 10 000 Männern und Frauen im Alter zwischen 36 und 52 Jahren, die an der dänischen Langzeitstudie über Arbeit, Arbeitslosigkeit und Gesundheit teilnahmen. Man befragte die Teilnehmer zu ihren täglichen sozialen Beziehungen, insbesondere darüber, wer – von ihren Partnern, Kindern, Verwandten, Freunden oder Nachbarn – übermäßige Anforderungen an sie stelle oder eine Quelle für Sorge oder Streit sei, und wie häufig diese Probleme auftauchten. Unter Rückgriff auf die dänische Datenbank für Todesursachen verfolgten die Forscher die Teilnehmer über einen Zeitraum von zwölf Jahren (von 2000 bis Ende 2011).

Sie fanden heraus, dass Stressbelastungen durch übermäßige Anforderungen, Konflikte und Streit einen direkten Zusammenhang aufwiesen zu einem 50 bis 100 Prozent erhöhten Todesrisiko aufgrund verschiedener Ursachen. Unter allen Stressfaktoren erwies sich Streit als der schädlichste. Häufiger Streit mit Partnern, Verwandten, Freunden oder Nachbarn ging mit einer Verdopplung bis Verdreifachung des Todesrisikos aufgrund verschiedener Ursachen einher, verglichen mit jenen Teilnehmern, die angegeben hatten, dass diese Dinge in ihrem Leben kaum eine Rolle spielten.[5]

In direktem Widerspruch zu Platon, dem Neoplatonismus, der frühen christlichen Kirche und Descartes wissen wir heute, dass die menschliche Gesundheit und Vitalität eindeutig von

einer gesunden emotionalen Umgebung abhängt. Wie die\
sche Studie gezeigt hat, führen chronischer Streit, Konfl\
und Auseinandersetzungen zu einer direkten Verkürzung der
Lebenserwartung. Außerdem beweisen jüngere Erkenntnisse
aus den Neurowissenschaften, dass Verstand und Vernunft direkt von unseren Emotionen abhängig sind. In Hans-Rüdiger
Pfisters und Gisela Böhms Rahmenkonzept der Funktionen
von Emotionen zum Beispiel spielen Emotionen bei rationalen
Entscheidungsprozessen vier wichtige Schlüsselrollen:

» Sie liefern uns Informationen, zum Beispiel aufgrund von
Freude oder Verdruss.
» Sie ermöglichen schnelle Entscheidungen – zum Beispiel
können Hunger, Wut und Angst schnelle Entscheidungen
herbeiführen.
» Sie helfen relevante Aspekte zu identifizieren – zum
Beispiel können Reue oder Enttäuschung dem
Entscheidungsfinder bei seiner Wahl helfen.
» Sie ermöglichen soziale Festlegungen – zum Beispiel helfen
moralische Emotionen wie Schuld, Scham und Liebe dem
Entscheidungsfinder zu Entscheidungen, die eher auf
andere ausgerichtet sind als auf ihn selbst.[6]

Sie sehen: Ohne Emotionen können wir nicht logisch denken,
ohne Emotionen können wir nicht menschlich sein!

* * *

Lassen Sie uns ein kleines Experiment versuchen. Schalten Sie
irgendein elektronisches Gerät ein, auf dem Sie sich einen Werbespot anhören können. Dabei spielt es keine Rolle, ob es sich

um ein Radio, ein Smartphone, ein Tablet oder einen Computer handelt. Sie können sich einen Videospot ansehen oder sich einen Audiospot anhören. Handelt es sich um einen Werbespot, versuchen Sie im Rahmen unseres Experiments nicht auf die Bilder zu achten. Hören Sie sich lediglich die Audio-Sequenz an.

Während Sie sich den Werbespot anhören, versuchen Sie nicht auf die Worte zu achten. Ja, Sie haben richtig verstanden! Ignorieren Sie das gesprochene Wort vollkommen und versuchen Sie stattdessen die Gefühle, die hinter den Worten kommuniziert werden, zu ergründen und zu benennen. Sobald ein Gefühl auftaucht, bezeichnen Sie dieses leise für sich. Sind Sie sich nicht sicher, um welches Gefühl es sich handelt, raten Sie einfach.

Welche Gefühle sind Ihnen aufgefallen? Wie viele unterschiedliche Gefühle wurden in einem Spot von 20 bis 30 Sekunden Länge vermittelt?

Als ich es zum ersten Mal ausprobierte, hörte ich im Wartezimmer einer Arztpraxis eine ziemlich dämliche Werbung. Ich konzentrierte mich ausschließlich auf die Gefühle. In 20 Sekunden fand ich:

» Sorge
» Angst
» Verlegenheit
» Hoffnung
» Begeisterung
» Erleichterung

Es erstaunte mich, wie viele Gefühle in 20 Sekunden vermittelt wurden. Als ich darüber nachdachte, erschien es mir vollkommen logisch. Der Werbespot warb für ein bestimmtes Produkt, und der Sprecher bewegte sich durch die gesamte Bandbreite an Gefühlen, von Sorge bis Erleichterung. Natürlich trat die Erleichterung erst dann ein, als das Problem mithilfe des Produkts gelöst worden war. Um dorthin zu gelangen, musste der Sprecher jedoch zuerst all die anderen Gefühle durchleben.

Als Zuhörer erlebte ich automatisch die gleichen Gefühle, ganz wie die Werbeagentur es von mir erwartete. Die Absicht, die dahintersteckte, war, wenn ich gemeinsam mit dem Sprecher des Werbespots in 20 Sekunden eine regelrechte Achterbahn an Gefühlen durchlebte, verband ich am Ende Hoffnung, Begeisterung und Erleichterung mit dem Produkt und würde es kaufen.

Wenn Sie in der Lage waren, in dem Werbespot, den Sie gehört haben, wenigstens ein Gefühl zu ermitteln, können Sie jeden wütenden Menschen schnell und effektiv deeskalieren. Zwar ist dafür ein wenig Übung nötig, aber wiederum nicht allzu viel. Zudem werden Sie sich zuerst daran gewöhnen müssen, die Worte zu ignorieren, denn normalerweise hören wir nur auf die Worte und nicht auf die Gefühle. Es ist eine ganz andere Art des Zuhörens und Reagierens und hat sich als wirkungsvolles Instrument erwiesen, welches das Leben vieler Menschen im »Prison of Peace«-Projekt verändert hat, ein Instrument, das ich täglich in meiner Berufspraxis als Mediator und in meinem Privatleben zum Einsatz bringe. Sobald Sie es gelernt haben, werden Sie es ebenfalls täglich benutzen, und Sie werden feststellen, in welch effektiver Weise es den Verlauf Ihres Leben verändern wird.

Das Geheimnis, wie man Menschen deeskaliert

Dieses Buch will den Anstoß geben zu einer neuen Art des Seins, in der unsere Fähigkeit, mit unseren Gefühlen zu arbeiten, gleichbedeutend oder noch wichtiger wird als unsere Fähigkeit zu Logik, rationalem Denken oder Problemlösungen. Indem wir unsere emotionale Intelligenz entwickeln, lernen wir ein wesentliches Geheimnis, wie sich jede emotionsgeladene Situation oder Person innerhalb von Sekunden deeskalieren lässt. Das Geheimnis besteht darin, dass Sie zwei einfache Dinge tun:

1. Ignorieren Sie die Worte.
2. Ergründen Sie die Gefühle und spiegeln Sie diese zurück.

So einfach dies auf den ersten Blick erscheinen mag, erfordert es doch eine geistige Umstellung, unsere kulturell bedingte Abneigung gegenüber Gefühlen zu überwinden. Wie bei jeder neuen Fertigkeit ist auch hier ein wenig Übung notwendig. Wohlgemerkt nicht sehr viel, aber doch etwas. Bevor wir zur Praxis schreiten und die Methode erlernen, lassen Sie uns noch ein paar Begriffe klären, die ich im Folgenden benutzen werde. Die Begriffe sind:

» *Affect Labeling* (Gefühle erkennen und benennen, Anm. d. Übersetzers)
» Emotionen: Affekt und Gefühl
» Emotionale Kategorisierung (Affekte und Gefühle verstehen und in Kategorien einteilen, Anm. d. Ü.)
» Emotionale Körnung (die Genauigkeit, mit der Affekte und Gefühle in Worten ausgedrückt werden, Anm. d. Ü.)

» Alexithymie (die Unfähigkeit, Gefühle mitzuteilen, Anm. d. Ü.)

Affect Labeling

Affect Labeling ist der Vorgang, den emotionalen Erfahrungen eines Menschen zuzuhören und diese Gefühle anschließend in kurzen und einfachen »Du«-Aussagesätzen wiederzugeben. Ein typisches *Affect Labeling* wäre:»Du bist wütend.« Ich benutze absichtlich den Begriff *Affect Labeling* (und nicht *Effect*), weil es am genauesten den Vorgang beschreibt, den Gefühlen anderer Menschen zuzuhören und diese zurückzuspiegeln. In der Fachliteratur ist *Affect Labeling* ein gängiger Begriff und er sollte in unserer täglichen Diskussion, wie man Menschen beschwichtigen kann, eine noch viel breitere Anwendung finden.

Im Gegensatz zu anderen Formen widerspiegelnden Zuhörens müssen Sie, wenn Sie einen Menschen beruhigen wollen, dessen Worte ignorieren und stattdessen auf seine Gefühle achten. Dies scheint für viele Menschen im völligen Widerspruch zu ihren Gewohnheiten zu stehen. Von Geburt an haben wir gelernt, unsere Aufmerksamkeit auf die Worte zu richten. Sprache transportiert eine Menge an nützlichen Informationen, und wir sind darauf konditioniert, zu sprechen, zu lesen und auf Worte zu hören. Gerade weil diese Kompetenzen so tief in uns verankert sind, lernen wir nicht, wie man auf Gefühle hört. Zwar merken wir, wenn jemand verärgert oder wütend ist, aber wir hören den Gefühlen anderer Menschen nicht wirklich in einem tieferen Sinne zu.

Deshalb besteht das Geheimnis, einen emotionalen Menschen in weniger als 90 Sekunden zu deeskalieren, auch darin, zu lernen, wie man die Worte ignoriert und ausschließlich auf die Gefühle achtet. Haben Sie dies erst einmal gelernt, können

Sie fast jeden Menschen auf schnelle und mühelose Weise beruhigen. Natürlich gibt es Situationen, in denen sich jemand nicht beruhigen lässt und in denen dies auch nicht sinnvoll ist. Allerdings kommen solche Situationen in unserem täglichen Leben in der Regel nur sehr selten vor. Uns soll es im Folgenden um die typischeren Fälle von Streit, Wut, Frustration und Ärger gehen. Werden diese Emotionen nicht aufgelöst, können sie zu Konflikten oder im schlimmsten Fall auch zu Gewalt führen.

Emotionen: Affekt und Gefühl

Emotion ist eine komplexe Reihe physischer, kognitiver und geistiger Eigenschaften, die wir bestimmten Erfahrungen zuordnen. Der physische Teil einer Emotion besteht aus zwei Komponenten: *Affekt* und *Gefühl*.

Mit dem Begriff *Affekt* sind die physiologischen Veränderungen gemeint, die in unserem Gehirn als Reaktion auf eine Erinnerung oder ein Ereignis im Außen stattfinden. Stellen Sie sich vor, Sie wandern in der Wüste und sehen eine zusammengerollte Klapperschlange. Sofort werden als Reaktion auf die plötzliche Gefahr unbewusste Bereiche in Ihrem Gehirn aktiviert, während Neuronen feuern und neurochemische Botenstoffe freigesetzt werden. Diese Gehirnaktivität, die in den Gefühlszentren des Gehirns entsteht, bezeichnet man als Affekt. Affekt ist eine der biologischen Grundlagen für Emotion.

Obwohl unter den Wissenschaftlern hinsichtlich der Anzahl von Affekten, über die ein Mensch von Natur aus verfügt, eine gewisse Uneinigkeit herrscht, bevorzuge ich das Modell der neun Affekte des Psychologen Silvan Tomkins. In seinem Modell werden Affekte als positiv, neutral oder negativ eingeordnet. Die folgende Abbildung listet diese neun Affekte auf:[7]

Positiver Affekt:	Neutraler Affekt:	Negativer Effekt:
Interesse/ Begeisterung Vergnügen/ Freude	Überraschung/ Erschrecken	Angst/Grauen Leid/Qual Ärger/Wut Ekel vor schlechtem Geschmack Ekel vor schlechtem Geruch Scham/Demütigung

Wenn ich über diese neun Affekte spreche, werde ich mich auf sechs davon konzentrieren und zwei neu hinzuformulieren. Beispielsweise lasse ich den Affekt *Geruchsekel* (Ekel vor schlechtem Geruch) weg, füge dafür aber die Affekte *Schmerz-Scham-Demütigung* und *Verlassenheit/Sich-ungeliebt-Fühlen* hinzu. Geruchsekel wurde von Silvan Tomkins als ein grundlegender Affekt ermittelt. Es handelt sich dabei um unsere automatische Reaktion, wenn wir etwas Verdorbenes riechen, wie zum Beispiel sauer gewordene Milch, frischen Kot oder verfaulendes organisches Material. Geruchsekel wird ausgelöst, wenn der Geruchsreiz unser Gehirn erreicht, wir den Kopf abwenden und unsere Lippen verziehen. Jedoch ist Geruchsekel kein Begriff, mit dem wir normalerweise eine Emotion beschreiben, weshalb ich diesen Affekt, um die Dinge einfacher zu gestalten, aus unserer Liste entfernt habe.

Meine Erfahrung hat mir gezeigt, dass sich hinter der Wut und der Furcht eines Menschen oftmals ein tiefer, ungelöster Schmerz verbirgt. Viele Menschen erfahren außerdem das Gefühl von Verlassenheit oder fühlen sich zutiefst ungeliebt. Ich werde diese Affekte der Liste hinzufügen, weil sie häufig vorkommen.

Jeder dieser Affekte steht in Beziehung zu Bereichen in unserem Gehirn, die auf Reize aus der Umgebung oder auf bestimmte Erinnerungen reagieren. Zum Beispiel steht der Affekt der Furcht in engem Zusammenhang mit einem Teil des Gehirns, den man als Amygdala bezeichnet. Ekel entsteht offenbar in der Inselrinde und so fort. Manche Bereiche des Gehirns sind gut erforscht, andere hingegen hat man bis heute noch nicht gänzlich verstanden. Die gute Nachricht ist, wir müssen keine Hirnforscher sein, um dieses Wissen in die Praxis umzusetzen. Die wichtige Erkenntnis ist, dass diese Bereiche des Gehirns außerhalb unseres Bewusstseins als Antwort auf die Dinge in unserer unmittelbaren Umgebung reagieren.

Der andere physische Aspekt von Emotion ist das, was wir gemeinhin als *Gefühl* bezeichnen. Bin ich zum Beispiel frustriert, läuft mein Gesicht hochrot an. Ich habe ein rotes Gesicht, weil Blut in meine Kapillaren strömt, ich spüre, wie sich mein Gesicht erhitzt und rot anläuft. Ich habe gelernt, dass dieses Gefühl, das ich als Frust bezeichne, etwas mit meiner Umgebung zu tun hat.

Um es noch einmal zusammenzufassen, Emotion besteht aus zwei physischen Merkmalen:

1. *Affekt:* das, was sich im Gehirn abspielt.
2. *Gefühl:* das, was sich im Körper abspielt.

Emotionale Kategorisierung

Emotion besitzt aber auch einen mentalen bzw. kognitiven Aspekt. Damit wir verstehen können, was uns erregt, müssen wir unsere Emotionen gedanklich in Kategorien einordnen. Aufgrund unserer Lebenserfahrung lernen wir, die Affekte und Gefühle von Wut zu verstehen und als emotionale Kategorie

»Wut« einzuordnen. Diesen mentalen Prozess nennt man *emotionale Kategorisierung*.

Ohne dabei zu sehr in die Tiefe zu gehen, erfordert dies von uns, dass wir einen Bewertungsprozess einleiten. Grundsätzlich werden unser Gehirn und unser Körper von etwas erregt, wir bewerten es, finden eine Kategorie und versehen es mit einem Namen. Emotionale Kategorisierung erweist sich als ein wichtiges Element der menschlichen Evolution. Wir lernen sie aufgrund unserer Erfahrungen, und sie wird sehr stark von der uns umgebenden Kultur beeinflusst, um nicht zu sagen bestimmt. Deshalb ist dieser Aspekt von Emotion soziokulturell bedingt. Eine der stärksten Kompetenzen, die Sie Ihren Kindern vermitteln können, ist, wie sie die Gefühle, die sie in einem bestimmten Moment erleben, in Kategorien einordnen können. Wenn Kinder lernen, ihre Gefühle zu ordnen und zu kategorisieren, entwickeln sie die Fähigkeit zu Empathie und Kommunikation.

Emotionale Körnung

Aus der emotionalen Kategorisierung folgt die Idee der *emotionalen Körnung*. Sie beschreibt die Genauigkeit, mit der wir unsere emotionalen Erfahrungen in Worte fassen können. Menschen unterscheiden sich in ihrer emotionalen Körnung graduell voneinander:»Niedrige Körnung« bedeutet, Joe erlebt zum Beispiel den Affekt»Wut«, aber er ist nicht in der Lage, seine Erfahrung in Worten auszudrücken. Er würde am liebsten aus dem Zimmer gehen und etwas zerschlagen, denn er hat keine Möglichkeit, sich selbst oder anderen mitzuteilen, was in seinem Inneren vor sich geht.

»Mittlere Körnung« bedeutet, Mary erlebt den Affekt »Wut« und ist in der Lage, diesen als emotionale Kategorie

»Wut« einzuordnen. Auf eine sehr undifferenzierte Weise kann sie zum Ausdruck bringen, dass sie wütend ist. »Hohe Körnung« bedeutet, Peter erlebt den Affekt »Wut«, ordnet ihn als emotionale Kategorie »Wut« ein und kategorisiert ihn noch weiter als »starken Verdruss«.

Menschen mit einem hohen Grad an emotionaler Körnung neigen zu höherer emotionaler Intelligenz, besserer Selbstkontrolle und sind in der Lage, in hoch emotionalen Situationen bessere Entscheidungen zu treffen. Menschen mit einem geringeren Grad an emotionaler Körnung besitzen eine geringere emotionale Intelligenz, geringere Selbstkontrolle und tun sich schwerer damit, gute Entscheidungen zu treffen, wenn sie wütend sind. Die folgende Abbildung zeigt die unterschiedlichen Grade von emotionaler Körnung:

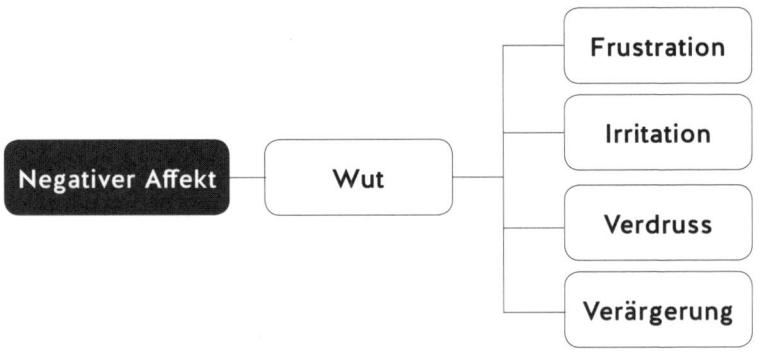

Alexithymie

Der letzte Begriff ist Alexithymie. Es ist ein schwieriges Wort, hinter dem sich jedoch eine wichtige Idee verbirgt. Menschen, die unter Alexithymie leiden, sind nicht in der Lage, ihre Gefühle auch nur mit einem geringen Grad an Präzision oder Tiefe auszudrücken. Ihnen fehlt es an emotionaler Körnung.

Infolgedessen verfallen sie, wenn ihre Gefühle hochkommen, in reaktives Verhalten. Sie greifen auf automatische und unbewusste Verhaltensmuster zurück. Wir alle kennen derart gereizte Menschen. In der Regel besitzen sie eine sehr geringe emotionale Körnung und reagieren sofort und unreflektiert auf Provokationen.

In einer Studie über Straftäter häuslicher Gewalt äußerten sich die befragten Männer nur selten zu ihren Gefühlen; vielmehr beschrieben sie ihre Affekthandlungen oder Affektentladungen in Form von Aggression und Gewalt gegenüber Frauen. Ein 21-jähriger Mann berichtete von einem Streit, bei dem er körperliche Gewalt einsetzte, um seiner emotionalen Reaktion Ausdruck zu verleihen. Kurz nachdem er sich von seiner Freundin getrennt hatte, begegnete er ihr in einem Club und ging anschließend mit ihr nach Hause:

»Sie verlangte von mir, ihr zu erzählen, wie ich mich fühlte, und das tat ich auch. Anschließend sagte sie zu mir: ›Nun, das ist nicht genug.‹ Und ich erklärte ihr noch einmal, dass ich einfach allein sein wollte. Sie bohrte immer weiter, denn sie hatte etwas gefunden, womit sie mich provozieren konnte. Dann stieß ich sie vom Sofa und sagte ihr: ›Siehst du, so fühle ich mich!‹ Anschließend schlug ich sie. Und damit war die Sache erledigt.«[8]

Der junge Mann ist nicht in der Lage, seine Gefühle mitzuteilen, und seine Alexithymie ist der direkte Grund für den Konflikt in seiner Beziehung. Um seinem Affekt von Wut und Frustration Ausdruck zu verleihen, setzte er körperliche Gewalt ein. Dies ist ein klassisches Beispiel von Gewalt aufgrund von geringer emotionaler Körnung.

* * *

Die entscheidende Botschaft ist, wenn wir einen Grundaffekt als Emotion kategorisieren, wird dieser für uns zu einer konkreten Erfahrung. Die Vorgänge in unserem Gehirn und Körper gelangen dadurch in unser Bewusstsein und erhalten Bedeutung. Ohne emotionale Kategorisierung können wir nicht verstehen, was wir erleben, können wir nicht herausfinden, was die Ursache für unsere Erfahrung gewesen sein mag, oder diese anderen Menschen mitteilen. Emotionale Kategorisierung ist etwas Essenzielles. Solange wir unsere eigenen Erfahrungen nicht verstehen, ist unser Hirn schlichtweg nicht imstande zu denken.

Und damit kommen wir zum Grundprinzip von *Affect Labeling*: Wenn wir *Affect Labeling* machen, stellen wir einer verärgerten Person die entsprechende emotionale Kategorisierung und Körnung zur Verfügung, die sie sich selbst in diesem Moment nicht zu geben vermag. Im Prinzip leihen wir dem anderen unseren präfrontalen Cortex aus, um einander zu helfen. Mit *Affect Labeling* unterstützen wir einen verärgerten Menschen dabei, sein emotionales und physisches Erleben zu begreifen, in Worte zu fassen und ihm »bewusst« zu machen. Sobald der Sprecher seine Gefühle bewusst benennen kann, kann er mit diesen arbeiten. Die Folge davon ist, dass die Person sich beruhigt. Dies ist ein erstaunlicher Prozess.

Drei wesentliche Schritte

Wenn Sie zum ersten Mal mit jemandem *Affect Labeling* machen, sollten Sie langsam vorgehen. Suchen Sie sich zum Üben sichere und ungefährliche Situationen aus. Sobald Sie mehr

Erfahrung haben, wagen Sie sich an schwierigere Situationen heran. Wir beginnen die Praxis mit dem Basiswissen und erweitern dieses anschließend.

Hier sind die drei wesentlichen Schritte von *Affect Labeling*:

1. Ignorieren Sie die gesprochenen Worte.
2. Ergründen Sie die Gefühle.
3. Spiegeln Sie die Gefühle Ihrem Gegenüber in direkten Du-Sätzen (zum Beispiel »Du bist wütend, frustriert und traurig.«) zurück.

Sehen wir uns jetzt jeden einzelnen dieser Schritte an.

Schritt 1:
Ignorieren Sie die gesprochenen Worte

Dieser Schritt scheint in vollkommenem Widerspruch zu unserer täglichen Erfahrung zu stehen. Schließlich sind Worte doch Symbole, die eine bestimmte Bedeutung ausdrücken und transportieren. Warum also sollten wir sie ignorieren?

Erstens, wenn Sie auf die Worte hören, können Sie nicht gleichzeitig auf die Gefühle hören. Unser Gehirn kann sich immer nur auf eine Sache konzentrieren. Wenn wir uns also bewusst dafür entscheiden, die Worte zu ignorieren, stellen wir unserem Gehirn entsprechenden freien Speicherplatz zur Verfügung, damit es sich auf die Gefühle konzentrieren kann.

Zweitens, wütende Menschen sagen fiese und gemeine Dinge. Wenn Sie auf die Worte hören, wird dies bei Ihnen wahrscheinlich eine emotionale Reaktion auslösen. Sie geraten dann sehr leicht in den Sog einer Auseinandersetzung. Ignorieren Sie hingegen die Worte und konzentrieren sich auf die Gefühle, schützen Sie sich vor emotionalem Ärger. Die Worte verlieren für Sie an Schärfe, weil Sie keine Zeit haben, über die Beleidigung nachzudenken.

Machen Sie zu Übungszwecken noch einmal das Hörexperiment vom Anfang des Kapitels. Hören Sie sich einen Werbespot im Fernsehen, Radio oder Internet an und achten Sie dabei nicht auf die Worte, sondern ergründen Sie die Gefühle. Üben Sie dies so lange, bis Sie in der Lage sind, die Worte bewusst auszublenden. Wenn Sie es erst einmal ausprobiert haben, werden Sie es sehr schnell beherrschen.

Schritt 2:
Ergründen Sie die emotionale Erfahrung des Sprechers

Woher wissen Sie, welche Gefühle eine andere Person erlebt? Die erste Regel lautet, denken Sie nicht darüber nach. Dieser Teil kommt ganz von selbst, denn wir sind von Natur aus empathische Wesen. Wir müssen lediglich aufmerksam sein. Wenn wir unsere Aufmerksamkeit auf die emotionale Erfahrung eines anderen Menschen lenken, werden bestimmte Bereiche unseres Gehirns die Gefühle für uns mühelos erkennen, bestimmen und benennen. Dies ist nichts, worauf wir uns konzentrieren müssten; es wird auf ganz natürliche Weise geschehen.

Um es noch einfacher zu machen – beschränken wir unsere Liste der Gefühle auf die neun Grundaffekte, decken wir 100 Prozent aller emotionalen Erfahrungen ab. Da es uns um Deeskalation geht, müssen wir uns eigentlich nur sechs grundlegende Affekte merken. In ihrer üblicherweise auftretenden Reihenfolge sind dies:

» Wut
» Angst

» Sorge
» Ekel
» Schmerz-Scham-Demütigung
» Verlassenheit/Sich-ungeliebt-Fühlen

Um zu üben, wie man sich auf eine emotionale Erfahrung konzentriert, sehen Sie sich noch einmal eine Fernsehwerbung an oder hören Sie einen Werbespot im Radio. Schauspieler können Gefühle sehr gut verkörpern. Doch wie gut sind sie darin wirklich? Ignorieren Sie die Worte und benennen Sie anhand der Liste die Gefühle, wie sie nacheinander im Spot auftauchen. Sie werden beobachten, dass Gefühle sich schnell verändern. Verwenden Sie weiterhin die Grundliste und benennen Sie jedes Gefühl, das auftaucht. Es wird Ihnen auffallen, dass Sie nicht besonders viel darüber nachdenken müssen. Wenn Sie sich für diese Erfahrung öffnen, werden sich Ihnen die Gefühle ganz automatisch erschließen.

Da wir nicht in den Kopf eines anderen Menschen hineinsehen können, müssen wir dessen Gefühle im Grunde genommen erraten. Jedoch verfügen wir als Menschen nur über einen begrenzten Vorrat an Gefühlen. Wenn Sie sich an unsere Grundliste halten, werden Sie fast immer richtigliegen. Außerdem ist es nicht schlimm, wenn Sie sich mal täuschen. Für gewöhnlich wird Sie der Sprecher korrigieren, wenn Sie das falsche Gefühl benennen, und Ihnen sagen: »Nein, ich bin nicht wütend. Ich bin frustriert!« In diesem Fall machen Sie erneut *Affect Labeling* und sagen: »Oh, du bist frustriert.« Ich habe noch nie von jemandem gehört beziehungsweise jemanden erlebt, der ärgerlich geworden ist, weil das falsche Gefühl benannt wurde. Menschen sind Ihnen so dankbar dafür, dass Sie ihnen wirklich zuzuhören versuchen – sie werden Ihre Fehler nicht kritisieren!

Schritt 3:
Spiegeln Sie die Gefühle in direkten Du-Sätzen zurück

Es ist tatsächlich so einfach, wie es aussieht. Die wirksamsten Aussagen sind kurze »Du«-Aussagesätze. Zum Beispiel:

>»Du bist wütend.«
>»Du bist frustriert.«
>»Du bist besorgt.«

Vor Jahrzehnten brachte man den Menschen beim widerspiegelnden Zuhören bei, »Ich«-Aussagen zu benutzen. Zum Beispiel:»Ich glaube, was du fühlst, ist Wut.« Das funktioniert im Fall von *Affect Labeling* nicht so gut. Wenn Sie *Affect Labeling* machen, müssen Sie sich vollkommen auf den Sprecher konzentrieren. Ihr Ego hat keinen Platz. Sie müssen Ihr »Ich« außen vor lassen – und der einfachste Weg, Ihr Ego in Schach zu halten, liegt in der Verwendung von »Du«-Aussagen.

Meine Schüler äußern manchmal ihren Unmut darüber, dass die Verwendung von »Du«-Aussagen anmaßend oder unhöflich wirke. Der Einwand beruht auf der Angst der Schüler, sich zu blamieren, danebenzuliegen oder inkompetent zu erscheinen. Ihr eigenes Ego kommt ihnen in die Quere. Der beste Weg, diese Erfahrung zu machen, ist, es selbst auszuprobieren.

Suchen Sie einen bereitwilligen Freund. Sagen Sie ihm, Sie würden gerne etwas, das Sie gelernt haben, mit ihm ausprobieren. Bitten Sie Ihren Freund, Ihnen eine kurze Geschichte über ein Ereignis zu erzählen, das sich am Vortag oder noch früher ereignet hat. Machen Sie *Affect Labeling* und verwenden Sie dabei »Ich«-Aussagen; anschließend tun Sie dasselbe noch einmal, aber diesmal verwenden Sie »Du«-Aussagen. Fragen Sie Ihren Freund, wie er sich dabei gefühlt hat. In den meisten

Fällen werden Menschen Ihnen berichten, sie hätten das Gefühl gehabt, man habe ihnen intensiv zugehört, als die »Du«-Sätze verwendet wurden, und so gut wie gar nicht zugehört, als »Ich«-Sätze verwendet wurden. Probieren Sie es für sich selbst aus. Und tun Sie es am besten mit verschiedenen Freunden, damit Sie ein gutes Gespür für die Kraft der »Du«-Aussagesätze bekommen.

Wenn Sie mit einer wütenden oder verärgerten Person *Affect Labeling* machen, sollten Sie vor allem auf drei Dinge achten:

Erstens, hören Sie auf verbale Rückmeldungen – welcher Art auch immer. Für gewöhnlich wird dies ein »Mhm« oder etwas Ähnliches sein. Oftmals werden Sie ein stark betontes »Ja!« zu hören bekommen. Dies ist der Fall, wenn Sie eine Verbindung zum Sprecher hergestellt haben. Er bestätigt Ihnen unbewusst, dass Sie ihn verstanden haben.

Zweitens, achten Sie auf hängende Schultern. Wenn Menschen wütend sind, spannen sie ihre Schultern an und ziehen diese hoch. Wenn sie sich wieder beruhigen, entspannen sie ihre Schultern zumeist und lassen sie hängen. Dies ist ein weiterer unbewusster Hinweis auf Deeskalation.

Als Letztes achten Sie auf einen erleichterten Seufzer, ein Ausatmen oder ein anderes Zeichen von Entspannung. Zusätzlich zur verbalen Rückmeldung und den hängenden Schultern werden Sie häufig solche unbewussten Hinweise beobachten, dass die Person sich beruhigt hat.

Wie es aussehen kann
Hier nun ein Beispiel für ein einfaches *Affect Labeling* zwischen zwei Freunden:

Sprecher (S):»Mein Mann hört mir nie zu. Er kommt nach Hause und schaltet den Fernseher ein.«

Hörer (H):»Du bist frustriert und fühlst dich nicht ernst genommen.«

S:»Ja! Jedes Mal, wenn ich ihn frage, wie es ihm geht, ist er vollkommen verschlossen.«

H:»Du bist frustriert und traurig, weil er nicht auf dich eingeht.«

S:»Es kann manchmal so einsam sein. Es ist, als lebten wir in zwei verschiedenen Welten.«

H:»Du bist einsam und traurig und fühlst dich ungeliebt.«

S:»Ja genau! Danke, dass du mir zuhörst.« *(Die Person nickt zustimmend, ihre Schultern hängen herab, und sie seufzt erleichtert auf.)*

H:»Kein Problem! Hab ich gern gemacht.«

Es ist so einfach, wie es aussieht.

Am Anfang mag Ihnen die Art, wie Sie mit anderen in Verbindung treten, noch Probleme bereiten. Es kann auch sein, dass Sie das Gefühl haben, Sie dringen in die Privatsphäre des Sprechers ein oder verhielten sich anmaßend oder unverschämt. Doch dies sind Ihre Gefühle, sie haben nichts mit dem Sprecher zu tun, und Ihre Angst davor, wie Sie nach außen wirken könnten, wird Ihre Aufmerksamkeit von Ihrem eigentlichen Ziel ablenken: dem Sprecher. Doch diese Angst wird irgendwann verschwinden, je mehr Praxiserfahrung Sie haben und feststellen, welche Kräfte in der Methode der Deeskalation stecken.

* * *

Zusammenfassung des Kapitels

In diesem Kapitel haben wir gelernt:

» Dass wir emotionale Wesen sind und wie wir durch die Entwicklung unserer emotionalen Intelligenz eine konfliktgeladene Situation oder wütende Person deeskalieren können.

» Eine neue Art des Zuhörens: Ignorieren Sie die Worte und hören Sie auf die Gefühle, die sich hinter diesen verbergen.

» *Affect Labeling:* die Fertigkeit, einem Sprecher dessen emotionale Erfahrungen widerzuspiegeln.

» Emotionen: ein komplexes physisches und mentales Konstrukt, mit dem wir Affekte und Gefühle beschreiben können.

› Affekt: das Ergebnis der Aktivierung von Bereichen im Gehirn, die mit grundlegenden Emotionen einhergehen.

› Gefühle: die körperlichen Auswirkungen der Aktivierung von Bereichen des Gehirns, die mit grundlegenden Emotionen einhergehen.

» Emotionale Kategorisierung: die erlernte Fähigkeit, Affekte und Gefühle in einzelne geistige Erscheinungsformen zu ordnen und zu kategorisieren.

» Emotionale Körnung: die erlernte Fähigkeit, unterschiedlichen Graden von Emotionen präzise Bedeutungen zuzuordnen.

» Alexithymie: die Unfähigkeit, die eigenen emotionalen Erfahrungen zu beschreiben.

Außerdem haben wir die drei wesentlichen Schritte von *Affect Labeling* kennengelernt:

› Ignorieren Sie die gesprochenen Worte.
› Ergründen Sie die emotionale Erfahrung des Sprechers.
› Spiegeln Sie die Gefühle in direkten Du-Sätzen Ihrem Gegenüber zurück.

2
Affect Labeling in der Praxis

Ich benutze diese Techniken mit meinem zehnjährigen Sohn, jedoch nicht als ein Mittel zur Deeskalation, sondern um Streit generell zu vermeiden. Gespräche, die früher im Streit endeten, verlaufen jetzt friedlich. In der Vergangenheit bekam ich von ihm zumeist eine Version der Geschichte zu hören, in der er (aus seiner Sicht) immer das Opfer war; ich suchte sofort die Schuld bei ihm und versuchte ihm seine Fehler schonend beizubringen, in der Hoffnung, dass er etwas daraus lernen würde. Seine Reaktion war, dass er sich mir gegenüber verschloss und eine Verteidigungshaltung annahm. Wenn er mir heute seine Version der Geschichte erzählt, spreche ich seine Gefühle direkt an. Er fühlt sich gehört und verstanden und ist viel offener für Feedback. Das hat sich ausgesprochen positiv auf unsere Gespräche ausgewirkt, und unsere Beziehung ist dadurch insgesamt besser geworden.

Dottie Sinor

Verärgerte Kinder deeskalieren

Affect Labeling erfordert Übung. Probieren Sie es am Anfang nur in sicheren Situationen aus, in denen Sie keine Konsequenzen zu befürchten haben, falls mal etwas schiefgeht. Wenn Sie selbst Kinder haben, mit Kindern arbeiten oder auf Kinder aufpassen, werden Sie jeden Tag genügend Gelegenheit zum Üben bekommen.

Wir werden die *Affect-Labeling*-Methode nun weiterentwickeln, indem wir uns überlegen, wie man verärgerte Kinder im Alter zwischen zwei und elf Jahren deeskaliert. Wenn Kinder in die Pubertät kommen, werden sie raffinierter und zynischer, dies erfordert von Ihnen ein höheres Maß an Fertigkeiten. Einstweilen werden Sie, falls Sie die Möglichkeit dazu haben, mit jüngeren Kindern zu arbeiten, einen guten Eindruck davon bekommen, wie hervorragend Deeskalation funktioniert. Haben Sie aktuell keine Gelegenheit, mit jüngeren Kindern zu arbeiten, ist dieses Kapitel dennoch nützlich, da es Ihnen *Affect Labeling* in der Praxis vorführt, mit Fallbeispielen, die auch für andere Lebensbereiche von Nutzen sein können. Stellen Sie sich die Beispiele einfach bildlich vor und empfinden Sie sie in Rollenspielen nach als ein Mittel, um *Affect Labeling* zu üben. Außerdem können Sie nie wissen, ob Sie nicht irgendwann einmal unerwartet mit einem verärgerten Kind konfrontiert sind!

In diesem und in den folgenden Kapiteln habe ich eine Reihe von Beispielen zusammengestellt, die häufig vorkommende ärgerliche und eskalierende Verhaltensweisen aufgreift. Sie sollen Ihnen eine Vorstellung davon vermitteln, wie man hitzige Diskussionen und konfliktgeladene Situationen aus einem anderen Blickwinkel betrachten kann und wie vielseitig sich *Affect Labeling* als effektives Hilfsmittel einsetzen lässt. Wenn es darum geht, Kinder zu deeskalieren, ist weniger mehr. Um ein Kind zu beruhigen, braucht es nicht viel. Lassen Sie uns also beginnen.

Rivalität zwischen Geschwistern

Ein uralter Konflikt ist der Streit zwischen Geschwistern. Zur klassischen Konfliktsituation kommt es, wenn ein älteres Geschwisterkind ein jüngeres schlägt und damit eine Kaskade von vorprogrammierten Ereignissen auslöst. Das jüngere Kind macht einen Riesenradau, es kommt zu Ihnen gerannt, bauscht den Vorfall auf und beschuldigt das ältere Kind.

»Mami, Catherine hat mich gehauen, es tut so weh!«

Der Vorfall hat sich im anderen Zimmer ereignet, und Sie haben nicht mitbekommen, was tatsächlich vorgefallen ist. Höchstwahrscheinlich hat Catherine Johnnie eine gescheuert, wie dies in der Vergangenheit schon häufiger geschehen ist. Hier ist eine Möglichkeit, die Situation zu deeskalieren und die Kinder wieder zu beruhigen:

Sie (S): »Warum hast du deinen kleinen Bruder gehauen?«
Catherine (C): »Weil er mich genervt hat.«
S: »Du hast dich geärgert und warst frustriert.«
C: »Er hat einfach nicht aufgehört, mich zu stören.«
S: »Du warst wütend und hast dich geärgert.«
C: »Ja! Ich wollte, dass er mich in Ruhe lässt.«
S: »Du fühlst dich nicht ernst genommen und hast das Gefühl, niemand hört auf dich.«
C: »Ja!«

Hier gilt es, auf einige Dinge zu achten. Sie stellen zunächst eine Frage, damit Sie von Catherine irgendeine Antwort bekommen. Catherine bestreitet in ihrer Antwort zwar nicht,

Johnnie geschlagen zu haben, entschuldigt ihr Verhalten jedoch als Vergeltungsmaßnahme gegen Johnnies Absicht, einen Streit anzuzetteln.

Ihre Reaktion darauf ist nicht, dass Sie mit Catherine zu streiten anfangen oder sie rügen – alles, was Sie tun, ist, zurückzuspiegeln, was Catherine Ihrer Meinung nach in diesem Moment empfindet. Ihr erstes *Affect Labeling* zieht eine weitere Rechtfertigung und Entschuldigung Catherines nach sich. Sie konzentrieren sich weiterhin ganz auf die Gefühle Ihres Kindes. Sollten Sie sich dabei wiederholen, ist dies völlig in Ordnung. Manchmal müssen Sie ein bestimmtes Gefühl drei bis vier Mal widerspiegeln, bis es endlich Wirkung zeigt.

In der dritten Antwort äußert sich Catherine schließlich ein wenig über ihre Bedürfnisse und sagt, wie sehr sie sich verletzt gefühlt hat. Sie reagieren darauf, indem Sie die Gefühle anerkennen, die Catherine wahrscheinlich erlebt hat: Ihr kleiner Bruder hat sie nicht ernst genommen und nicht auf sie gehört. Sie landen einen Volltreffer! – Catherine bestätigt es, antwortet Ihnen mit »Ja!«, nickt mit dem Kopf und wirkt sichtlich entspannt. Die Deeskalation ist beendet. Sie können jetzt zur Problemlösung übergehen, Ratschläge erteilen oder korrigierend eingreifen (mehr zum Thema Problemlösungen erläutere ich in Kapitel 3).

Dieser Wortwechsel nimmt weniger als 15 Sekunden in Anspruch, jedenfalls viel weniger Zeit, als wenn Sie mit Catherine zu streiten beginnen und ihr dabei zusehen, wie sie immer wütender wird. Es kann sein, dass Catherine total im Unrecht ist. Vielleicht lügt sie sogar in ihrer Darstellung der Ereignisse. Solange Sie Catherine jedoch nicht beschwichtigt haben, haben Sie keine Chance, die Situation zu klären.

Kinder hauen ihre Geschwister nicht ohne Grund. Es ist zu

vermuten, dass Catherine bestimmte Affekte und Gefühle in ihrem Innern empfunden hat, aber nicht in der Lage war, diese Johnnie gegenüber so zu erklären, dass dieser sie verstanden hätte. Ihren Bruder zu schlagen ist für Catherines kindliches Hirn der einzige Ausweg, um mit ihrer Frustration umzugehen. Durch den Raum, den Sie schaffen, indem Sie mit Catherine *Affect Labeling* machen, erweisen Sie ihr einen wertvollen Dienst und bringen ihr gleichzeitig etwas bei. Sie haben Catherine geholfen, ihre eigenen Gefühle besser zu verstehen, und diese für sie in eine emotionale Kategorie eingeteilt und gemäß der emotionalen Körnung in konkrete Worte gefasst. Was für ein wertvolles Geschenk! Wiederholt sich dieser Prozess während Catherines Kindheit ein ums andere Mal, wird sich dieses Geschenk für sie in großartiger Weise auszahlen.

Sie haben Catherine relativ schnell beruhigt. Doch was ist mit Johnnie? Hier ist ein Vorschlag, wie Sie verfahren könnten:

Sie (S): »Warum hat dich deine Schwester gehauen?«
Johnnie (J): »Ich weiß es nicht. Sie mag mich nicht.«
S: »Du hast das Gefühl, deine Schwester ignoriert dich.«
J: »Sie ignoriert mich immer.«
S: »Du fühlst dich von deiner Schwester nicht geliebt.«
J: »Sie behandelt mich immer wie ein Kleinkind.«
S: »Du fühlst dich nicht ernst genommen. Du bist traurig, dass dich deine Schwester wie ein Kleinkind behandelt.«
J: »Ja!«

Wieder beginnen Sie mit einer offenen Frage, auf die Johnnie Ihnen antwortet. Zunächst sagt er, er wisse nicht, warum ihn seine Schwester gehauen habe, aber dann gibt er einen möglichen Grund an. Johnnie versucht etwas zu erklären, was er womöglich selbst nicht so genau versteht. Sie spiegeln ihm wider, wie er sich vermutlich fühlt: Er hat das Gefühl, von seiner Schwester ignoriert zu werden. Johnnie bestätigt Ihr *Affect Labeling* und gibt sich selbst (und Ihnen) eine Erklärung dafür, warum er sich so fühlt. Das ist ein großer Fortschritt. Sie müssen seine Begründung nicht weiter kommentieren. Stattdessen konzentrieren Sie sich weiterhin auf seine emotionalen Erfahrungen und machen noch einmal *Affect Labeling* mit ihm. Johnnie sucht nach einer weiteren Erklärung, und findet sie. Sie spiegeln ihm erneut seine Gefühle zurück und erhalten als Antwort das inzwischen wohlbekannte »Ja!«.

Vielleicht hat Johnnie Catherine provoziert, vielleicht aber auch nicht. Durch *Affect Labeling* haben Sie eine tiefer gehende Information über Johnnies Gefühle bekommen. Sie und Johnnie haben herausgefunden, dass seine Frustration daher stammte, dass er sich wie ein Kleinkind behandelt gefühlt hat. Ähnlich wie Catherine verfügt auch Johnnie nicht über die kognitive Fähigkeit, seine Affekte in einen direkten Zusammenhang mit seinen Gefühlen zu bringen, daher bringt er seine Frustration dadurch zum Ausdruck, dass er Catherine provoziert. Das ist ein klassisches Konfliktverhalten. Erstaunlich ist allerdings, wie wir diese Konfliktmuster mit in unser Erwachsenenleben nehmen. Als Mediator bei schwierigen geschäftlichen Konflikten beobachte ich diese Muster immer wieder aufs Neue. Wenn Sie einmal darauf achtgeben, werden Sie sehen, dass in unserer polarisierten Gesellschaft immer die gleichen Muster auftauchen.

Emotionale Verschlossenheit
Eine andere, häufig vorkommende Situation ist emotionale Verschlossenheit. Stellen Sie sich vor, Sie holen Ihr Kind von der Schule ab. Es nimmt neben Ihnen auf dem Beifahrersitz

Platz. Sie freuen sich, Ihr Kind zu sehen, und möchten mit ihm ins Gespräch kommen. Dafür benutzen Sie einen konventionellen Gesprächseinstieg und fragen:»Na, Evelyn, wie war's heute in der Schule?«

Evelyn sieht aus dem Autofenster, wendet sich von Ihnen ab und spricht kaum ein Wort. Die Hoffnung, mit Ihrem Kind in Beziehung zu treten, hat sich wieder einmal zerschlagen. Hier ist eine alternative Möglichkeit, wie Sie sich an Evelyn wenden können:

Sie (S):»Wie war's heute in der Schule?«
Evelyn (E):»Keine Ahnung. Ging so, denke ich.«
S:»Du warst frustriert, weil es langweilig war.«
E:»Es war nicht langweilig. Ich kann einfach Mrs. Jones nicht leiden.«
S:»Du warst traurig wegen Mrs. Jones.«
E:»Ja! Sie hat mich aufgerufen und sich über meine Antwort lustig gemacht.«
S:»Du hattest das Gefühl, sie hat dich nicht ernst genommen, und es war dir peinlich.«
E:»Ja! Und einige Kinder haben mich in der Pause ausgelacht.«
S:»Du warst traurig und hast dich ein wenig einsam gefühlt.«
E:»Ja!«

Wieder beginnen Sie mit einer Einstiegsfrage. Evelyn gibt Ihnen eine unverbindliche Antwort, und tritt nicht wirklich in Beziehung mit Ihnen. Sie müssen Evelyns Gefühle ergründen, also versuchen Sie es zunächst einmal mit Langeweile. Sie liegen falsch, und Evelyn korrigiert Sie. Beachten Sie, dass Evelyn Sie nicht kritisiert oder herausfordert, weil Sie falschgelegen haben. Sie korrigiert Sie einfach nur. Dies ist in 95 Prozent der Fälle so. Als Nächstes versuchen Sie es mit dem Gefühl Traurigkeit, und stoßen damit auf eine wahre Goldgrube! Evelyn stimmt Ihrer Einschätzung zu und liefert Ihnen weitere Informationen. Aus dem, was sie Ihnen erzählt, spüren Sie schnell, dass Evelyn sich im Unterricht nicht ernst genommen fühlte und ihr die ganze Situation peinlich war. Dann öffnet sich Evelyn Ihnen noch ein klein wenig mehr und berichtet, was in der Pause vorgefallen ist. Sie benennen Evelyns Gefühle – sie fühlte sich traurig und einsam –, und sie beruhigt sich.

Damit dies funktioniert, müssen Sie geduldig und einfühlsam sein und dürfen nicht bewerten. Wenn Sie die Dinge überstürzen, oder die Angelegenheit regeln wollen, bevor Ihr Kind das Problem für sich gelöst hat, wird es sich unverstanden oder, im schlimmsten Fall, ungeliebt fühlen. *Affect Labeling* ist eine sehr wirkungsvolle Methode, solange Sie Ihre eigenen Bedürfnisse unter Kontrolle halten und sich vollkommen auf Ihr Kind konzentrieren. Alles andere ist zum Scheitern verurteilt.

Die gute Nachricht ist, dass Sie sich nur etwa 30 Sekunden lang intensiv auf Ihr Kind konzentrieren müssen. Haben Sie den Trick erst einmal heraus, ist es ein schneller Prozess.

Lügen, Abstreiten, Ungehorsam

Ein weiteres häufiges Fehlverhalten ist offenkundiges Lügen oder Abstreiten. William hat in Ihrem Beisein gerade seine Schwester gehauen. Hier ist eine Möglichkeit, wie Sie mit seinem offenkundigen Abstreiten umgehen können:

Sie (S): »Warum hast du deine kleine Schwester geschlagen?«
William (W): »Ich hab sie nicht geschlagen!«

S: »Du hast Angst, dass du bestraft wirst.«

W: »Nein, hab ich nicht.«

S: »Du hast das Gefühl, niemand hört dir zu.«

W: »Ja! Niemand kümmert sich darum, wie es mir geht.«

S: »Du fühlst dich einsam und ungeliebt.«

W: »Ja!«

Die typische Reaktion von Eltern ist, anzuzweifeln, was William sagt. Er beharrt jedoch auf seinem Standpunkt und streitet vehement ab, dass er etwas Falsches getan hat. Sie kennen beide die Wahrheit, aber jetzt entwickelt sich der Streit zu einem Machtkampf, in dem es darum geht, das eigene Gesicht zu wahren. Gewinnen Sie diesen Machtkampf, wird William bestraft, wodurch er nur wenig lernt. Um Williams wahre Gefühle zu ergründen, ist ein wenig Fantasie von Ihrer Seite erforderlich, aber auch nicht allzu viel. Wenn Sie sich dafür öffnen, was sich bei William tatsächlich abspielt, werden Sie zum richtigen Ergebnis gelangen.

Hier ist eine weitere Situation, die häufig vorkommt: Ungehorsam.

Sie (S): »Iss deine Bohnen auf!«

Marie (M): »Nein! Ich mag sie nicht.«

S: »Du bist verärgert und frustriert.«

M: »Ich mag keine Bohnen. Ich esse sie nicht.«

S: »Du magst nicht, dass man dir Vorschriften erteilt. Du bist traurig, dass dich niemand liebt.«

M: »Ja! Keiner kümmert sich um mich.«

S: »Du fühlst dich alleingelassen und ungeliebt.«

M: »Ja!«

In den vorangegangenen drei Beispielen genügte es, dem Kind widerzuspiegeln, dass es sich allein und ungeliebt fühlt. Die meisten Kinder fühlen sich zeitweise alleingelassen und ungeliebt – die Reaktion auf diesen Schmerz ist, dass sie ihren Gefühlen freien Lauf lassen, was zu Konflikten führt. Als Elternteil ist es Ihre Aufgabe, die Ursachen zu verstehen und anzuerkennen, unabhängig davon, ob Sie glauben, die Gefühle – Sich-alleingelassen-Fühlen/Sich-ungeliebt-Fühlen – seien wahr. Entscheidend ist, dass Sie dem Kind helfen, die Gefühle, die es in diesem Augenblick erlebt, zu benennen und diese zu bestätigen. Dies ist genau der Weg, um den Konflikt zu überwinden und wieder Ruhe herzustellen. (Ich werde in Kürze noch ausführlicher auf emotionale Entwertung zu sprechen kommen.)

Wie man ein empathischer Zuhörer wird

Affect Labeling ist eine wirkungsvolle Form des empathischen Zuhörens. Empathie ist die Fähigkeit, sich in die Gefühlslage eines anderen Menschen hineinzuversetzen – ein empathischer Zuhörer zu werden bedeutet, dass man das »emotionale Datenfeld« eines anderen Menschen lesen und verstehen lernt.

Vor einigen Jahren arbeitete ich mit einer Gruppe hochkarätiger Unternehmensberater an der Verbesserung ihrer Führungsqualitäten. Viele von ihnen waren Ingenieure, die zu kritischem Denken neigen, mit einer Vorliebe für Fakten und Zahlen. Mir war schnell klar, dass ich ihnen in Sachen Gefühle ein Konzept an die Hand geben musste, das sie ansprechen würde. Da fiel mir ein, dass Gefühle auch eine Form von Daten waren. Zwar waren diese Daten vergänglich und manchmal zweideutig, aber es waren dennoch Daten. Im Verlauf eines Workshops prägte ich den Begriff »emotionales Datenfeld«, und die Unternehmensberater verstanden auf Anhieb, was damit gemeint war. Sie stellten sich der Herausforderung, die Gefühle anderer Menschen als eine Form von Daten zu verstehen, die man sammeln, interpretieren und als Handlungsgrundlage benutzen konnte, und wurden dadurch zu hervorragenden empathischen Zuhörern.

Wenn wir Gefühle als eine Form von Daten auffassen, werden wir besser verstehen, welche Erfahrungen andere Menschen in einem bestimmten Moment machen. Die Typologie, die Qualität, die Intensität und die Dauer emotionaler Erfahrungen sind Informations-Bits, die wir schnell und instinktiv abrufen können, wenn wir aufmerksam sind. Sie bilden die Grundlage dafür, dass man ein empathischer Zuhörer wird.

Menschen erleben ihre Gefühle nicht voneinander getrennt. Meine Erfahrung ist, dass Gefühle in mehreren Schichten auftreten. Jede Schicht besitzt ihre eigene Tiefe und Qualität. Ein Teil des Problems, das Menschen mit ihren emotionalen Erfahrungen haben, ist, dass sich hinter einer »lauten« Schicht oft eine tiefere, bedeutungsvollere Schicht verbirgt. Menschen schreien und brüllen vor Wut, aber sie verschaffen sich keine Erleichterung, da eine tiefer liegende, noch verborgene Schicht aktiv ist. Dies ist vor allem bei Kindern der Fall, die noch nicht die Strategien Erwachsener besitzen, um mit starken Emotionen umzugehen.

Als empathischer Zuhörer können Sie durch die verschiedenen emotionalen Schichten hindurch *Affect Labeling* machen, bis Ihre Kinder imstande sind, ihre eigenen Gefühle anzuerkennen. Aus den vorangegangenen Beispielen habe ich folgende emotionale Schichten ermittelt:

Schicht 1: Wut, Zorn, Frustration
Schicht 2: Sich-nicht-ernst-genommen-Fühlen, Sich-verraten-Fühlen, Sich-unfair-behandelt-Fühlen
(Letzteres ist eigentlich kein Gefühl, aber wir können es trotzdem verwenden)
Schicht 3: Sorge, Angst, Ängstlichkeit, Schreckhaftigkeit
Schicht 4: Schmerz, Traurigkeit
Schicht 5: Sich-verlassen-Fühlen, Sich-ungeliebt-Fühlen, Sich-wertlos-Fühlen

Beginnen Sie mit der Schicht, die Ihrer Meinung nach als erste auftaucht. In eskalierten Situationen ist dies in der Regel Wut oder Frustration. Nach jeder Antwort versuchen Sie es mit einer anderen Schicht. Zu Beginn müssen Sie Ihrem Instinkt vertrauen, was die vorhandenen Gefühle angeht. Hören Sie Ihrem Kind zu, indem Sie die obige Typologie verwenden, und versuchen Sie zu ergründen, was sich unter der Oberfläche verbirgt. Erinnern Sie sich, dass Gefühle eine Form von Daten in einem Feld sind. Versuchen Sie zu spüren, was sich im Innern Ihres Kindes abspielt, und verfolgen Sie diese Schicht. Manchmal müssen Sie zu einer früheren Schicht zurückkehren, bevor Sie weiter in die Tiefe gehen können. Achten Sie am Anfang darauf, nicht zu schnell zu tief schürfen zu wollen. Tauchen Sie zuerst nur eine Zehenspitze in die emotionalen Gewässer Ihres Kindes, bevor Sie sich kopfüber hineinstürzen. Je mehr Übung Sie haben, desto besser werden Sie die Funktionen der Schichten erkennen.

Streitpunkt: Social Media

Eine der großen Herausforderungen für Eltern in unserer Kultur ist die Abhängigkeit unserer Kinder von Medien wie Fernsehen, Smartphones, Textnachrichten und Videospielen. Hier ist ein Beispiel, wie Sie solche Situationen zurückspiegeln können. Achten Sie darauf, wie die verschiedenen emotionalen Schichten durchdrungen werden:

Sie (S): »Leg beim Abendessen bitte dein Handy weg!«

Miranda (M): *(Reagiert nicht, schreibt eine Textnachricht, schaut auf ihr Handy.)*

S: »Du hast Angst, zu verpassen, was deine Freunde gerade schreiben.«

M: »Ja!« *(Schreibt wie wild weiter.)*

S: »Du ärgerst dich, weil ich dich bitte aufzuhören.«

M: »Ja! Lass mich bitte in Ruhe. Du sagst mir ständig, was ich tun soll.«

S: »Du hast das Gefühl, keiner nimmt dich ernst oder hört dir zu. Du fühlst dich verbunden mit deinen Freunden.«

M: »Ja!«

S: »Du fühlst dich ungeliebt.«

M: »Ja, genau!«

Die erste Schicht war nicht Wut oder Frustration, sondern Angst. Die nächste Schicht brachte Verärgerung und Frustration zum Vorschein; danach sind Sie zu Gefühlen wie Nicht-ernst-genommen-Fühlen und Ungehört-Fühlen übergegangen. Zum Schluss haben Sie den Sprung in die tiefste Schicht gewagt: Sich-ungeliebt-Fühlen. Und all dies hat weniger als 30 Sekunden gedauert!

Auch Teilnahmslosigkeit und Verdrossenheit sind häufig vorkommende Verhaltensweisen. Meiner Vermutung nach werden Kinder teilnahmslos und missmutig, wenn sie sich nicht sicher fühlen. Je mehr Sie den Kontakt zu einem teilnahmslosen Kind zu erzwingen versuchen, umso mehr wird es sich Ihnen gegenüber verschließen. Versuchen Sie es alternativ einmal mit der folgenden Variante:

Sie (S): »Was ist los?«

Chris (C): »Nichts. Alles bestens.«

S: »Du bist wütend.«

C: *(Schweigt.)*

S: »Du bist wütend und frustriert wegen der Schule.«

C: *(Schweigt.)*

S: »Niemand mag dich, und dies gilt ganz besonders für deine Lehrer!«

C: »Ja!«

S: »Du fühlst dich alleingelassen, weil dir niemand Aufmerksamkeit schenkt.«

C: »Ja!«

Vielleicht bekommen Sie von einem verdrossenen, wütenden und verstimmten Kind keine Antwort. Allerdings gibt es einen Anhaltspunkt, dass Sie zu ihm durchgedrungen sind: Ihr Kind verlässt Sie nicht. Solange Ihr Kind in Ihrer Nähe bleibt und nicht zu entwischen versucht, haben Sie seine Aufmerksamkeit. Seien Sie geduldig, machen Sie nicht länger als 30 Sekunden *Affect Labeling,* danach hören Sie auf. Sie haben Ihre Sache gut gemacht. Ihr Kind versteht instinktiv, dass Sie ihm zuzuhören versuchen. Es sehnt sich nach Verbundenheit, und fürchtet Zurückweisung, Kritik und das Gefühl, alleingelassen zu sein. Durch Ihre unerschütterliche Konzentration auf Ihr Kind erfüllen Sie dessen Bedürfnisse voll und ganz.

Einer der eher unangenehmeren Momente im Leben ist, wenn Ihnen Ihr Kind Kontra gibt und sich zu Äußerungen versteigt wie: »Ich hasse dich.« Dies ist meist der Fall, wenn Sie Ihrem Kind etwas verbieten. Hier ist eine Möglichkeit, wie Sie in solchen Fällen *Affect Labeling* anwenden können:

Thomas (T) *(quengelt):* »Ich möchte *FaceTime* auf meinem iPad haben!«
Sie (S): »Nein, das geht nicht.«
T: »Ich hasse dich.«
S: »Du bist wütend und frustriert. Du bist traurig.«
T: »Nie darf ich Spaß haben.«
S: »Du fühlst dich ausgegrenzt und alleingelassen.«
T: »Biiiiittteeee, ich will *FaceTime!*«
S: »Du hast das Gefühl, niemand hört dir zu.«
T: »Ja! Du hörst mir nie zu.«
S: » Du hast das Gefühl, ich höre dir nie zu.«
T: *(nickt heftig):* »Ja!«

Vielleicht verspüren Sie den Drang, ein Problem schnell lösen zu wollen. Dieser Drang entstammt Ihrer eigenen Angst, sich ungeliebt, wertlos, beurteilt und abgelehnt zu fühlen. Sind Sie sich dieser Angst nicht bewusst, werden Sie unbewusst versuchen, das Problem Ihres Gegenübers zu »lösen«, um sich selbst besser zu fühlen. Geben Sie diesem Drang nach, verfallen Sie in emotionale Entwertung – und damit in das genaue Gegenteil von *Affect Labeling*. Ich werde an späterer Stelle in diesem Kapitel auf emotionale Entwertung zu sprechen kommen. Einstweilen versuchen Sie Ihrem Verlangen zu widerstehen, Dinge regeln zu wollen. Konzentrieren Sie sich darauf, den emotionalen Erfahrungen Ihres Kindes zuzuhören und auf diese zu reagieren.

Emotionale Verweigerung

Ein weiteres typisches Verhalten ist die Verweigerung Ihres Kindes, auf eine Nachfrage zu antworten. Sie haben Ihr Kind gefragt, ob es seine Zähne geputzt, sein Zimmer aufgeräumt oder Hausaufgaben gemacht hat. Sie bekommen jedoch bloß ein Grummeln zur Antwort, und das frustriert Sie. Hier ist eine andere Möglichkeit nachzufragen, indem Sie *Affect Labeling* benutzen:

Sie (S): »Hast du deine Zähne geputzt?«
Marian (M): »Würg.«
S: »Du bist frustriert und fühlst dich nicht ernst genommen.«
M: »Würg.«
S: »Du fühlst dich kontrolliert, ohne jegliche Freiheit.«
M: »Ja!«
S: »Du hast das Gefühl, niemand hört dir zu oder kümmert sich darum, wie es dir geht.«
M: »Ja!«

Irgendwann wird Ihr Kind Ihr *Affect Labeling* zurückweisen. Dies ist normal. Ihr Verhalten ist untypisch, und das verunsichert Ihr Kind. Es wird misstrauisch werden und fürchten, dass es von Ihnen manipuliert wird. In einer tieferen emotionalen Schicht wird sich Ihr Kind verletzlich und unsicher fühlen, wenn Sie seine emotionalen Erfahrungen bloßlegen. Sie können darauf folgendermaßen reagieren:

Sie (S): »Du bist frustriert.«
Rick (R): »Hör auf, dieses Zeug mit mir zu machen! Du machst es schon wieder.«
S: »Du hast das Gefühl, niemand hört dir zu.«

R: »Ich hab dir gesagt, du sollst damit aufhören! Ich hasse das!«

S: »Du bist wütend und verärgert.«

R: »Ja! Lass mich endlich in Ruhe!«

S: »Du fühlst dich nicht ernst genommen und möchtest in Ruhe gelassen werden.«

R: »Ja!«

Ziehen Sie das Widerspiegeln der Gefühle nicht allzu sehr in die Länge. Falls Sie wiederholt auf Zurückweisung stoßen, kann dies daran liegen, dass Sie den Bogen etwas überspannen. Pausieren Sie ein oder zwei Tage lang. Wenn Sie das nächste Mal *Affect Labeling* machen, versuchen Sie es mit einem ganz kurzen Satz – eher beiläufig und in einem plauderhaften Ton. Wenn Sie dabei subtil genug vorgehen, wird es Ihrem Kind gar nicht auffallen.

Vielleicht wollen Sie Ihrem Kind auch beibringen, was Sie da eigentlich tun und weshalb Sie es tun. Wenn Kinder lernen, wie man *Affect Labeling* mit anderen praktiziert, werden die eigene emotionale Intelligenz und das empathische Zuhören gefördert, was zu einer höheren emotionalen Körnung führt. Sie können miteinander üben oder gemeinsame Rollenspiele machen, um sich sicherer und verbundener zu fühlen.

Damit Sie mehr Vertrauen in die Methode gewinnen, schreiben Sie sich, wie in den Beispielen zuvor, ein schwieriges Gespräch mit Ihrem Kind heraus. Notieren Sie die Gefühle, die Ihr Kind erlebt, unter der Spalte »Sie«, als würden Sie mit ihm *Affect Labeling* machen. Anschließend schreiben Sie die möglichen Antworten Ihres Kindes auf. Dies tun Sie so lange, bis Sie zur tiefsten Schicht seiner emotionalen Erfahrungen vorgedrungen sind. Mithilfe dieser mentalen Vorübung wird Ihre Anwendung in der Praxis schneller zum Erfolg führen.

Eine Anmerkung zu Kindern mit Entwicklungsstörungen

Bei Kindern mit Entwicklungsstörungen lässt sich *Affect Labeling* in der Regel gut anwenden. Hier ist eine Geschichte, die mir mein Kollege Larry Bridgesmith über seinen Enkelsohn mit Asperger-Syndrom zusandte, nachdem Larry einen meiner Workshops besucht hatte:

[Er] bekam letzte Woche sofort einen Tobsuchtsanfall, weil seine Schwester offenbar für eine Bemerkung »gelobt« worden war, die beide Kinder gleichzeitig gemacht hatten. [Meine Frau] Linda hatte sehr genau aufgepasst, was ich von deiner Methode erzählt hatte, und sagte zu unserem Enkel: »Du hast das Gefühl, dass wir dir nicht zugehört haben.« Sofort bejahte er ihren Satz, woraufhin sie sagte: »Deshalb fühlst du dich schlecht.« Innerhalb von 10 Sekunden hatten wir durch die kleine Intervention, die wir von dir gelernt haben, den Frieden wiederhergestellt und eine Reihe von normalerweise eskalierenden Umständen in Ruhe verwandelt, die herzustellen andernfalls Stunden erfordert hätte.

Jedes Kind ist anders und hat mit seinen eigenen Herausforderungen zu kämpfen. Probieren Sie *Affect Labeling* einfach aus und bleiben Sie gegenüber der Reaktion Ihres Kindes einfühlsam.

Die Gefahren der emotionalen Entwertung

Emotionale Entwertung ist das Gegenteil von *Affect Labeling*. Anstatt die Gefühle des Kindes kritikfrei und nicht wertend anzuerkennen, entwerten Erwachsene diese und ziehen sie ins

Lächerliche. Leider ist emotionale Entwertung in unserer Gesellschaft und Kultur weit verbreitet. Der Schaden, der dadurch angerichtet wird, ist geradezu tödlich und heimtückisch. Im Extremfall kann emotionale Entwertung gefährliche oder gar gewalttätige Situationen heraufbeschwören.

Emotionale Entwertung ist eine der tödlichsten Formen von emotionalem Missbrauch während der Kindheit. Sie zerstört Selbstvertrauen, Kreativität und Individualität. Im kindlichen Hirn fährt sie den denkenden Teil herunter, wodurch logisches Denken, Problemlösung, Vernunft und nichtemotionale Entscheidungsfindung verhindert werden. Hier ist ein typisches Beispiel:

Vater (V): »Wie war's heute in der Schule?«
Eric (E): »Es war blöd. Billy hat mich verprügelt.«
V: »Na, so schlimm wird's nicht gewesen sein!«
E: »Alle haben über mich gelacht.«
V: »Ich denke, du wirst damit klarkommen.«
E: *(Weint leise.)*
V: »Sei keine Heulsuse! Hör auf zu weinen und reiß dich zusammen. Das Leben ist hart, da musst du eben härter sein.«

Dieses harmlos erscheinende Gespräch hat eine emotionale Verrohung des Jungen zur Folge. Überlegen Sie sich, welche Lektionen diesem Jungen gerade erteilt wurden:

» Ich kann zu Papa nicht ehrlich sein, ansonsten macht er mich herunter.
» Papa liebt mich nicht.
» Meine Gefühle sind nicht wichtig.

» Ich bin verletzt, und es gibt in meiner Umgebung niemanden, der mich tröstet.
» So, wie ich bin, bin ich nicht richtig.
» Ich kann mich nur auf mich selbst verlassen und muss hart sein wie Stein.
» Wenn das Leben hart ist, muss ich noch härter und fieser sein als alle anderen.
» Die Welt ist ein unfreundlicher Ort, in dem für Weichheit und Liebe kein Platz ist.

Wie wird sich dieser Junge in zehn Jahren in seiner ersten Liebesbeziehung verhalten? Wenn er eine regelmäßige Dosis an emotionaler Entwertung erfahren hat, können wir davon ausgehen, dass er emotional unzugänglich sein wird. Er wird von Glück reden können, wenn er eine Beziehung führen kann, die funktioniert. Der Same für emotionales Unglück wird in einem sehr frühen Alter gesät, und leider trifft dies vor allem für Männer zu.

Wir entwerten regelmäßig die Gefühle unserer Kinder, weil wir oftmals selbst entwertet wurden oder werden und uns bereits daran gewöhnt haben. Manche Menschen rechtfertigen emotionale Entwertung dadurch, dass sie diese als frühe Lehrstücke des Lebens betrachten oder um ihre Kinder für die Realität abzuhärten. Lassen Sie sich nicht täuschen! Dies sind Rechtfertigungen und Ausflüchte von Menschen, die selbst zutiefst durch emotionale Entwertung verletzt worden sind. Es gibt jede Menge positive und wirkungsvolle Wege, starke und »resiliente« Kinder großzuziehen. Sie in ihren Gefühlen herunterzumachen ist sicherlich nicht der richtige Weg.

Emotionale Entwertung liegt immer dann vor, wenn:

» Uns gesagt wird, wir sollen uns nicht so fühlen, wie wir uns gerade fühlen.
» Uns jemand vorschreibt, uns nicht so zu fühlen, wie wir uns fühlen.
» Wir gesagt bekommen, wir seien zu sensibel, zu »dramatisch« oder nicht »pflegeleicht« genug.
» Wir nicht beachtet werden.
» Man uns bewertet.
» Wir das Gefühl vermittelt bekommen, etwas stimme nicht mit uns in der Art, wie wir fühlen.

Hier sind einige Beispielsätze für emotionale Entwertung. Kommt Ihnen der eine oder andere Satz bekannt vor? Wie häufig sind Sie schon von jemandem emotional entwertet worden? Wie häufig haben Sie die Gefühle Ihres Partners, Ihrer Kinder oder Ihre eigenen Gefühle emotional entwertet?

> Das wirst du schon überleben!
> Werde endlich erwachsen!
> Wein nicht!
> Sei nicht traurig!
> Hör auf zu jammern!
> Damit musst du klarkommen!
> Mach nicht so ein Theater!
> Sei nicht so emotional! Hör auf, dich selbst zu bemitleiden!
> Du bist so doof!
> Ich bin so doof!

Die Gefühle jedes Menschen sind authentisch. Diese abzulehnen, zu entwerten oder kleinzureden bedeutet, die Realität dieses Menschen zu negieren. Schlimmer noch, wissenschaftliche Befunde zeigen, dass emotionaler Missbrauch in der Kindheit, selbst in seiner »harmlosen« Form der emotionalen Entwertung, genauso schädlich sein kann wie körperlicher oder sexueller Missbrauch. Emotionale Entwertung ist eine Epidemie unserer Gesellschaft, die generationsübergreifend ist und deren hoher Preis uns erst seit Kurzem bewusst ist.

Eine nordamerikanische Studie zu traumatisierenden Kindheitserfahrungen – die *Adverse Childhood Experience Study (ACE Study)* – ist die erste groß angelegte Studie über eine Bevölkerungsgruppe, welche die Auswirkungen von Missbrauch während der Kindheit auf die Gesundheit im Erwachsenenalter und die Sterblichkeit untersucht. Die *ACE Study* wird vom Kaiser Permanente's San Diego Health Appraisal Center in San Diego/Kalifornien durchgeführt, wo sich jährlich mehr als 45 000 Erwachsene einem Gesundheitscheck unterziehen.

Die *ACE-Study*-Forscher schlugen Kapital aus dieser gewaltigen Datenmenge, indem sie jedem Teilnehmer nach der Untersuchung einen Fragebogen zuschickten. Darin enthalten waren Fragen zu Missbrauch in der Kindheit und dysfunktionalen Familienverhältnissen. Als traumatisierende Kindheitserfahrung zählte jede Art von Missbrauch, darunter fielen emotionale Entwertung und harmlose emotionale Vernachlässigung, körperlicher und sexueller Missbrauch, Alkoholabhängigkeit, Suchtprobleme oder Gefängnisaufenthalte der Eltern. Die Forscher verglichen die Ergebnisse des Gesundheitschecks jedes Befragten mit dessen Angaben über Missbrauch in der Kindheit und dysfunktionale Familienverhältnisse. Das Ergebnis war ernüchternd.

Das erste, was die Forscher herausfanden, war, dass 11 Prozent der Befragten von psychologischem Missbrauch, weitere

11 Prozent von körperlichem Missbrauch und 22 Prozent von sexuellem Missbrauch in ihrer Kindheit berichteten. Mehr als die Hälfte der Befragten gaben mindestens eine traumatisierende Kindheitserfahrung an. Etwas über 25 Prozent der Befragten berichteten von zwei bis vier traumatisierenden Erfahrungen.

Traumatisierende Kindheitserfahrungen bildeten einen deutlichen Indikator für gesundheitliche Risiken und Erkrankungen im Erwachsenenalter und spielten gleichzeitig eine Rolle bei den zehn Haupttodesursachen in den USA. Die Forscher entdeckten eine auffällige Verbindung zwischen traumatisierenden Kindheitserfahrungen und Herzerkrankungen, Krebs, chronischer Bronchitis und Lungenemphysemen, Hepatitis und Gelbsucht, Skelettbrüchen und einer niedrigen Einschätzung der eigenen Gesundheit.

Der Zusammenhang zwischen traumatisierenden Kindheitserfahrungen und körperlichen Erkrankungen zeigte sich vor allem in Verhaltensweisen wie Rauchen, Alkohol- und Drogenmissbrauch, übermäßigem Essen oder sexuellen Praktiken, welche die Betroffenen angenommen hatten, um den Stress aus emotionalem Missbrauch, häuslicher Gewalt oder andere Formen familiärer Dysfunktion zu kompensieren. Hatte ein Mensch vier oder mehr Traumatisierungen in der Kindheit erlebt, war die Wahrscheinlichkeit um ein Vielfaches höher, dass er oder sie zu Rauchern wurden, Suchtprobleme hatten, an Depressionen oder anderen geistigen Erkrankungen litten, Schwierigkeiten hatten, einen Beruf auszuüben, oder obdachlos wurden.[9]

Die wichtigste Erkenntnis war, dass die meisten Missbrauchsfälle während der Kindheit in erster Linie emotionaler Natur sind. Wir stellen uns vor, wie furchtbar sexueller und körperlicher Missbrauch ist, und vergessen darüber manchmal, dass subtiler emotionaler Missbrauch ebenfalls eine traumatisierende Wirkung hat. Das bloße Zusammenleben mit einem Alkoholiker ist Missbrauch genug, um ein Kindheitstrauma auszulösen. Dasselbe gilt für emotional nicht verfügbare Eltern oder für eine Erziehung, der es an Stetigkeit mangelt. Auch emotionale Entwertung führt zu traumatisierenden Kindheitserfahrungen. Und die Liste ließe sich fortführen – immer wenn Kinder Traumatisierungen in großem Maße ausgesetzt waren, führte dies zu Angst, Wut und Depression. Diese Traumatisierungen kommen in den besten Familien vor. Sie ereignen sich in sozioökonomisch höher gestellten Familien ebenso oft wie in Familien, die in Armut leben.

Achten Sie in den nächsten 48 Stunden einmal auf emotionale Entwertung. Wo tritt sie auf? Wer entwertet wen? Haben Sie sich dabei erwischt, wie Sie jemanden entwertet haben? Wurden Sie von jemandem entwertet? Sobald Sie darauf achten, werden Sie merken, wie allgegenwärtig emotionale Entwertung ist. Weil wir sie als »normal« ansehen, wird sie auch von niemandem infrage gestellt. Emotionale Entwertung ist keine spektakuläre Angelegenheit, wie etwa die Entfernung von Landminen oder der Kampf gegen Polio. Es gibt sie eben. Deshalb wird es nun Zeit, sie zu beenden.

Sie verfügen über das Rüstzeug, diesen alltäglichen Grausamkeiten und Missbräuchen ein Ende zu setzen. Das Gegenmittel heißt *Affect Labeling*. Wie bei jedem Gegenmittel ist es nun an Ihnen, es zum Einsatz zu bringen. Ich habe die Hoffnung, dass Sie und Millionen Menschen wie Sie ebendas tun werden. Dies wird unsere Kinder und Familien so viel gesünder und fröhlicher machen.

* * *

Zusammenfassung des Kapitels

In diesem Kapitel haben wir *Affect Labeling* am Beispiel häufig vorkommender und ärgerlicher Verhaltensweisen mit jüngeren Kindern angewendet. Dies sind die wichtigsten Erkenntnisse:

» *Affect Labeling* geht bei Kindern in der Regel schnell.

» Der Unterschied zwischen *Affect Labeling* und anderen Reaktionen auf das Verhalten von Kindern ist, dass Sie sich dabei so lange auf die emotionale Erfahrung Ihres Kindes konzentrieren, bis es sich beruhigt hat.

» Seien Sie geduldig und bewerten Sie nicht.

» Gefühle treten in Schichten auf; sobald eine Schicht auftaucht, arbeiten Sie sich hindurch.

» Empathisches Zuhören ist die Fähigkeit, das emotionale Datenfeld eines anderen Menschen zu lesen, diese Daten auszuwerten und mit *Affect Labeling* angemessen darauf zu reagieren.

» »Sich-ungeliebt-Fühlen« ist das Gefühl, das den meisten eskalierenden Verhaltensweisen zugrunde liegt.

» Emotionale Entwertung ist die Norm. Sie wirkt toxisch und missbräuchlich auf jeden Menschen, insbesondere auf Kinder.

» Die Studie zu traumatisierenden Kindheitserfahrungen *(ACE-Study)* zeigt die langfristigen Schäden bei emotionalem Missbrauch. Selbst harmlosester Missbrauch ist gefährlich. Die Gegenmittel sind Bewusstheit und *Affect Labeling*.

3
Was tue ich, nachdem ich jemanden beruhigt habe?

Meine zehnjährige Enkeltochter hatte Wutausbrüche, die ihre Mutter und mich auf die Palme brachten. Sie wurde wütend und verschlossen, egal was wir zu ihr sagten oder worum wir sie baten – selbst wenn sie nur ihre Zähne putzen sollte. Ein Jahr lang gab es Tränen und Gezeter, was uns alle frustrierte. Schon der Versuch, das Kind anzukleiden, endete in einem dreistündigen Schreiwettkampf. Nachdem wir Dougs Methode kennengelernt hatten, dachten wir uns: Probieren wir sie einfach aus! Alles war uns lieber, als auf einem ständigen Kriegsschauplatz zu leben. Obwohl wir Bedenken hatten gegenüber einer Methode, bei der es offenbar nur darum ging, auf eine neue Weise mit einem Kind zu sprechen, arbeiteten meine Tochter und ich uns in die neue Sprache ein und begannen sie anzuwenden. Ich muss gestehen, von dem Moment an, als wir das erste Wort zu meiner Enkelin sagten, veränderte sich alles. Wenn sie wütend wurde, weil sie ins Bett gehen musste, sagten wir zu ihr: »Du scheinst wütend zu sein. Kannst du uns sagen, warum du wütend bist?« Und siehe da! Wo sie in der Vergangenheit »Lasst mich in Ruhe!« geschrien hatte, zählte sie nun all die Gründe auf, weshalb sie die Berührung mit ihren

Bettlaken hasste und nicht einschlafen konnte. Dies war etwas, das sich leicht ändern ließ, und wir schufen sofort Abhilfe. Wer hätte ahnen können, dass eine Zehnjährige so sensibel sein konnte? Als wir sie am nächsten Tag für die Schule ankleiden wollten, begann sie wieder zu weinen. Ihre Mutter sagte zu ihr:»Du scheinst traurig zu sein. Warum weinst du?« Da brach es aus ihr heraus: Wie sehr sie die Kleidung auf ihrer Haut schmerzte, welche Qual es für sie bedeutete, Strümpfe und Schuhe zu tragen. Indem wir einfach nur ihren Gefühlen zuhörten, bekamen wir heraus, dass sie jahrelang unter einer Symptomatik gelitten hatte, die man als »Hypersensibilität« bezeichnet. Wir hatten keine Ahnung, was das Tragen enger Strümpfe für sie bedeutete. Als Eltern hatten wir vorausgesetzt, dass sie nicht zur Schule gehen wollte. Oder dass sie mit den Kindern in der Schule Probleme hatte.

Das größte Aha-Erlebnis nach Anwendung der Deeskalations-Methode war, als wir merkten, dass es bei jeder Auseinandersetzung, die wir mit meiner Enkeltochter führten, um uns selbst gegangen war. Darum, was »wir« gefühlt hatten und was »unsere« Bedürfnisse gewesen waren – aber nie darum, was sie eigentlich fühlte. Jetzt leben wir in einem Zuhause, in dem thematisiert, besprochen und geklärt wird, worüber wir uns ärgern. Wir sprechen offen miteinander und haben meiner Enkelin die gleichen Fertigkeiten beigebracht. Sie funktionieren so gut, dass wir uns sicher sind, dass sie in der Zukunft in vielen Fällen besser zu kommunizieren wissen wird.

Devra Jacobs

Was tue ich, nachdem ich jemanden beruhigt habe? 83

Die Bandbreite an Problemlösungsmöglichkeiten

Wenn Sie einen Menschen beruhigt haben, bedeutet dies selbstverständlich noch nicht, dass dadurch das Problem gelöst wäre. Andererseits können Sie mit jemandem, der verärgert oder emotional stark erregt ist, kein Problemlösungsgespräch führen. Gefühle entstehen, damit wir unserer Umgebung Aufmerksamkeit schenken. Je emotionaler unser Erleben ist, desto weniger sind wir imstande, klar zu denken, Impulsen zu widerstehen und uns um konstruktive Problemlösung zu bemühen. Erst nachdem die Ruhe wiederhergestellt wurde, können wir uns mit dem vernunftgesteuerten Teil unseres Gehirns einem Problem zuwenden.

Es gibt eine große Bandbreite an Problemlösungsprozessen – von geringem Zwang bis hin zu hohem Zwang. Die meisten Menschen greifen automatisch auf Entscheidungsfindungen zurück, die Zwang anwenden. In der Regel ist Zwang der erste Konfliktlösungsprozess, den wir als Kinder erfahren, und Kinder lernen dabei schnell, dass der Mächtigere gewinnt. Zwang mag auf kurze Sicht gesehen zu Ergebnissen führen. Aber er hat immer auch einen Preis, und oft bleibt dieser im Verborgenen.

Gelingt es Ihnen, ein Problem ohne Zwang zu lösen, haben die Lösungen normalerweise Fortbestand. Die Kunst ist, zu wissen, wie man Probleme ohne Zwang schnell und effizient löst. In diesem Kapitel betrachten wir drei Fertigkeiten zur Problemlösung, die in der Regel effizienter sind als Zwang:[10]

1. Zurückspiegelndes Zuhören
2. Ergebnisorientiertes Coaching
3. Verbindliche Vereinbarungen

Zurückspiegelndes Zuhören

Es gibt vier Ebenen des widerspiegelnden Zuhörens:

1. Einfaches Zurückspiegeln oder Widerspiegeln
2. Paraphrasieren
3. Das Zurückspiegeln der Kernaussage
4. *Affect Labeling*

Jede Ebene des Zuhörens besitzt eine große Wirkungskraft, wenn sie angemessen eingesetzt wird. Das Problem ist, dass viele Menschen dazu neigen, in Momenten der Deeskalation Techniken wie Zurück- bzw. Widerspiegeln oder Paraphrasieren einzusetzen, und dass dies schlichtweg nicht funktioniert. Jedoch sind »Spiegeln« und Paraphrasieren entscheidend, wenn beide Seiten klar zum Ausdruck bringen wollen, um welche Information oder um welches Anliegen es ihnen geht.

Einfaches Zurückspiegeln oder Widerspiegeln

Hierbei handelt es sich um die einfachste Wiedergabe dessen, was eine Person gesagt hat. Man wiederholt einfach die Worte des Sprechers, ohne neue Informationen hinzuzufügen. Auf dieser Ebene des Zuhörens konzentrieren wir uns auf die Worte, nicht auf die Gefühle. Durch eine geringfügige Veränderung der Worte kann einfaches Widerspiegeln manchmal den Akzent einer Aussage verschieben.

Sprecher: »Sie macht mich wahnsinnig, sie bringt mich noch dazu, zu kündigen.«
Sie: »Sie macht dich wahnsinnig, sie bringt dich noch dazu, zu kündigen.«

Sprecher:»Ich habe dem nichts mehr hinzuzufügen.«
Sie:»Du hast dem nichts mehr hinzuzufügen.«

Es gibt andere Situationen, in denen es ganz wesentlich auf einfaches Zurückspiegeln ankommt. Zum Beispiel, wenn Sie ein Pilot mit Instrumentenflugberechtigung sind. Wenn Sie einen Flugplan für einen Instrumentenflug von Los Angeles nach San Francisco aufgeben, müssen Sie, bevor Sie auf die Startbahn rollen dürfen, von einem Fluglotsen eine mündliche Freigabe erteilt bekommen. Der Fluglotse wird Ihnen die Freigabe vorlesen, Sie müssen sie sich notieren und sie ihm anschließend wortgetreu wiedergeben. Unterläuft Ihnen dabei ein Fehler, wird der Lotse Sie so lange korrigieren, bis Sie alles richtig wiederholt haben. Machen Sie es gleich beim ersten Mal richtig, wird der Lotse sagen:»Read back correct!« Danach ist Ihnen beiden klar, was man von Ihnen erwartet, wenn Sie in der Luft sind. Diese Klarheit verhindert ganz ohne Zweifel, dass Aluminiumteile, die mit über 320 Stundenkilometern durch die Gegend rauschen, am Himmel miteinander kollidieren.

Wörtliches Wiederholen oder Zurückspiegeln können im Alltag sehr effektiv sein, vor allem wenn es darum geht, Vereinbarungen zu treffen und bestimmte Erwartungen festzulegen. Manche Menschen werden es komisch finden, wenn Sie ihnen eine Vereinbarung noch einmal wortwörtlich wiederholen. Allerdings würde es Sie erstaunen, wie viele Konflikte sich vermeiden ließen, wenn man vorher ein paar Sekunden darauf verwenden würde, Klarheit zu schaffen.

Benutzen Sie einfaches Zurückspiegeln jedoch nicht für die Deeskalation starker Emotionen. Viele Menschen haben sich unbewusst bereits eine Form von widerspiegelndem Zuhören angeeignet und verwenden Worte als Mittel, um Menschen zu beschwichtigen. Doch aus Erfahrung wissen wir, dass verärgerte Menschen dazu neigen, noch wütender zu werden, wenn man ihre Aussagen wortwörtlich reflektiert.

Paraphrasieren

Bei dieser Art von Zurückspiegeln wiederholen Sie das, was die Person gesagt hat, in Form einer Paraphrase.

Sprecher:»Sie macht mich wahnsinnig, sie bringt mich noch dazu, zu kündigen.«
Sie:»Ihre Methoden stören dich ernsthaft.«
Sprecher:»Ich habe dem nichts mehr hinzuzufügen.«
Sie:»Dir ist heute nicht nach Reden zumute.«

Paraphrasieren ist eine gute Möglichkeit, um dem anderen zu zeigen, dass Sie die Bedeutung seiner Äußerung verstanden haben und diese nicht nur nachplappern. Wie im Fall des einfachen Zurück- bzw. Widerspiegelns ist auch das Paraphrasieren keine wirksame Methode, wenn es um die Deeskalation heftiger Emotionen geht. Jedoch ist es sehr nützlich, um zu demonstrieren, dass Sie die Bedeutung des Gesprochenen verstanden haben.

Das Zurückspiegeln der Kernaussage

Mit dem Widerspiegeln der Kernaussage bewegen Sie sich über das gesprochene Wort hinaus, hin zu einer tieferen Aussage, die der Sprecher zu vermitteln versucht. Oft schwatzen Menschen endlos, ohne genau zu wissen, was sie eigentlich sagen wollen. Sie sprechen einfach alles laut aus, springen von einer Idee zur nächsten, wie diese gerade in ihrem Bewusstsein auftauchen. Wollten Sie ein solches Gespräch erfolgreich zurückspiegeln oder paraphrasieren, müssten Sie über ein phänomenales Gedächtnis verfügen. Deshalb können Sie die Technik des Formulierens von Kernaussagen benutzen, um direkt zum Kern dessen vorzustoßen, was der Sprecher Ihnen eine halbe Stunde lang zu erklären versucht hat.

Das Zurückspiegeln der Kernaussage hilft dem Sprecher, sich über seine Situation klar zu werden, und verschafft ihm eine tiefe emotionale Befriedigung, weil er das Gefühl hat, Sie hören ihm wirklich zu. Das Formulieren von Kernaussagen wird in Kapitel 5 noch ausführlicher erklärt.

Sprecher:»Es wäre mies, wenn ich mein Haus verlöre, aber ich habe keine Lust, dafür zu zahlen, während sie dort mit ihrem Freund wohnt.«
Sie:»Die Ungerechtigkeit, die du gerade durchmachst, schmerzt dich.«
Sprecher:»Es wäre für mich so schwer zu bezahlen, bei all den Schulden, die ich habe.«
Sie:»Du fragst dich, wie du das alles durchstehen wirst.«

Affect Labeling
Dies ist die tiefste Ebene des Zurückspiegelns und wurde bereits in den Kapiteln 1 und 2 eingeführt.

Sprecher:»Es wäre mies, wenn ich mein Haus verlöre, aber ich habe keine Lust, dafür zu zahlen, während sie dort mit ihrem Freund wohnt.«
Sie:»Du bist wütend, frustriert und traurig. Du fühlst dich betrogen und nicht ernst genommen. Du leidest und fühlst dich alleingelassen.«
Sprecher:»Es wäre für mich so schwer zu bezahlen, bei all den Schulden, die ich habe.«

Sie:»Du bist besorgt und hast Angst. Du bist verwirrt und verunsichert. Du fühlst dich alleingelassen und ohne Unterstützung. Du fühlst dich verlassen.«

Affect Labeling ist eine jederzeit verlässliche Form des widerspiegelnden Zuhörens, wenn es darum geht, einen wütenden Menschen zu beruhigen. Keine andere Form des Zuhörens ist so effektiv wie *Affect Labeling*.

Ergebnisorientiertes Coaching

Ergebnisorientiertes Coaching ist eine Methode, die Sie einsetzen können, um anderen Menschen beim Lösen von Problemen zu helfen. In dieser Situation kommt es nicht so sehr darauf an, dass Sie gehört werden, sondern dass die andere Person gehört wird. Ihre Aufgabe ist es, der anderen Person zu helfen, ein Problem zu lösen, ohne dass Sie dabei Ratschläge erteilen. Die Fertigkeit umfasst drei Schritte:

1. Das Problem beschreiben und die Ziele erfassen.
2. Die Möglichkeiten ausloten.
3. Die Einigung auf einen Handlungsplan.

In Schritt 1 hören Sie einer befreundeten Person oder Ihrem Kind zu. Wenn der Sprecher verärgert oder wütend ist, machen Sie so lange *Affect Labeling*, bis er oder sie sich beruhigt hat. Dann beschreiben Sie Ihrem Gegenüber, was Sie als das Problem und das Ziel begreifen. Dabei können Sie folgende Formel verwenden: *Also, dein Problem ist_____, und dein Ziel ist_____.*

Wichtig ist, dass Sie Ihre Paraphrase so knapp wie möglich halten. Dies ist eine Form des Formulierens von Kernaussagen, die dem Sprecher erlaubt, über das Gesagte nachzudenken. Manchmal wird der Sprecher Ihrer Paraphrase zustimmen und manchmal nicht. Wie dem auch sei, Zweck der Übung ist es, Klarheit über das Problem und die Ziele des Sprechers zu bekommen. Schritt 1 könnte zwischen Ihnen und einer Freundin folgendermaßen aussehen:

Freundin (F): »Ich habe ein echtes Problem. Hast du ein paar Minuten Zeit, um mir zu helfen?«

Sie (S): »Na klar.«

F: »Ich habe ein Haus in St. Louis. Ich wollte es vermieten, um etwas Geld zu verdienen, als mein Sohn mich aufsuchte und mich fragte, ob er das Haus für mich verwalten könne. Da ich so weit weg wohne, dachte ich mir, es wäre eine gute Idee und ich könnte ihm einen gewissen Betrag dafür bezahlen, dass er sich um alles kümmert. Sobald ich ihm die Erlaubnis dazu gab, zog er den vollen Mietbetrag von den Mietern ein, aber mir bezahlt er nichts. Er sagt, er benötigt das Geld, um davon zu leben, ich dagegen sei nicht darauf angewiesen. Ich ärgere mich ziemlich darüber, weil ich finde, dass ich nicht ernst genommen und ausgenutzt werde, und ich kann mich nicht wirklich entscheiden, was ich tun soll.«

S: »Du fühlst dich nicht ernst genommen und von deinem Sohn hintergangen, den du damit betraut hast, dass er sich um dein Haus in St. Louis kümmert. Dein Problem ist, dass dein Sohn dir nichts von der Miete bezahlt, und dein Ziel ist, eine Möglichkeit zu finden, wie du dieses Problem aus der Welt schaffst, damit du dich nicht länger darüber ärgern musst.«

F: »Ja, genau.«

In diesem ersten Schritt hören Sie zu und machen *Affect Labeling*, bis Sie das Problem und das Ziel erfasst haben. Ist dies der Fall, spiegeln Sie beides zurück. Sie erteilen keine Ratschläge, bieten keine Lösungen an oder versuchen Dinge zu regeln. Wenn uns Freunde von ihren Problemen erzählen, spüren wir manchmal deren Sorge. Um uns selbst zu beruhigen, erteilen wir ihnen umgehend Ratschläge und versuchen Dinge zu regeln, ohne dass wir ihnen genügend Gehör schenken. Dies führt in der Regel nicht zu besonders guten Ergebnissen. Entweder wird Ihr Ratschlag abgelehnt, oder er wird befolgt, funktioniert aber nicht, und man macht Sie für das Scheitern verantwortlich.

In Schritt 2 müssen Sie zwei einfache Fragen stellen:

Was hast du bisher unternommen?
Was könntest du sonst noch versuchen, was du bislang nicht probiert hast?

Ähnlich wie in Schritt 1 erteilen Sie auch hier keine Ratschläge und versuchen nichts zu regeln. Ihre Aufgabe ist es, als Resonanzboden zu wirken und widerzuspiegeln, was Sie gehört haben. Dies könnte folgendermaßen aussehen:

Sie (S): »Was hast du bisher unternommen?«
Freundin (F): »Ich habe ihn gebeten, mir das Geld aus den Mieteinnahmen zu geben, und er hat mich bloß ausgelacht. Ansonsten habe ich nichts unternommen.«
S: »Du hast das Geld aus den Mieteinnahmen von ihm verlangt, und er hat dich respektlos abgewiesen.«
F: »Ja. Er hat mich beleidigt. Mein eigener Sohn!«
S: »Du warst stocksauer und traurig, dass dein Sohn dich hintergangen hat.«

F: »Ja.«
S: »Was könntest du noch machen, was du bisher nicht versucht hast?«
F: »Ich könnte einen Bruder von mir, der in St. Louis lebt, bitten, dass er mit ihm spricht.«
S: »Gut. Was könntest du außerdem tun?«
F: »Ich könnte mit den Mietern sprechen und ihnen erklären, dass mein Sohn nicht mehr für mich arbeitet.«
S: »Gut. Was könntest du sonst noch machen?
F: »Ich könnte das Haus verkaufen.«
S: »Also, ein Bruder von dir könnte versuchen, deinen Sohn zur Vernunft zu bringen. Du könntest den Mietern erklären, dass sie direkt mit dir verhandeln müssen. Du könntest das Haus verkaufen. Fällt dir sonst noch etwas ein?«
F: »Nein, eigentlich nicht.«

Es scheint so einfach: Sie stellen Fragen und anschließend spiegeln Sie die Antworten und Gefühle zurück. Es ist in der Tat so einfach – wenn es Ihnen gelingt, Ihr Ego aus dem Gespräch herauszuhalten. Der schwierigste Teil am Problemlösen ist, die eigene Person herauszuhalten. Wir haben uns so sehr daran gewöhnt, unverlangt Ratschläge zu erteilen und Dinge regeln zu wollen, dass es absurd erscheint, uns zurückzulehnen und einen Freund durch einen simplen Problemlösungsprozess zu begleiten. Aber das Problem ist nicht Ihr Problem, und es ist nicht Ihre Aufgabe, es zu lösen oder zu regeln. Sie erweisen Freunden einen größeren Dienst, wenn Sie als Lotse fungieren, statt die Rolle des allwissenden und rechthaberischen Ratgeber-Kolumnisten einzunehmen.

In Schritt 3 einigen Sie sich auf einen Handlungsplan. Auch hier besteht Ihre Aufgabe wieder nur darin, eine Frage zu stellen:»Welche von den Ideen, die du dir überlegt hast, scheint dir die beste zu sein?« Ihre Freundin wird darüber nachdenken und die Möglichkeiten abwägen. Für gewöhnlich überwiegt eine Idee. Sagen wir, Ihre Freundin entscheidet sich dafür, dass es für sie das Beste sei, das Haus zu verkaufen. Ihre Aufgabe ist es nun, Ihrer Freundin zu helfen, einen konkreten Zeit- und Handlungsplan zu entwickeln. Dabei ist Ihre Vorgehensweise auch hier wieder, Fragen zu stellen, aber keine unverlangten Ratschläge zu erteilen. Sie könnten mit folgender Frage beginnen:»Okay, deiner Meinung nach ist die beste Option, das Haus zu verkaufen. Was musst du tun, um es zu verkaufen?« Dies führt zum Sammeln von Ideen, wie einen Makler finden, einen Vertrag mit der Immobilienfirma schließen, die Mieter und den Sohn benachrichtigen und so weiter. Sie können dies alles auch in schriftlicher Form festhalten in Gestalt einer Vereinbarung, die Ihre Freundin mit sich selbst trifft.

Sobald Sie die einzelnen Punkte aufgelistet haben, besteht Ihre letzte Aufgabe darin, einen Zeitpunkt und einen Ort zu vereinbaren, wo Sie noch einmal nachfragen, wie die Dinge laufen. Durch diese Vereinbarung gerät Ihre Freundin in Zugzwang, aktiv zu werden. Schwere Entscheidungen schiebt man bekanntermaßen gerne auf die lange Bank. Indem Sie durch die Vereinbarung zu einem Kontrolltreffen von Ihrer Freundin sanft, aber entschieden Rechenschaft verlangen, über ihre Fortschritte zu berichten, helfen Sie ihr, ihre eigene Trägheit zu überwinden.

Wenn Sie Schritt 1 und 2 abgearbeitet haben und Ihrem Sprecher noch immer keine Möglichkeiten eingefallen sind, sollten Sie folgende Frage stellen:»Wärst du bereit, dir von mir einen Ratschlag in dieser Angelegenheit anzuhören?« Achten Sie darauf, dass Sie um Erlaubnis fragen, ob Sie einen Ratschlag erteilen dürfen. Dies unterscheidet sich grundlegend davon, wie die meisten Menschen mit dem Erteilen von Ratschlägen verfahren. Nur sehr wenige Menschen fragen vorher um Erlaubnis; sie gehen davon aus, weil sie die Hauptlast bei der Lösung des Problems eines Freundes getragen haben, seien sie berechtigt, Ratschläge zu erteilen. Dies ist nicht zutreffend. Sie können nicht davon ausgehen, dass eine befreundete Person, die Ihnen von einem Problem erzählt, Ihre Meinung darüber hören will. Sie müssen die Person darum bitten und von ihr eine ausdrückliche Erlaubnis bekommen. Dann, und nur dann, können Sie Ihre Meinung darüber kundtun, welche weiteren Schritte unternommen werden sollten.

Beim ergebnisorientierten Coaching, genau wie beim zurückspiegelnden Zuhören und beim *Affect Labeling,* richten Sie Ihren Fokus auf den Sprecher und nicht auf sich selbst. In dem Moment, in dem Sie Ihr Ego ins Spiel bringen, verringert sich die Wahrscheinlichkeit drastisch, dass Sie für den Sprecher eine gute Lösung finden werden.

Das Formulieren verbindlicher Vereinbarungen

Stellen Sie sich folgende typische Situation zu Hause vor:

Sie (S):»Räum dein Zimmer auf!«
Ihr dreizehnjähriger Nachwuchs:»Okay.«

Die Stunden verstreichen, aber das Zimmer wirkt noch immer, als wäre dort eine Bombe explodiert. Dies frustriert Sie, und Sie schreien Ihren dreizehnjährigen Nachwuchs an, endlich zu tun, was Sie ihm gesagt haben. Ihr Kind beginnt zu schmollen und wird noch bockiger. Was machen Sie in einem solchen Fall?

So verrückt dies klingen mag – das eigentliche Problem liegt bei Ihnen selbst. Da Sie es nicht geschafft haben, mit Ihrem Jugendlichen eine verbindliche Vereinbarung zu treffen, sind Ihre Frustration und Ihr Scheitern bereits vorprogrammiert. Es genügt eben nicht immer, zu glauben, der andere wisse schon, was man von ihm erwarte. Unser gesunder Menschenverstand sagt uns, dass andere Menschen unsere Gedanken nicht lesen können. Und doch erwarten wir von ihnen, dass sie genau verstehen, was wir wollen und wie wir etwas wollen, ohne dass wir noch einmal nachfragen oder Klarheit schaffen.

Die Lösung ist hier, dass Sie erkennen, wann es notwendig ist, eine verbindliche Vereinbarung zu treffen. Daraus muss keine langwierige Affäre werden. Sie werden sehen, eine zusätzliche Minute, um eine Vereinbarung zu treffen, reicht oftmals aus, um Ihnen Stunden des Leids zu ersparen. Gemäß dem Sprichwort:»Zahlen Sie jetzt oder Sie werden später dafür bezahlen!«

Eine verbindliche Vereinbarung besteht aus folgenden Elementen:

» Die Personen, die die Vereinbarung treffen, werden klar benannt.
» Die Vereinbarung legt fest, was getan werden soll und welche Anforderungen erfüllt werden müssen.
» Die Vereinbarung legt fest, wie etwas erledigt werden soll.

» Die Vereinbarung legt fest, bis wann etwas erledigt werden soll.

» Die Vereinbarung legt fest, was geschieht, wenn etwas mangelhaft erledigt wird.

Funktionierende Vereinbarungen können Sie sogar mit einem Dreijährigen treffen, sofern Sie darauf achten, dass alle diese Elemente vorhanden sind. Hier ist ein Beispiel, wie ein Vereinbarungsgespräch mit Ihrem Dreizehnjährigen aussehen könnte:

S: »Du musst unbedingt dein Zimmer aufräumen. Lass uns eine Vereinbarung treffen!«

Dreizehnjähriger: »Okay.«

S: »Unter einem aufgeräumten Zimmer verstehe ich, dass du deine Anziehsachen entweder zum Waschen in die Wäschekiste legst oder in den Schrank einräumst. Die Kleidung zum Aufhängen hängst du bitte auf einen Kleiderbügel, und die zum Zusammenlegen räumst du ordentlich gefaltet in die Kommode. Kannst du noch einmal wiederholen, was ich gerade gesagt habe?«

D: »Ja! Ich soll die Schmutzwäsche in die Wäschekiste legen, die Kleidung zum Zusammenlegen falten und in die Kommode räumen und darauf achten, dass ich die Kleidung zum Aufhängen ordentlich in den Schrank hänge.«

S: »Genau. Ein aufgeräumtes Zimmer bedeutet außerdem, dass der Müll in den Abfalleimer wandert und aus dem Zimmer geschafft wird. Dass du Geschirr und Gläser wieder in die Küche zurückstellst und abspülst. Dass du Spiele und Spielsachen ordentlich verstaust und dein Bett machst. Kannst du mir das noch einmal wiederholen?«

D:»Du möchtest, dass ich den Müll aus meinem Zimmer räume und das schmutzige Geschirr und die Gläser in die Küche bringe und abwasche. Du möchtest, dass ich alle meine Spiele und Spielsachen verstaue und mein Bett mache.«

S:»Genau. Erscheint dir irgendetwas davon als unzumutbar?«

D:»Nein.«

S:»Lass uns jetzt die Zeit festlegen, in der das alles geschehen soll. Was wäre deiner Meinung nach ein zumutbarer Zeitraum, um dein Zimmer aufzuräumen?«

D:»Ich könnte es wahrscheinlich in den nächsten paar Stunden erledigen. Ich schaue gerade einen Film, wenn der zu Ende ist, kann ich es machen.«

S:»Also, jetzt ist es 13 Uhr. Schaffst du es, dein Zimmer bis heute Nachmittag um vier aufzuräumen?«

D:»Ja sicher.«

S:»Gut. Was könnte dich daran hindern, dass du dein Zimmer bis um vier aufgeräumt hast?«

D:»Na ja, ich könnte es vergessen.«

S:»Was kannst du tun, um dich daran zu erinnern, dass du dein Zimmer aufräumen sollst, nachdem du deinen Film zu Ende geschaut hast?«

D:»Ich kann mir einen großen Merkzettel schreiben.«

S:»Okay. Was könnte dich sonst noch daran hindern, dass du dein Zimmer bis vier Uhr aufgeräumt hast?«

D:»Ich könnte abgelenkt werden.«

S:»Also hör mal, das ist ja fast genauso, als ob du es vergessen würdest! Was könntest du tun, damit dich nichts davon ablenkt, dein Zimmer bis um vier aufzuräumen?«

D:»Ich werde mich nicht ablenken lassen. Ich werde es erledigen. Ich verspreche es!«

ıch, noch was anderes: Was machen wir, falls dein Zimmer bis vier Uhr nicht aufgeräumt ist? Welche Maßnahmen sollte ich dann deiner Meinung nach dir gegenüber ergreifen?«

D: »Uff, keine Ahnung? Ich denke mal, du könntest mich einfach dran erinnern.«

S: »Ich mach dir einen Vorschlag: Falls ich dich um vier Uhr daran erinnern muss, dass du dein Zimmer aufräumen sollst, erklärst du dich einverstanden, heute nach dem Abendessen das Geschirr zu spülen.«

D: »Ja, ist in Ordnung.«

S: »Okay. Wir haben vereinbart, dass du, nachdem du deinen Film zu Ende geschaut hast, dein Zimmer bis heute Nachmittag um vier aufräumst. Außerdem haben wir vereinbart, dass ein aufgeräumtes Zimmer bedeutet, dass du deine Kleidung aufhängst und zusammenfaltest, deine Schmutzwäsche in die Wäschekiste legst, den Müll in den Abfalleimer wirfst, diesen ausleerst, das schmutzige Geschirr und die Gläser in die Küche zurückbringst und abwäschst, deine Spiele und Spielsachen verstaust und dein Bett machst. Wiederhol bitte noch mal unsere Vereinbarung, damit ich sehe, dass wir uns verstanden haben.«

D: »Wir haben vereinbart, dass ich mein Zimmer bis heute Nachmittag um vier aufräumen werde, nachdem ich meinen Film zu Ende geschaut habe. Dass ich meine Klamotten zusammenfalten und auf Kleiderbügel hängen, meine Schmutzwäsche in die Wäschekiste legen, den Müll in den Abfalleimer werfen und diesen ausleeren werde, schmutziges Geschirr und Gläser in die Küche bringe und abwasche, meine Spiele und Spielsachen verstaue und mein Bett mache.«

S:»Und falls du dein Zimmer bis vier Uhr nicht aufgeräumt hast, erklärst du dich einverstanden, heute Abend das Geschirr zu spülen.«

D:»Ja! Wenn ich es nicht schaffe, mein Zimmer bis vier Uhr aufzuräumen, muss ich heute Abend außerdem das Geschirr spülen.«

S:»Prima! Danke dir!«

Sie mögen denken:»Für so was hab ich keine Zeit. Das ist mir viel zu mühsam!« Machen Sie es sich jedoch zur Gewohnheit, mit den Menschen aus Ihrer Umgebung in Bezug auf die Dinge, die Sie erledigt wissen wollen, verbindliche Vereinbarungen zu treffen, werden Sie in allen Bereichen sehr schnell auf weniger Konflikte und Dramen und mehr Zufriedenheit stoßen. Eine kleine Investition am Anfang zahlt sich am Ende vielfach aus.

Dieses ganze Gespräch nimmt vermutlich nur drei oder vier Minuten in Anspruch. Obwohl es kurz und bündig ist, steckt viel darin. Sehen wir es uns deshalb etwas genauer an.

Sie eröffnen das Gespräch mit einer Bitte. Wenn Sie Menschen, insbesondere Kindern, eine Wahlmöglichkeit bieten, nehmen Sie diese in ihrer Eigenständigkeit ernst. Sobald jemand das Gefühl bekommt, wählen zu können, ist die Wahrscheinlichkeit viel geringer, dass diese Person sich Ihnen verweigert, sich passiv-aggressiv verhält oder auf stur schaltet.

Sobald sich Ihr Gegenüber zu einem Gespräch mit Ihnen bereit erklärt, formulieren Sie Ihre klaren Erwartungen, was Sie unter einem aufgeräumten Zimmer verstehen. Dies erfordert von Ihnen, dass Sie sich selbst vollkommen klar darüber sind, was Sie vom anderen erwarten. Es mag Sie erstaunen, wie häufig es Ihnen in Bezug auf Ihre eigenen Erwartungen an Klarheit fehlt und Sie voraussetzen, dass der andere es schon herausfinden wird.

Um sicherzustellen, dass die andere Person Sie verstanden hat, bitten Sie diese, Ihnen Ihre Äußerung noch einmal wörtlich zu wiederholen:»Kannst du noch einmal wiederholen, was ich gerade gesagt habe?« Dies scheint banal und langweilig zu sein. Sie mögen denken:»Natürlich hat er mich verstanden. Ist er taub oder was?« Doch nur, weil Sie bestimmte Worte gesprochen haben, bedeutet dies noch lange nicht, dass der andere auch wirklich verstanden hat, wie sie diese gemeint haben. Zurückspiegeln und Paraphrasieren erfüllen hierbei zwei wichtige Ziele. Erstens gelingt es der anderen Person, Ihre Erwartungen erfolgreich zu wiederholen, wissen Sie beide, dass Klarheit zwischen Ihnen herrscht. Zweitens, indem der andere Ihre Erwartungen wiederholt, verankert er diese sozusagen in sich selbst. Dann ist es wahrscheinlicher, dass diese Person Verantwortlichkeit zeigen wird.

Gelingt es dem anderen hingegen nicht, Ihre Erwartungen zu wiederholen, müssen Sie das Gespräch noch einmal wiederholen. Dies könnte folgendermaßen aussehen:

S:»Unter einem aufgeräumten Zimmer verstehe ich, dass du deine Anziehsachen entweder zum Waschen in die Wäschekiste legst oder in den Schrank einräumst. Die Kleidung zum Aufhängen hängst du bitte auf einen Kleiderbügel, und die zum Zusammenlegen räumst du ordentlich gefaltet in die Kommode. Kannst du noch einmal wiederholen, was ich gerade gesagt habe?«

D:»Ups, das konnte ich mir nicht merken!«

S:»Unter einem aufgeräumten Zimmer verstehe ich, dass du die Anziehsachen entweder zum Waschen in die Wäschekiste

legst oder in den Schrank einräumst. Die Kleidung zum
Aufhängen hängst du bitte auf einen Kleiderbügel, und die
zum Zusammenlegen räumst du ordentlich gefaltet in die
Kommode. Versuch das bitte noch einmal zu wiederholen!«
D:»Ach so, du willst, dass ich meine Klamotten vom Boden
aufhebe?«
S:»›Deine Klamotten vom Boden aufheben?‹ – Nein, unter
einem aufgeräumten Zimmer verstehe ich, dass du deine
Anziehsachen entweder zum Waschen in die Wäschekiste
legst oder in den Schrank einräumst. Die Kleidung zum
Aufhängen hängst du bitte auf einen Kleiderbügel, und die
zum Zusammenlegen räumst du ordentlich gefaltet in die
Kommode. Versuch es jetzt bitte noch einmal!«
D:»Gut. Du möchtest, dass ich die schmutzige Wäsche in die
Wäschekiste lege. Die Kleidung zum Zusammenlegen
zusammenfalte und in die Kommode einräume und darauf
achte, dass die Kleidung zum Aufhängen ordentlich im
Schrank hängt.«
S:»Jawohl!«

Es kann sein, dass Sie diesen Prozess mit der anderen Person
mehrmals wiederholen müssen. Lassen Sie sich dadurch nicht
entmutigen. Sagen Sie dem anderen nicht, dass er Ihnen auf-
merksamer zuhören soll. Sagen Sie ihm nicht, er sei dämlich
oder begriffsstutzig. Das Arbeitsgedächtnis vieler Menschen,
insbesondere das von Kindern und Jugendlichen, besitzt nur
eine begrenzte Speicherkapazität. Ihre Gehirne sind – bildlich
gesprochen – bereits mit einem Fingerhut voll Information aus-
gelastet. Hat ihr Arbeitsgedächtnis erst einmal seine Grenzen
erreicht, können sie sich nichts Weiteres mehr merken oder in
ihr Gedächtnis zurückrufen.

Indem Sie Ihr Gegenüber bitten, Ihnen das Gesagte noch einmal zurückzuspiegeln und zu paraphrasieren, helfen Sie ihm dabei, die Speicherkapazität seines Arbeitsgedächtnisses zu erweitern. Sie helfen sozusagen andere Menschen, ihre Gehirnleistung zu vergrößern. Dies ist ganz und gar keine banale Angelegenheit! Es erfordert von Ihnen Geduld und genügend Selbstwahrnehmung, um Ihre eigene Frustration beiseitezuschieben und geduldig zu sein.

Nachdem Sie sich darauf verständigt haben, was getan und wie es erreicht werden soll, müssen Sie sich auf einen Zeitraum einigen, innerhalb dessen die Angelegenheit abgeschlossen werden soll. Fragen Sie auch hier wieder nach, was der anderen Person als zumutbar erscheint. Bekommen Sie von dieser ein Angebot, das Ihnen unangemessen vorkommt, versuchen Sie herauszufinden, welche Gründe es dafür geben mag. Dies könnte wie folgt aussehen:

S: »Lass uns jetzt die Zeit festlegen, in der das alles geschehen soll. Was wäre deiner Meinung nach ein zumutbarer Zeitraum, um dein Zimmer aufzuräumen?«

D: »Wahrscheinlich könnte ich es Mittwochnachmittag machen.«

S: »Heute ist Freitag. Warum brauchst du deiner Meinung nach fünf Tage, um dein Zimmer aufzuräumen?«

Die Stichhaltigkeit der Begründung wird Sie überraschen, auch wenn Sie damit vielleicht nicht einverstanden sind:

S: »Lass uns jetzt die Zeit festlegen, in der das alles geschehen soll. Was wäre deiner Meinung nach ein zumutbarer Zeitraum, um dein Zimmer aufzuräumen?«

D: »Ich könnte es wahrscheinlich heute Abend machen,
bevor ich ins Bett gehe.«

S: »Es ist jetzt 15 Uhr. Warum brauchst du deiner Meinung
nach sieben Stunden, um dein Zimmer aufzuräumen?«

D: »Mama, ich muss noch eine Hausarbeit zu Ende schreiben,
und dafür muss ich in die Bibliothek. Ich werde erst kurz
vor dem Abendessen zurück sein. Mein Zimmer kann ich
erst aufräumen, nachdem ich zu Abend gegessen und
meine Hausarbeit zu Ende geschrieben habe.«

Klingt eine Begründung Ihrer Meinung nach wie ein Vorwand,
mit dem sich Ihr Kind der Vereinbarung entziehen möchte, ergänzen Sie Ihr Anliegen zusätzlich durch die Nachfrage: »Ist
das für dich vertretbar?«

S: »Lass uns jetzt die Zeit festlegen, in der das alles geschehen
soll. Was wäre deiner Meinung nach ein zumutbarer
Zeitraum, um dein Zimmer aufzuräumen?«

D: »Ich könnte es wahrscheinlich heute Abend machen, bevor
ich ins Bett gehe.«

S: »Es ist jetzt 15 Uhr. Warum brauchst du deiner Meinung
nach sieben Stunden, um dein Zimmer aufzuräumen?«

D: »Ähm ..., weil ich noch viele andere Sachen machen
muss!«

S: »Ich möchte, dass du dein Zimmer bis heute Nachmittag
um vier aufgeräumt hast. Ist das für dich vertretbar?«

Indem Sie nachfragen, ob Ihre Bitte aus der Sicht des anderen
vertretbar ist, geben Sie diesem die Möglichkeit, Ihre Forderungen als unangemessen infrage zu stellen. Das Gute daran
ist, dass die gesamte Last der Überzeugungsarbeit nun bei der
anderen Person liegt und diese Ihnen erklären muss, weshalb

sie Ihre Forderung für unangemessen hält. Das Gespräch ist nun eine kurze Verhandlung darüber, wie viel Zeit das Zimmeraufräumen in Anspruch nehmen soll. Zum Schluss werden Sie sich einigen.

Der nächste Schritt wird von fast allen Menschen vergessen. Ihre einfache Frage lautet, was die Person daran hindern könnte, ihre Vereinbarung fristgemäß zu erfüllen. Es ist erstaunlich, welche Wirkungskraft eine solche Frage haben kann:

S: »Gut. Was könnte dich daran hindern, dass du dein Zimmer bis um vier Uhr aufgeräumt hast?«

Indem Sie ansprechen, welche Dinge verhindern könnten, dass eine Vereinbarung erfüllt wird, betreiben Sie Problemlösung, bevor das Problem überhaupt entsteht. Erkennt die andere Person mögliche Hindernisse, die einer Vereinbarung in die Quere kommen könnten, können Sie im Vorfeld bereits gemeinsam Strategien dagegen entwickeln. Wenn Sie diesen Punkt in jedes Vereinbarungsgespräch einbauen, erhöht dies die Wahrscheinlichkeit um ein Vielfaches, dass ein Versprechen eingehalten wird.

Doch selbst wenn Sie die möglichen Hindernisse erkannt haben, kann es passieren, dass die andere Person ihr Versprechen nicht hält. Ein solides Vereinbarungsgespräch sollte daher immer eine Frage beinhalten: »Was passiert, wenn du unsere Vereinbarung nicht erfüllst?« Ein nicht eingehaltenes Versprechen muss Folgen haben. Manchmal sind dies harmlose Konsequenzen, manchmal sind sie schwerwiegender. Wenn man von vornherein über die Auswirkungen spricht, wird sich die andere Person wahrscheinlich mehr Mühe geben, die Vereinbarung zu erfüllen, und – im Fall von Konsequenzen – sich weniger über diese beschweren.

Beenden Sie das Vereinbarungsgespräch, indem Sie noch einmal alle Einzelheiten wiederholen. Machen Sie dies so lange, bis die andere Person Ihnen die vollständige Vereinbarung erfolgreich widergespiegelt hat. Wenn es sich um eine kompliziertere Vereinbarung handelt, schreiben Sie die wesentlichen Punkte auf ein Blatt Papier und notieren Sie sich das Datum. Sie brauchen es nicht zu unterschreiben, solange Sie sich einig sind, dass die schriftliche Vereinbarung für Sie beide Gültigkeit besitzt. Da es sich nicht um eine komplizierte Vereinbarung handelt, sind Formalitäten nicht notwendig. Es handelt sich eher um einen Gesellschaftsvertrag als um einen rechtsgültigen Vertrag.

Warum dieser ganze Aufwand? Warum schreien Sie Ihr Kind nicht einfach an, es möge endlich sein Zimmer aufräumen?

Wenn Sie mit Kindern Vereinbarungen treffen, bringen Sie diesen bei, was Verantwortung bedeutet. Sie bringen ihnen bei, wie man klare Verhältnisse schafft und wie man erledigt, was man versprochen hat. Mit anderen Worten, Sie lehren Ihre Kinder die Bedeutung von Integrität. Jedes Mal, wenn ein Kind eine Vereinbarung wie besprochen erfüllt, hat es eine weitere Lektion in Sachen Vertrauen, Verantwortung und Verantwortlichkeit gelernt. Wiederholen Sie dies kontinuierlich über viele Jahre hinweg, wird sich dieser Moralkodex in dem jungen Erwachsenen festsetzen. Was können wir uns mehr wünschen? Es ist Ihre Aufgabe, dies in Gang zu setzen.

Außerdem bringen Sie Kindern bei, wie man mit anderen Menschen zu Vereinbarungen gelangt. Sie lernen von Ihnen, wie man Erwartungen klar formuliert, wie man sicherstellt, dass die Erwartungen erfüllt werden, und welche Konsequenzen bei Nichterfüllung drohen. Sie bringen Ihrem Kind Führungs- und Managementqualitäten bei, die ihm in seinem späteren Berufsleben von Nutzen sein werden.

Einfache und ausdrückliche Vereinbarungen sind etwas Kurioses. Menschen besitzen die Neigung, verantwortlich sein zu wollen, weil sie in ihrem Bild nach außen und in ihrem Verhalten stimmig erscheinen möchten. Wenn ein Kind sich selbst als jemand sieht, der gemocht werden will, wird es darauf bedacht sein, dass seine Taten und seine Versprechungen miteinander übereinstimmen. Verbindliche Vereinbarungen besitzen eine große moralische Wirkungskraft. Gelingt es Ihnen, diesen Prozess der verbindlichen Vereinbarungen immer dann zum Einsatz zu bringen, wenn Sie möchten, dass jemand etwas erledigt, werden Sie merken, dass die Menschen um Sie herum immer öfter tun werden, was sie versprechen. Das ist eine freudige Angelegenheit!

Schreiben Sie sich zu Übungszwecken eine Vereinbarung auf, die Sie mit Ihrem Kind, Ihrem Jugendlichen oder Ihrem Partner treffen möchten. Halten Sie diese relativ einfach, aber seien Sie in Ihren Formulierungen so konkret wie möglich! Danach schreiben Sie auf, wie das Gespräch verlaufen könnte – Sie können dabei gerne auf das Format der Fallbeispiele zurückgreifen, die wir besprochen haben.

* * *

Zusammenfassung des Kapitels

In diesem Kapitel haben wir einige einfache Problemlösungs-Methoden kennengelernt, die Sie anwenden können, nachdem Sie einen wütenden, verärgerten oder emotional erregten Menschen beschwichtigt haben. Natürlich können Sie diese Techniken auch in Situationen einsetzen, in denen es nicht um Deeskalation geht. Die Techniken sind:

» Vier Typen des zurückspiegelnden Zuhörens:

  › Einfaches Zurück- bzw. Widerspiegeln: Wiederholung
    Wort für Wort, was ein anderer gesagt hat
  › Paraphrasieren: Wiederholung in eigenen Worten, was
    ein anderer gesagt hat
  › Formulieren von Kernaussagen: Zusammenfassen, was
    ein anderer zu sagen versucht – in der Regel in Form
    einer Metapher
  › *Affect Labeling*: Benennen der Gefühle anderer
    Menschen in einfachen und direkten »Du«-
    Aussagesätzen

» Ergebnisorientiertes Coaching
» Verbindliche Vereinbarungen

4
Minimaler Zwang, maximales Zuhören

Es ist inzwischen fast zwei Jahre her, seit ich [mit »Prison of Peace«] begonnen habe, und mein Leben hat sich seither vollkommen verändert. Ich habe *Affect Labeling* und das Formulieren von Kernaussagen gelernt – dies hat mir geholfen, in meinem Inneren zu forschen, und mir ein tieferes Verständnis von mir selbst und anderen gegeben. Diese Fertigkeiten erlauben es mir, andere Menschen durch Zuhören voll und ganz wahrzunehmen. Viele Häftlinge haben das Gefühl, dass sie nicht »gehört« werden. Das »Prison of Peace«-Verfahren erkennt die »emotionale Wirklichkeit« eines Menschen an. Diese einzigartige Technik sorgt für Deeskalation und schafft sichere und heilsame Alternativen.

All das zu lernen hat mich in die Lage versetzt, wieder langfristig vernünftig zu denken, was eine wichtige Voraussetzung dafür ist, das eigene geistig-emotionale Wohlbefinden zu steigern. In der Folge war es mir möglich, meine blinden und impulsiven Reaktionen zu verringern, wodurch meine Wut und Frustration weniger wurden, und dies kann ich anderen Menschen beibringen.

Daniel Henson, Valley State Prison

Falls Sie mit Jugendlichen zusammenleben, werden Sie in diesem Kapitel lernen, wie Sie die Hilfsmittel aus den vorangegangenen Kapiteln nutzen können, um diese zu beruhigen und Probleme unter minimaler Anwendung von Zwang zu lösen, gleichzeitig werden Sie Ihre Fähigkeiten des Zuhörens und *Affect Labeling* noch steigern.

Wie in Kapitel 2 über jüngere Kinder bietet auch dieses Kapitel – selbst wenn Sie keine Eltern sind oder aktuell keinen Kontakt zu Jugendlichen haben – wichtige Übungen, Hilfsmittel und Tipps für den Fall, dass Sie es mit einer wuterfüllten oder emotionsgeladenen Situation beziehungsweise Person zu tun haben – ob nun Jugendlicher oder nicht. Sie werden schnell erkennen, dass die hier vorgestellten Fallbeispiele und Gespräche sich so ähnlich auch in anderen Lebensbereichen ereignen könnten, insbesondere im Hinblick auf Menschen, die nicht ansprechbar sind und auf emotionaler Ebene Widerstand leisten. Ich gebe in dem Kapitel auch einige wertvolle Tipps zum Umgang mit Mobbing – was zu jeder Zeit und in jeder Lebensphase auftreten kann – und wie Sie mithilfe von Friedenskreisen die Verbundenheit mit anderen Menschen und »tiefes Zuhören« kultivieren können.

Die Deeskalation nicht ansprechbarer Jugendlicher

Wie jeder Erwachsene aus eigener Erfahrung bestätigen kann, ist die sieben Jahre währende Übergangszeit vom 13. bis zum 19. Lebensjahr eine schwierige. Für viele Jugendliche kann diese Übergangszeit von der Kindheit zum Erwachsenenalter von heftigen Ängsten, Frustrationen und Verwirrungen begleitet sein. Die Geborgenheit, die Sicherheit und die Gewissheiten unserer Kindheit scheinen unwiederbringlich verloren gegangen zu sein. Das Alter, in dem Jugendliche die Pubertät erreichen, ist von Fall zu Fall unterschiedlich, wodurch sich ihr Gefühl von Isolation und ihre Ängste noch verstärken können. Ich-Bezogenheit ist während dieser Zeitspanne ein ganz normales Phänomen, da Jugendliche ganz von ihren eigenen Problemen in Besitz genommen sind:

»Bin ich normal?«
»Wie sehe ich aus?«
»Was denken andere über mich?«

Daher ist es auch ganz natürlich, dass sich Jugendliche in sich selbst zurückziehen und zu ihrer Familie auf Abstand gehen. Jugendliche sind in Bezug auf ihr Erleben aus vielerlei Gründen nicht offen und ehrlich – sie sind verwirrt und verlegen, haben Probleme mit ihrem Selbstwertgefühl (ein alles beherrschendes Bedürfnis, souverän und kompetent zu wirken), sie haben Angst vor Zurückweisung und Blamage. Oft geben Jugendliche eine ganze Menge ihrer selbst auf, auf der Suche nach jener Geborgenheit, nach der sie sich so sehr sehnen, um anschließend lediglich mit der harten Realität konfrontiert zu werden, dass ihnen andere Jugendliche, aufgrund ihres eigenen Entwicklungsstadiums, nicht das geben können, wonach sie sich sehnen.

Die gute Nachricht ist, dass jugendliche Verhaltensweisen in vorhersagbaren und sich wiederholenden Mustern auftreten; in der Art und Weise, wie Jugendliche ihr Leben bewältigen, sind sie nicht besonders erfindungsreich. Diese Vorhersagbarkeit gibt uns die Möglichkeit, mit unseren Teens in tiefere Beziehungen zu treten, sofern wir bereit sind, diese Mühe auf uns zu nehmen.

Die meisten jugendlichen Verhaltensweisen laufen unbewusst und automatisch ab. Die Exekutivfunktion des menschlichen Gehirns wird erst ab Mitte zwanzig so richtig aktiv, weshalb wir von Jugendlichen keine tiefer gehende Reflexion oder Selbstwahrnehmung erwarten können. Das bedeutet, wir müssen ihnen von Zeit zu Zeit aushelfen.

Die erste Regel bei der Deeskalation Jugendlicher ist, dass Sie als Eltern Ihre eigenen Haltungen und Verhaltensweisen auf den Prüfstand stellen müssen. Die nachfolgenden unbewussten elterlichen Verhaltensweisen führen zu emotionaler Entwertung und emotionalem Missbrauch. Damit vergraulen Sie Jugendliche und eskalieren deren Gefühle. Vermeiden Sie folgende Verhaltensweisen:

» Belehren
» Zurechtweisen
» Drohen
» Wiederholtes, stupides Nachfragen (»Wie war's heute in der Schule?«)
» Kreuzverhör oder Ausfragen
» Zurschaustellung von Wut, Frustration oder Ärger

Ihre Aufgabe ist es, für Ihr jugendliches Kind emotional zugänglich zu bleiben, wenn dieses Sie dahingehend braucht. Einen ganz wichtigen Teil spielt dabei Ihre eigene Gemütsverfassung. Ihr Kind spürt, wenn Sie emotional zugänglich sind. Eltern, die eine enge Beziehung zu ihren jugendlichen Kindern pflegen, berichten häufig, sie hätten es sich zur Gewohnheit gemacht, alles stehen und liegen zu lassen, wenn der Jugendliche signalisiert, dass er reden möchte. Dies ist natürlich schwierig, wenn Sie außerdem durch einen anstrengenden Job und andere Pflichten in

Anspruch genommen sind. Aber Kinder, die das Gefühl haben, dass ihren Eltern andere Dinge wichtiger sind, suchen sich häufig anderswo Hilfe für ihre emotionalen Bedürfnisse.

Jugendliche sind der Überzeugung, dass ihre Eltern entweder kein Interesse haben oder sie nicht verstehen. Sie scheinen zu sagen:»Hau ab! Ich komm damit selbst klar.« Obwohl sie in Wahrheit meinen:»Stehe bitte möglichst immer hinter mir, manchmal an meiner Seite, aber nur dann vor mir, wenn du siehst, dass ich eine Dummheit begehe oder mir selbst Schaden zufüge!«

Die Herausforderung für Sie besteht darin, Verständnis und Fürsorge zu zeigen, ohne dabei zu erdrücken, zu sehr zu kontrollieren, zu fordernd oder zu besorgt zu sein. Sie müssen eine starke und stabile Präsenz zeigen, die weder erstickt noch erdrückt. Im Grunde läuft es darauf hinaus, dass Sie die Gefühle des Jugendlichen anerkennen und ihm zu verstehen geben, dass er oder sie ein Stück Unabhängigkeit besitzt. Folgende Empfehlungen können Ihnen grundsätzlich helfen, Ihren Jugendlichen durch emotional explosives Gelände zu lotsen:

» Finden Sie einen Gesprächsanlass, ohne fordernd zu sein oder Ihre Absicht zu deutlich zu zeigen, zum Beispiel:
  › Indem Sie Textnachrichten einsetzen, um seine Aufmerksamkeit zu erregen.
  › Indem Sie länger wach bleiben und Ihrem Jugendlichen wie »zufällig« über den Weg laufen, wenn er heimkommt oder Hausaufgaben macht.
  › Indem Sie Ihr Kind nicht unterbrechen, wenn er/sie mit Gleichaltrigen zusammen ist.
» Als Zuhörer sind Ihre eigenen Bedürfnisse irrelevant. Lassen Sie Ihr Ego und Ihre eigene Bedürftigkeit außen vor.

» Ist Ihr Kind nicht zum Reden aufgelegt, versuchen Sie es mit vorsichtig-tastendem *Affect Labeling:* »Du scheinst wütend zu sein.«
» Machen Sie *Affect Labeling* nicht länger als 90 Sekunden.
» Wenn Sie eine Abfuhr erhalten, hören Sie auf. Versuchen Sie es zu einem späteren Zeitpunkt noch einmal und gehen Sie dieses Mal subtiler vor.
» Ignorieren Sie unbedingt das gesprochene Wort! Stattdessen konzentrieren Sie sich auf die Gefühle hinter den Worten.

Sobald Sie wieder ein wenig Ruhe hergestellt haben, gehen Sie zur Problemlösung über, wobei Sie sich so wenig wie möglich aufdrängen und Zwang ausüben sollten. Sie können mit ergebnisorientiertem Coaching anfangen, wenn Sie selbst nicht Teil des Problems sind. Sind Sie in das Problem involviert, beginnen Sie mit dem Formulieren verbindlicher Vereinbarungen. Sie mögen zwar Grenzen setzen, aber bieten Sie gleichzeitig immer Wahlmöglichkeiten an und weisen Sie auf Konsequenzen hin. Respektieren Sie innerhalb dieser Grenzen so weit wie möglich die Unabhängigkeit des Jugendlichen.

Dabei wird emotionale Entwertung für Sie zu einer echten Herausforderung, da die Ängste des Jugendlichen so stark sein können, dass es Sie unter Umständen ganz kribbelig macht. Ihr unbewusstes Eltern-Hirn wird alles versuchen, um diese Ängste zu beseitigen. Wenn Sie dann mit einer emotional entwertenden Äußerung herausplatzen, machen Sie alles kaputt. Lernen Sie mit den starken Ängsten Ihres Jugendlichen zurechtzukommen und versuchen Sie diese nicht zu korrigieren. Das Wichtigste ist, dass Sie der Versuchung widerstehen, sich auf Kosten Ihres Jugendlichen selbst zu beruhigen.

Mürrische und unbeteiligt wirkende Jugendliche

Jungen im Teenager-Alter, ohne entsprechende vernünftige Anleitung, können unter Umständen eine stark simplifizierende Auffassung von Männlichkeit haben. Sie können zu der Überzeugung gelangen, ein Mann zu sein bedeute, stark und groß zu sein und alles unter Kontrolle zu haben. Verfügen Jugendliche nicht über emotionale Körnung, sind sie unfähig, ihre emotionalen Erfahrungen zu verstehen. Weist eine Autoritätsperson sie in die Schranken – ganz gleich, ob es sich dabei um Eltern oder Lehrer handelt –, oder erhalten sie eine Abfuhr in Liebesdingen, fühlen sie sich sofort klein und unzulänglich und von den anderen kontrolliert. Eine typische Strategie, mit dem Schmerz solcher Demütigungen umzugehen, ist innerer Rückzug – man erzählt sich selbst, dass sich niemand um einen kümmere, man ein Fels und eine Insel sei, und errichtet eine Mauer zwischen sich und jeder Form von Wärme, Liebe, Zuneigung oder sonstigen angenehmen Verbindungen zu anderen Menschen. So ist man auf der sicheren Seite. Die Angst vor dem Schmerz ist viel zu groß, als dass man sich anders verhalten könnte.

Jugendliche haben oft Schwierigkeiten, zu weinen oder ihre Gefühle zu zeigen, aber es gibt bestimmte Bereiche, in denen sie verletzlich sind. Ihre Frustration kann sich in Form von mürrischem, rüpelhaftem und feindseligem Verhalten äußern. Viele Jugendliche, die sich am Beginn oder in der Mitte der Pubertät befinden, versuchen nach außen hin hart zu wirken, weil sie nicht wissen, wie sie sich in der Öffentlichkeit geben sollen. Wie kann man äußerlich »cool« erscheinen, wenn man sich im Innern ängstlich fühlt und keine Ahnung hat, wer oder was man eigentlich ist?

Mit einem mürrischen und unbeteiligt wirkenden Jugendlichen ins Gespräch zu kommen erfordert von Ihnen, dass Sie bis an die Grenzen Ihrer Fähigkeiten als Zuhörer gehen müssen. Einerseits möchten Sie ihm oder ihr die Hand reichen, andererseits macht Sie Ihr Kind so frustriert und wütend, dass Sie sich kaum noch am Riemen reißen können. Hier kann Sie die goldene Regel retten: Ignorieren Sie die Worte!

Während der 90 Sekunden, in denen Sie sich im Deeskalations-Modus befinden, müssen Sie die Worte, die Blicke, das Grummeln, das Grinsen, die Äußerungen und die Respektlosigkeiten, die über Sie hereinbrechen, unbedingt ignorieren. Andernfalls werden Sie schnell in den Konfliktsog hineingezogen werden. Befinden Sie sich erst einmal dort, werden Sie nichts Konstruktives zustande bringen.

Hier ist ein Beispiel, wie ein solches Szenario aussehen könnte:

Ihr Vierzehnjähriger taucht in der Küche auf und beachtet weder Sie noch irgendjemand anders.

Sie (S): »Du scheinst wütend zu sein.«
Vierzehnjähriger: *(Sagt nichts, sieht zu Boden, vermeidet Blickkontakt.)*
S: »Dir hört niemand zu, du fühlst dich nicht ernst genommen.«
V: *(Blickt auf.)*
S: »Du hast das Gefühl, niemand versteht dich. Du bist verärgert und durcheinander, weil du dich verlassen und verloren fühlst.«
V: »Ja! Woher weißt du das?«
S: »Du fühlst dich irgendwie komisch und glaubst, niemand kümmert sich um dich.«

V: »Ja!«

S: »Du hast das Gefühl, nicht liebenswert oder wertlos zu sein. Du hast das Gefühl, niemand kümmert sich wirklich um dich.«

V: »Ja!«

Verharren Sie einen Moment in Stille und warten Sie ab, ob Ihr Jugendlicher Ihnen irgendetwas zur Antwort gibt. Bieten Sie lediglich diesen Raum der Sicherheit an, ohne Ihrem eigenen Bedürfnis nachzugeben, die Stille zu füllen oder die Ängste Ihres Kindes mindern zu wollen. Falls nichts weiter geschieht, lächeln Sie Ihrem Jugendlichen auf herzliche und teilnehmende Art zu und fahren Sie mit Ihren Tätigkeiten fort.

All das nimmt 15 bis 20 Sekunden in Anspruch, und mehr ist auch nicht nötig. Sie haben an dieser Stelle eine Arbeit von großer Wirkungskraft geleistet, ohne dass Sie mit Ihrem Jugendlichen deshalb ein »ernstes Gespräch« führen mussten. Erstens haben Sie Ihr Interesse gezeigt, Ihrem Jugendlichen zuhören zu wollen, anstatt Ihre eigenen Bedürfnisse befriedigt zu sehen. Zweitens waren Sie nicht wertend oder kritisch, womit Sie das Bedürfnis Ihres Jugendlichen erfüllt haben, ernst genommen zu werden und seine Unabhängigkeit gewahrt zu sehen. Drittens haben Sie mithilfe von *Affect Labeling* die emotionalen Erfahrungen Ihres Kindes in einer Weise für dieses kategorisiert, wie es dazu selbst nicht imstande gewesen wäre. Sie haben seine Gehirnleistung sozusagen ein Stück erweitert. Wiederholen Sie dies ein paarmal pro Woche, wird sich Ihr Jugendlicher Ihnen möglicherweise jedes Mal ein bisschen weiter öffnen. Wenn er sich sicher fühlt, wird er mit Ihnen das Gespräch suchen und womöglich auch dazu bereit sein, dass Sie mit ihm ergebnisorientiertes Coaching ausprobieren.

Zurückweisung und Widerstand

Eine andere Reaktion auf Ihr *Affect Labeling* mag Zurückweisung sein. Je nachdem, was Ihnen Ihr Gefühl gerade sagt, können Sie mit diesem Widerstand auf unterschiedliche Weise umgehen:

S: »Du scheinst wütend zu sein.«

V: *(Sagt nichts, sieht zu Boden, vermeidet Blickkontakt.)*

S: »Niemand hört dir zu, du fühlst dich nicht ernst genommen.«

V: »Mach das nicht mit mir!«

An dieser Stelle weist Ihr Kind Sie nicht zurück; seine Äußerung hat nichts mit Ihnen zu tun. Damit müssen Sie sich abfinden. Wir haben es mit einem jungen Menschen zu tun, der versucht, sich über seine eigenen Gefühle klar zu werden, und sich darüber wundert, warum er so durcheinander ist, und der sich schämt, weil sich einsam zu fühlen verwirrt und sprachlos zu sein nicht dem Bild entspricht, wie sich seiner Meinung nach ein starker und unabhängiger Mann zu verhalten hat. Da er nicht über die Fähigkeit verfügt, seine Gefühle auszudrücken, ist für ihn der einzige Ausweg, um seine Ängste zu mindern und seinen Frust zu äußern, indem er um sich schlägt. Dies ist ein geläufiges Verhaltensmuster. Viele Eltern hören auf die Worte, die Ihre Kinder äußern, lassen sich in den Konflikt hineinziehen und verlieren Ihre Fähigkeit, die Situation wieder zu beruhigen. Sie erkennen das Verhaltensmuster nicht, so offensichtlich dieses ist, und daher verfallen sie automatisch in reaktives Verhalten.

Eine Möglichkeit, auf Zurückweisung zu reagieren, ist, hartnäckig zu bleiben und abzuwarten, was geschieht:

S: »Du scheinst wütend zu sein.«

V: *(Sagt nichts, sieht zu Boden, vermeidet Blickkontakt.)*

S: »Niemand hört dir zu, du fühlst dich nicht ernst genommen.«
V: »Mach das nicht mit mir!«
S: »Du bist verwirrt und frustriert. Du hast das Gefühl,
   niemand hört dir zu oder versteht dich.«
V: *(Schweigt.)*

Schweigen ist stets eine positive Reaktion. Solange Ihr Jugendlicher nicht aufsteht und davonläuft, machen Sie Fortschritte. Geben Sie angesichts von Schweigen niemals auf. Sie werden getestet, ob Sie es mit Ihrem Hilfsangebot auch wirklich ernst meinen. Unbewusst verarbeitet das Gehirn Ihres Jugendlichen die grundlegende Frage, ob Sie für ihn ein sicheres oder ein gefährliches Gegenüber darstellen. Sie reagieren auf sein Schweigen damit, dass Sie Ihr *Affect Labeling* fortsetzen, um zu sehen, ob Sie ein Kopfnicken, eine Antwort oder eine Entspannungsreaktion erhalten. Schweigt Ihr Jugendlicher nach ein oder zwei weiteren Versuchen von *Affect Labeling* beharrlich, können Sie sich selbst dazu gratulieren, dass Sie mit ihm eine Verbindung des Schweigens hergestellt haben. Achten Sie dabei unbedingt auf Ihr eigenes Unwohlsein in Bezug auf das Schweigen. Sind Sie sich dessen nicht bewusst, können Ihre eigenen Ängste Sie dazu verleiten, Ihr *Affect Labeling* zu unterbrechen und kontraproduktive Dinge zu sagen.

Hier ist eine weitere, etwas problematischere Variante:

S: »Du scheinst wütend zu sein.«
V: *(Sagt nichts, sieht zu Boden, vermeidet Blickkontakt.)*
S: »Niemand hört dir zu, du fühlst dich nicht ernst genommen.«
V: »Mach das nicht mit mir!«
S: »Du bist verwirrt und frustriert. Du hast das Gefühl,
   niemand hört dir zu oder versteht dich.«

V: »Kannst du endlich mit diesem Mist aufhören? Du bist nicht mein Therapeut, und ich hasse diese Gefühlsduselei, die du ständig mit mir machst!«

Es scheint, als hätten Sie seine Gefühle noch mehr aufgeheizt, anstatt das Problem zu deeskalieren. Das ist gut möglich. Falls Sie ihn noch wütender gemacht haben, ziehen Sie sich langsam zurück. Sie werden noch zahlreiche weitere Gelegenheiten bekommen. Betrachten Sie dies nicht als Scheitern Ihrerseits, sondern als eine kleine taktische Änderung. Angesichts seiner Wut können Sie so fortfahren:

S: »Du scheinst wütend zu sein.«
V: *(Sagt nichts, sieht zu Boden, vermeidet Blickkontakt.)*
S: »Niemand hört dir zu, du fühlst dich nicht ernst genommen.«
V: »Du sollst das nicht mit mir machen!«
S: »Du bist verwirrt und frustriert. Du hast das Gefühl, niemand hört dir zu oder versteht dich.«
V: »Kannst du endlich mit diesem Mist aufhören? Du bist nicht mein Therapeut, und ich hasse diese Gefühlsduselei, die du ständig mit mir machst!«
S: »Du bist gerade wirklich sauer, weil dich scheinbar niemand versteht. Das frustriert dich, und du fühlst dich vollkommen verlassen und allein.«
V: *(Schweigt.)*

Gut gemacht! Schweigen ist Gold. Mit diesem letzten *Affect Labeling* haben Sie den Nagel auf den Kopf getroffen. Das Gefühl, dass einen niemand versteht, führt zu tiefer Einsamkeit und Verzweiflung, denn man glaubt sich ganz allein auf der Welt. Dies ist eine häufige Erfahrung, die Jugendliche in unseren Zeiten machen. Sie ist beinahe universell.

Doch stellen Sie sich vor, Ihr Jugendlicher reagiert ganz anders:

S: »Du scheinst wütend zu sein.«
V: *(Sagt nichts, sieht zu Boden, vermeidet Blickkontakt.)*
S: »Niemand hört dir zu, du fühlst dich nicht ernst genommen.«
V: »Du sollst das nicht mit mir machen!«
S: »Du bist verwirrt und frustriert. Du hast das Gefühl, niemand hört dir zu oder versteht dich.«
V: »Kannst du endlich mal mit diesem Mist aufhören? Du bist nicht mein Therapeut, ich hasse diese Gefühlsduselei, die du ständig mit mir machst!«
S: »Du bist gerade wirklich sauer, weil dich scheinbar niemand versteht. Das frustriert dich, und du fühlst dich vollkommen verlassen und allein.«
V: »Ich hasse dich. Ich hasse einfach alles hier!«

Jetzt kommen seine echten Gefühle an die Oberfläche. Besitzen Sie genügend Mut und Liebe, um inmitten des Gefühlschaos, in dem sich Ihr Jugendlicher befindet, Haltung zu bewahren und ihm einen Raum der Sicherheit zu bieten? Hier ist eine mögliche Reaktion darauf, die ich persönlich besonders gern mag:

S: »Du scheinst wütend zu sein.«
V: *(Sagt nichts, sieht zu Boden, vermeidet Blickkontakt.)*
S: »Niemand hört dir zu, du fühlst dich nicht ernst genommen.«
V: »Du sollst das nicht mit mir machen!«
S: »Du bist verwirrt und frustriert. Du hast das Gefühl, niemand hört dir zu oder versteht dich.«

V: »Kannst du endlich mal mit diesem Mist aufhören?
Du bist nicht mein Therapeut, ich hasse diese
Gefühlsduselei, die du ständig mit mir machst!«
S: »Du bist gerade wirklich sauer, weil dich scheinbar
niemand versteht. Das frustriert dich, und du fühlst dich
vollkommen verlassen und allein.«
V: »Ich hasse dich. Ich hasse einfach alles hier!«
S: »Du bist wirklich wütend und verärgert. Ich bleibe jetzt
hier und biete dir einen sicheren und schützenden Raum,
in dem du so wütend, hasserfüllt und verärgert sein darfst,
wie dies für dich nötig ist. Tauche in deinen Hass ein und
lass ihn ruhig noch stärker und intensiver werden. Ich
bleibe so lange an deiner Seite, wie du brauchst, um alle
diese Gefühle zu durchleben.«

Sie nehmen die Hassgefühle Ihres Jugendlichen an, die in diesem Moment völlig authentisch sind, und laufen nicht vor diesen weg. Sie erklären ihm, dass Sie die Absicht haben, ihm einen sicheren und schützenden Raum zu bieten. Ihre Reaktion ist überraschend und steht im Widerspruch zu dem, was wir intuitiv erwarten würden: Sie ermutigen Ihren Jugendlichen, seine Hassgefühle intensiv auszuleben, ja sie sogar noch zu verstärken, falls dies für ihn erforderlich sein sollte. Sie sind weder ängstlich noch wütend, erschrocken oder verärgert. Sie sind besonnen und demonstrieren liebevolles Verständnis. Bleiben Sie einfach bei Ihrem Jugendlichen! Dies ist der Moment, in dem Wunder geschehen können. Seien Sie nicht überrascht, wenn die Situation folgende Wendung nimmt:

S: »Du scheinst wütend zu sein.«
V: *(Sagt nichts, sieht zu Boden, vermeidet Blickkontakt.)*

S: »Niemand hört dir zu, du fühlst dich nicht ernst genommen.«

V: »Du sollst das nicht mit mir machen!«

S: »Du bist verwirrt und frustriert. Du hast das Gefühl, niemand hört dir zu oder versteht dich.«

V: »Kannst du endlich mal mit diesem Mist aufhören? Du bist nicht mein Therapeut, ich hasse diese Gefühlsduselei, die du ständig mit mir machst!«

S: »Du bist gerade wirklich sauer, weil dich scheinbar niemand versteht. Das frustriert dich, und du fühlst dich vollkommen verlassen und allein.«

V: »Ich hasse dich. Ich hasse einfach alles hier!«

S: »Du bist wirklich wütend und verärgert. Ich bleibe jetzt hier und biete dir einen sicheren und schützenden Raum, in dem du so wütend, hasserfüllt und verärgert sein darfst, wie dies für dich nötig ist. Tauche in deinen Hass ein und lass ihn ruhig noch stärker und intensiver werden. Ich bleibe so lange an deiner Seite, wie du brauchst, um alle diese Gefühle zu durchleben.«

V: »Ich hasse dich, ich hasse dich! Ich hasse auch Mama. Ich hasse einfach alle. Und ich hasse die Schule.«

S: »Du hasst also jeden von uns und überhaupt alles.« *(Legen Sie eine nachdenkliche Pause ein.)* »Auch unseren Hund?«

V: *(Lacht.)* »Nein, den hasse ich nicht. Und ich hasse auch dich und Mama nicht, und auch nicht die Schule und all die anderen. Danke, dass du mir zugehört hast!«

S: »Gerne.«

In gewisser Weise brechen Sie hier mit der Regel, indem Sie eine Frage stellen. Jedoch geht es in der Frage nicht darum, ob ein Gefühl oder welches Gefühl erlebt wird. Vielmehr geht es um ein potenzielles Hassobjekt, von dem Sie wissen, dass es unmöglich existieren kann. Der Humor, den Sie damit ins Spiel bringen, bricht den Bann des Hasses. Die Taktik besteht darin, die starken Gefühle zuzulassen und anzunehmen. Sagen Sie Ihrem Jugendlichen, er möge seine Gefühle ganz intensiv erspüren. Machen Sie etwas *Affect Labeling* und verleihen Sie dem Ganzen eine humorvolle Pointe, wenn der richtige Zeitpunkt dafür gekommen ist.

Unmittelbare Belohnung

Ihre sechzehnjährige Tochter Kate ist verärgert darüber, dass sie in einem alten klapprigen Chevrolet zur Schule fahren muss:

Kate (K):»Ich will nicht, dass mich irgendjemand in dieser alten Schrottkarre sieht! Hast du gesehen, welche Autos die anderen Jugendlichen fahren?«

Sie (S):»Du bist verärgert und es ist dir peinlich, dass du in dem alten Chevrolet zur Schule fahren musst.«

K:»Das ist so was von uncool! Ich wirke darin wie 'ne altmodische Tussi!«

S:»Du hast Angst, andere Jugendliche könnten denken, du seist eine altmodische Tussi, und dass niemand dich mag.«

K:»Wer mag schon eine Trantüte, die mit so einem Auto vorfährt?«

S:»Du hast Angst, von deinen Freunden ausgelacht und erniedrigt zu werden.«

K:»Ja!«

Das war eine ziemlich schnelle Deeskalation. Helfen Sie Kate jetzt mit ergebnisorientiertem Coaching weiter:

S: »Willst du ein paar Tipps von mir, wie du das Problem lösen kannst?«

K: »Nö, ich will ein neues Auto, das cool aussieht.«

S: »Wenn du ein wirklich cool aussehendes neues Auto hättest, mit dem du zur Schule fahren könntest, was würde sich dann in deinem Leben verbessern?«

K: »Hm, na ja, ich denke, die anderen fänden mich dann wirklich cool.«

S: »Und wenn die anderen dich wirklich cool fänden, was würde sich in deinem Leben verbessern?«

K: »Dann wäre ich beliebt, alle würde mich ernst nehmen, und ich hätte viele Freunde. Jungs würden mit mir ausgehen.«

S: »Gut. Wenn du beliebt wärst, dich alle ernst nähmen und Jungs dich attraktiv fänden, was würde sich in deinem Leben verbessern?«

K: »Hm, ich schätze, ich würde mich echt gut fühlen und wäre glücklich.«

S: »Jetzt hast du es selbst gesagt. Dein Ziel ist, dich gut zu fühlen und glücklich zu sein.«

K: »Ja!«

Das Gespräch zum ergebnisorientierten Coaching beginnt diesmal ein wenig anders. Kate hat Angst, altmodisch und uncool zu wirken, wenn sie in einer alten Klapperkiste zur Schule fährt. Sie ist der Meinung, ein cool aussehendes neues Auto sei die Lösung ihrer Probleme. Ihre Aufgabe ist es, herauszufinden, was Kate wirklich anstrebt. Erwachsene wie Kinder werden ihren Standpunkt »Ich brauche X oder Y« vertreten, ohne über ihre wahren Bedürfnisse nachzudenken. Durch die einfache Fragestellung »Was würde sich in deinem Leben verbessern, wenn du ein cooles Auto hättest?«, helfen Sie Kate dabei, sich über ihre wahren Bedürfnisse Gedanken zu machen.

Im weiteren Verlauf des Gesprächs animieren Sie Kate, weiter in die Tiefe zu gehen, und zwar so lange, bis Sie herausgefunden haben, was Kate sich wirklich wünscht: Sie möchte glücklich sein, ernst genommen werden und sich attraktiv fühlen. An dieser Stelle kommen Sie zum zweiten Schritt des ergebnisorientierten Coachings und stellen ihr die Frage: »Welche positiven Dinge tust du, um dich gut zu fühlen und glücklich zu sein?« Nachdem Kate die Frage beantwortet hat, fragen Sie: »Was könntest du noch tun, damit du glücklich wirst und dich selbst gut fühlst?« Dadurch kommt Kate in den Problemlösungs-Modus und kann für sich einen Handlungsplan entwickeln. Die ganze Sache mit dem coolen Auto ist längst vergessen, als Kate ihr wahres Problem und die wahre Lösung für sich erkennt.

Jedes Mal, wenn Ihr Jugendlicher etwas verlangt (»Ich brauche dies oder das«), können Sie diese Taktik benutzen, um ihr oder ihm dabei zu helfen, für sich herauszufinden, wonach sie oder er sich wirklich sehnt. In den meisten Fällen brauchen Sie dafür nicht mehr als insgesamt 10 Minuten Ihrer Zeit aufzuwenden. Wiederholen Sie diese Übung ein paarmal, und Ihr Jugendlicher wird herausfinden, wie er diese für sich selbst durchführen kann. Und schon bald wird das Jammern sich legen.

Mobbing

Mobbing unter Jugendlichen äußert sich nicht immer nur in Form von körperlicher Gewalt. Verbales Mobbing und Mobbing auf der emotionalen Ebene kann sich ebenso traumatisierend auswirken wie körperliche Gewalt. Wenn Ihr Jugendlicher ein Opfer von Mobbern ist, ist es eher unwahrscheinlich, dass er oder sie sich Ihnen anvertrauen wird. Wie alle Opfer wird Ihr Jugendlicher sich gedemütigt und unzulänglich fühlen oder sich schämen. Da die größten Sorgen eines Heranwachsenden darin bestehen, kompetent zu wirken, Kontrolle über die Situation zu haben und beliebt zu sein, ist die vermeintliche Schwäche, dass man ein Mobbingopfer ist, nicht leicht einzugestehen. Wie für jedes Opfer gilt auch für Jugendliche, dass man ihnen unbedingt auf einer tiefen, emotionalen Ebene Gehör schenkt. Er oder sie braucht keine Ratschläge oder Problemlösungen.

Nehmen wir einmal an, Ihre jugendliche Tochter wurde schikaniert und möchte mit Ihnen darüber sprechen. Sie ist total aufgewühlt. Hier ist eine Möglichkeit, wie Sie ihr zuhören können:

Ihre jugendliche Tochter (T): »In meiner Klasse gibt es ein Mädchen, die ist schrecklich zu mir. Sie verhält sich mir gegenüber grausam, jeden Tag! Sie sagt mir, ich sei ›blöd‹ und ›hässlich‹, oder ›Du hast ja eh keine Freunde!‹ oder ›Keiner mag dich!‹.«

Sie (S): »Du bist wütend und tief verletzt.«

T: »Ja! Als ich es dem Beratungslehrer erzählte, sagte er mir: ›Du wirst schon darüber hinwegkommen. Das passiert doch jedem. So sind Mädchen eben.‹«

S: »Du fühlst dich nicht sicher, du fühlst dich von deinem Beratungslehrer im Stich gelassen.«

T: »Ich hab mich beim Direktor beschwert. Aber er hat auch nichts dagegen unternommen.«

S: »Du hast das Gefühl, du wirst ignoriert, niemand nimmt dich wahr, du fühlst dich vollkommen verlassen.«

T: »Ja!«
S: »Alle Erwachsenen ignorieren dich und lassen zu, dass das Mädchen dich weiterhin drangsaliert.«
T: »Ja!«
S: »Diese ganze Sache ist wirklich deprimierend und traurig, weil sich keiner um dich kümmert.«
T: »Ja!«
S: »Und weiter?«
T: »Ich will, dass es endlich aufhört. Ich habe es satt, ständig Angst haben zu müssen.«
S: »Du hast es satt, in ständiger Angst leben zu müssen, und du möchtest, dass man dich endlich in Ruhe lässt.«
T: »Ja!«

Wenn Sie den Eindruck haben, dass sich Ihre Tochter von Ihnen auf eine tiefe Weise gehört und verstanden gefühlt hat, können Sie zum ergebnisorientierten Coaching übergehen und ihr beim Erarbeiten neuer Strategien helfen. Was Sie auf keinen Fall tun sollten, ist, Ihren Ärger darüber kundzutun, dass die Schulleitung Ihrer Tochter offensichtlich die Unterstützung versagt. Unsere instinktive Reaktion wäre aufzuspringen, den Direktor anzurufen und einen Aufruhr zu veranstalten. Dies führt in den meisten Fällen zu keiner Lösung, und das Chaos wird dadurch nur noch größer. Eine wohlüberlegte und empathische Herangehensweise, die Ihrer Tochter dabei hilft, ihr Problem selbstständig zu lösen, ist weitaus wertvoller, als für sie in die Bresche zu springen und als Rettungsanker zu fungieren. Dadurch beschwichtigen Sie zwar Ihre eigene Angst, aber Sie helfen Ihrer Tochter nicht, mit den Mobbern draußen in der Welt fertigzuwerden. Sie wird in ihrem Leben sicherlich noch häufiger auf solche stoßen. Ihre überzeugendste und weiseste

Herangehensweise ist, sicherzustellen, dass Sie Ihrer Tochter auf eine tiefe Weise zugehört und sie verstanden haben. Dadurch vermitteln Sie ihr bereits ein Gefühl von Sicherheit, von dem eine große Wirkungskraft ausgeht.

Einem Mobber zuhören

Mobber fallen nicht vom Himmel, sondern werden erst zu solchen gemacht; sie tauchen in jeder Gestalt und Größe auf und können beiderlei Geschlechts sein. Typisch für Mobber ist:

» Sie besitzen ein durchschnittliches bis überdurchschnittliches Selbstbewusstsein.
» Es verschafft ihnen Befriedigung, anderen Leid zuzufügen.
» Sie suchen die Aufmerksamkeit oder Akzeptanz ihrer Kameraden.
» Sie versuchen, einen Eindruck von Stärke und Kontrolle zu erwecken.
» Sie haben wenig Empathie gegenüber ihren Opfern oder anderen.
» Sie streben danach, andere Menschen oder Situationen zu beherrschen.
» Sie werden häufig als cholerische und impulsive Menschen beschrieben.

Mobber sind in der Regel sehr egozentrische Menschen, sie befassen sich folglich nur mit ihren ureigensten Bedürfnissen und Vergnügen. Häufig übernehmen sie keine Verantwortung für ihr Verhalten oder die Folgen ihres Mobbings.

Mobbing wird oftmals bei Schülern beobachtet, die aus Familien mit Missbrauchsfällen stammen oder in denen Prügelstrafe an der Tagesordnung ist. Häufig imitieren Schüler das

Verhalten, das sie in ihrer häuslichen Umgebung beobachten, einschließlich missbräuchlichem Verhalten, das ihre Eltern untereinander oder gegenüber anderen an den Tag legen. Sie üben Macht über schwächere Kinder aus, weil das Gefühl der Herrschaft über andere in ihrem Gehirn einen Dopaminrausch auslöst. Über ihren Opfern zu stehen oder »besser« als diese zu sein verschafft ihnen Vergnügen. Leider klingt dieses schnell ab, und der Mobber muss ein anderes Opfer finden, um den Rauschzustand erneut zu erleben. In gewisser Weise ist es eine Sucht, die sie entwickelt haben, um mit dem Schmerz einer tiefer liegenden Wunde besser fertigwerden zu können.

Stellen Sie sich vor, ein Jugendlicher oder eine Jugendliche ist ein Mobber, und Sie haben Gelegenheit, am Beispiel dieser Person das typische Mobbing-Verhalten zu erforschen. Wie würden Sie vorgehen? Würden Sie versuchen, Ihre eigenen Ängste zu beschwichtigen, indem Sie tadeln und bloßstellen, oder würden Sie herauszufinden versuchen, was sich auf einer tieferen Ebene abspielt?

Hier ist eine Möglichkeit, wie Sie mit einem jugendlichen Mobber umgehen können:

Sie (S): »Du hast Sophia in der Schule schikaniert. Erzähl mir, was war los?«

Marissa (M): »Ach, nichts Besonderes. Meine Freunde und ich haben bloß ein bisschen Spaß gemacht. Wir haben es nicht so gemeint.«

S: »Du ärgerst dich darüber, dass du erwischt worden bist, und hast Angst vor den Konsequenzen.«

M: »Ich hab keine Angst.«

S: »Niemand hört dir zu, du hast das Gefühl, alle sind gegen dich.«

M: »Ja!«
S: »Du bist wütend.«
M: »Ja!«
S: »Du fühltest dich stark, als du Sophia gemobbt hast.«
M: »Ich habe sie nicht gemobbt.«
S: »Sagen wir, Sophia zu ärgern hat dir Ansehen unter deinen Freunden verschafft.«
M: »Wir haben bloß ein bisschen Spaß gemacht.«
S: »Du hast Spaß dabei empfunden.«
M: »Ja!«
S: »Du hast dich gut gefühlt.«
M: »Ja, es war lustig.«
S: »Sophia ist dir nicht wichtig.«
M: »Sie ist doch nur eine kleine Streberin aus der neunten Klasse mit einer komischen Brille. Niemand kann sie leiden!«
S: »Du fühltest dich sicher, als du Sophia schikaniert hast, weil du nicht glaubtest, dass sie sich wehren würde.«
M: »Nein, das hätte ich nicht gedacht!«
S: »Du magst es, beliebt in der Schule zu sein.«
M: »Ja!«
S: »Du hast Angst, wenn du mal nicht mehr so beliebt bist, will niemand mehr mit dir befreundet sein. Du hast Angst, dich verlassen und allein zu fühlen.«
M: »Ja!«

Dies ist ein schwieriges Gespräch. Generell streitet Marissa alles ab, obwohl sie Ihnen ein paar Rechtfertigungen liefert, die ihr Mobbing verharmlosen sollen. Sie ist nicht bereit, persönliche Verantwortung zu übernehmen. Für einen erwachsenen Zuhörer ist dies unerträglich, beleidigend und frustrierend.

Marissas Mangel an Verantwortlichkeit kann von Ihnen als respektlos und unverschämt interpretiert werden. Schlucken Sie den Köder, kann Ihre Wut und Frustration eine unangenehme Situation noch schlimmer machen. Bestenfalls können Sie etwas über Marissas emotionale Erfahrungen herausfinden. Wie dieses Beispiel zeigt, sind Marissas Gefühle völlig durcheinandergeraten. Sie ist nacheinander wütend, frustriert, verärgert, selbstgefällig, ängstlich, einsam und glücklich über die Tatsache, bei ihren Kameraden beliebt zu sein. Obwohl das Aha-Erlebnis ausbleibt, haben Sie – indem Sie *Affect Labeling* machen, anstatt über sie herzufallen – Marissa vermutlich dabei geholfen, ein wenig mehr emotionale Körnung zu entwickeln. Über einen längeren Zeitraum wiederholt, wird diese Art des Zuhörens eine äußerst positive Wirkung zeigen.

Doch nur weil Sie *Affect Labeling* machen, um Marissas Gefühle widerzuspiegeln, bedeutet dies nicht, dass Marissas Verhalten folgenlos bleibt. Allerdings ist wichtig, dass sie erst dann über die Konsequenzen sprechen, wenn sie sich beide beruhigt haben. Strafen, die in einem Zustand der Wut ausgesprochen werden, werden als missbräuchlich, unfair und ungerechtfertigt empfunden und verlieren dadurch jeglichen pädagogischen Wert.

Die Förderung von Friedenskreisen

Was ließe sich hinsichtlich Marissas Mobbing gegenüber Sophia unternehmen? Ein wirkungsvolles Instrument für Gruppenkonflikte ist die Methode des Friedenskreises. Friedenskreise gibt es schon so lange, wie Menschen sich in einem Kreis versammeln, um miteinander zu sprechen. Der Methode haftet etwas so Ursprüngliches an, dass ihr fast schon eine heilige Bedeutung zukommt. Friedenskreise lassen sich leicht einrichten und leiten, sofern Sie bereit sind, ein weiser Diskussionsleiter zu sein. Unseren Schülern erklären wir das Verfahren zumeist so:

Ein Friedenskreis besteht aus mindestens fünf Personen, die auf Stühlen in einem Kreis zusammensitzen. In der Mitte auf dem Boden liegt ein Gegenstand, der helfen soll, die Aufmerksamkeit aufrechtzuerhalten. Blumen, Kerzen, ein Buch oder eine kleine Figur eignen sich dafür besonders gut. Außerdem brauchen Sie einen »Redestab«, dies kann eine Feder, ein Stift oder ein kleines Stofftier sein. Anschließend wird ein »Kreiswächter« bestimmt, der die Teilnehmer in den Kreis einlädt. In der Regel besteht die Aufgabe des Wächters darin, Gesprächsfragen zu stellen und darüber zu wachen, dass die Grundregeln eingehalten werden. Die Grundregeln sind denkbar einfach:

» Es darf nur die Person sprechen, die im Besitz des Redestabs ist.
» Bevor jemand zu sprechen beginnt, muss er oder sie die Gedanken und Gefühle des vorherigen Sprechers zurückspiegeln.
» Sie können den Redestab weiterreichen, ohne etwas zu sagen.
» Beschränken Sie Ihre Ausführungen auf ungefähr 90 Sekunden.
» Der Kreiswächter ist berechtigt einzugreifen, um das Gespräch im Fluss zu halten.

Der Kreiswächter stellt nacheinander drei Fragen, wobei er jedem Teilnehmer die Möglichkeit gibt, auf die gestellte Frage zu antworten, bevor er zur nächsten Frage übergeht. Die Fragen bewegen sich vom Allgemeinen zum Konkreten und Umsetzbaren. In einem Friedenskreis, der Mobbing zum Thema hat, könnte der Kreiswächter folgende Fragen stellen:

1. Was ist Mobbing?
2. Wie zeigt sich Mobbing in der Schule?
3. Was könntet ihr von morgen an gegen Mobbing unternehmen?

Die Person zur Linken des Kreiswächters fängt an und beantwortet die erste Frage. Die Person, die links von ihr sitzt, reflektiert im Anschluss noch einmal die Gedanken und Gefühle des Sprechers. Bestätigt dieser, dass seine Gedanken und Gefühle korrekt wiedergegeben wurden, hat sich der nächste Sprecher das Rederecht »verdient«. So fahren Sie im Kreis fort. Sobald jeder der Teilnehmer die erste Frage beantwortet hat, stellt der Kreiswächter die zweite Frage, und der Prozess beginnt von Neuem. Dasselbe tun Sie mit der dritten Frage, und damit endet die Diskussion. Ich sitze gerne noch ein bis zwei Minuten in Schweigen da, bevor ich den Friedenskreis auflöse, damit sich die Erfahrung bei den Teilnehmern langsam setzen kann.

Damit Sie Marissa auch wirklich erreichen können, würde ich es in Erwägung ziehen, einen Friedenskreis gemeinsam mit ihren Schulkameraden einzuberufen. Sofern möglich, würde ich auch Sophia mit in den Kreis aufnehmen. Allerdings nur dann, wenn Sophia dies ausdrücklich möchte und sie sich in der Situation vollkommen und bedingungslos sicher fühlt.

Dieses einfache Verfahren unterscheidet sich grundlegend von normalen Gesprächen. Ein Friedenskreis besteht zu 98 Prozent aus Zuhören und zu zwei Prozent aus Sprechen. Zurückspiegeln und *Affect Labeling* sind ein wichtiger Bestandteil des Verfahrens, auf diese Weise macht jeder Teilnehmer die Erfahrung des tiefen Zuhörens. Die Teilnahme an einem Friedenskreis hilft bei der Entwicklung von Disziplin und Konzentration und fördert außerdem Empathie und Verständnis. Wenn Sie ausprobieren wollen, wie der Friedenskreis funktioniert, versuchen Sie es einmal zu Hause mit Ihrer Familie. Stellen Sie statt der üblichen drei nur zwei Fragen:

1. Was war das Beste, was du heute erlebt hast?
2. Worauf freust du dich morgen?

Selbst Dreijährige können diese einfachen Fragen beantworten. Achten Sie darauf, dass jeder Sprecher im Kreis *Affect Labeling* und Paraphrasieren durchläuft. Am besten ergänzen Sie noch eine weitere Grundregel im Hinblick auf Mobilgeräte wie Smartphones, Laptops und so fort: Diese sind im Friedenskreis nicht erlaubt! Der gesamte Prozess nimmt nicht mehr als 15 Minuten in Anspruch und eignet sich besonders gut vor dem Abendessen.

Friedenskreise lassen sich in unserem Alltag in vielerlei Hinsicht anwenden. Ganz gleich, ob es sich um Häftlinge in einem Gefängnis oder um Ihre Kollegen am Arbeitsplatz handelt – die regelmäßige Teilnahme an einem Kreis fördert Vertrauen, Führungsqualitäten, Verständnis und den Zusammenhalt in der Gruppe. Sie sind ein wirkungsvolles Instrument für Familien und überhaupt in jeder Situation, wo eine Gruppe zusammen auf eine gemeinsame Aufgabe oder ein gemeinsames Ziel hinarbeiten muss.

✳ ✳ ✳

Zusammenfassung des Kapitels

In diesem Kapitel haben Sie einige Strategien kennengelernt, um Jugendlichen zuzuhören. Die wichtigsten Punkte sind:

» Ignorieren Sie die Worte.

» Hören und ergründen Sie die Gefühle des Jugendlichen.

» Seien Sie geduldig.

» Bewerten Sie nicht.

» Beruhigen Sie Ihr eigenes Gewissen nicht auf Kosten des Jugendlichen.

» Im Fall von Mobbing praktizieren Sie tiefes Zuhören und *Affect Labeling*.

» Nutzen Sie Friedenskreise, um Verständnis untereinander zu fördern und Verbundenheit herzustellen.

5
Die Kunst, Kernaussagen zu formulieren

Das »Prison of Peace«-Projekt hatte eine außergewöhnliche Wirkung auf mein Leben als lebenslanger Häftling. Bevor ich »Prison of Peace« kennenlernte, hatte ich die Neigung, mich nur um meine eigenen Angelegenheiten zu kümmern, und häufig genug zog ich zu meiner eigenen Sicherheit den Kopf ein. Diese Haltung schützte mich zwar, aber in meinem Leben gab es nur wenig Frieden oder Sinn. Die meisten Häftlinge leben so ... sie versuchen einfach zu überleben. Ich lebte auf der sicheren Seite, aber mit sehr viel Stress.

Natürlich herrscht im Gefängnis noch immer viel Gewalt, meist aufgrund von fehlendem Respekt und Verständigungsschwierigkeiten. Dies ist genau der Bereich, wo ich gelernt habe, nachzudenken und zuzuhören. »Prison of Peace« hat mir gezeigt, hinter die Worte und Masken zu blicken. Ich habe gelernt, auf die wahren Probleme und Konflikte zu achten, und bin in der Lage, Gewalt zu verhindern, indem ich die Mediationstechniken anwende, die uns beigebracht wurden.

Außerdem habe ich versucht, Möglichkeiten zu finden, um der Gesellschaft etwas zurückzugeben, und im Hinblick auf meine Opfer Wiedergutmachung zu leisten.

Für mich gibt es keinen besseren Weg, dies zu tun, als zu verhindern, dass noch mehr Opfer durch Gewalt entstehen. Ich bin der vollen überzeugung, dass ich Konflikte und Gewalt verhindere. Dies hat meinem Leben den Sinn gegeben, den ich vorher vermisst habe. Hoffentlich wird unsere Gesellschaft dadurch ein Stück besser, dass ich einem weiteren Häftling beigebracht habe, sich anstelle von Gewalt für Frieden zu entscheiden.

Joseph Harmon, Valley State Prison

Dieses Kapitel zeigt Ihnen, wie Sie Ihre neuen Fertigkeiten und Kenntnisse mit verärgerten oder wütenden Freunden anwenden können. Jeder von uns hat schon einmal Freunden beigestanden, die Probleme hatten. Sie wenden sich an uns, weil sie Unterstützung und Rat brauchen, und als fürsorgende Freunde schenken wir ihnen ein offenes Ohr. Manchmal schwatzen unsere Freunde ohne Punkt und Komma drauflos, winden sich endlos, springen von einem Thema zum nächsten, sodass es uns wirklich schwerfällt, ihren Gedankengängen zu folgen. So groß unsere Fürsorge auch sein mag, irgendwann ist unsere Geduld überstrapaziert. Wir denken:»Wann kommt er endlich zur Sache?« Wenn Sie einen Freund oder jemand anderen deeskalieren möchten, der sich gerade in einem solchen Zustand befindet, wird Ihnen das Formulieren von Kernaussagen in Kombination mit *Affect Labeling* eine große Hilfe sein, zum Kern des Problems vorzustoßen.

Wie man Kernaussagen effektiv formuliert

Das Formulieren von Kernaussagen ist die dritte Ebene des zurückspiegelnden Zuhörens. Beim Formulieren von Kernaussagen hören Sie anders als beim einfachen Zurück- bzw. Widerspiegeln (Ebene eins) und beim Paraphrasieren (Ebene zwei) nicht auf die gesprochenen Worte. Stattdessen hören Sie auf die tiefere Bedeutung, die der Sprecher zu vermitteln versucht.

Verärgerte Menschen können für sich selbst oft nur sehr schwer in Worte fassen, was sie eigentlich ausdrücken wollen. Sie kommen vom Hundertsten ins Tausendste und wissen nicht einmal, dass Sie sich im Bewusstseinsstrom-Modus befinden. Dies nennt man auch»assoziative Verarbeitung«. Sie tritt immer dann auf, wenn ein Gedanke einen anderen auslöst, was wiederum zu etwas völlig anderem führt, sich anschließend in einen weiteren Gedanken aufteilen kann und so fort. Im Grunde spuckt der eigenständige Teil des Entscheidungssystems im Gehirn des Sprechers alles aus, was ihm in den Kopf kommt.

Ihre Aufgabe beim Deeskalieren Ihres Freundes besteht darin, durch all das eine Bresche zu schlagen und die Kernaussage seiner Äußerung herauszufinden. Erstaunlicherweise ist dies sehr einfach, wenn Sie den Trick erst einmal heraushaben. Alles, was Sie dafür tun müssen, ist, Ihr eigenes Ego aus dem Spiel zu lassen. Jeder von uns besitzt eine ihm innewohnende, angeborene Fähigkeit, genau zu verstehen, was ein anderer Mensch denkt, schenken wir dieser Fähigkeit nur ausreichend Aufmerksamkeit. Die meiste Zeit sind wir nicht aufmerksam, wir konzentrieren uns auf unsere Gedanken und Gefühle und bemerken daher diese uns innewohnenden Kräfte gar nicht.

Das Formulieren von Kernaussagen ist ein Prozess, der weitgehend unbewusst abläuft. Damit meine ich, Sie müssen keine besonders große kognitive Anstrengung oder Gehirnleistung aufbringen, um herauszufinden, was Ihr Freund in Wirklichkeit zum Ausdruck bringen möchte. Stattdessen öffnen Sie sich dafür, die Kernaussage herauszufinden, ohne darüber nachzudenken. Sie entwickeln eine Art von nicht fokussierter Aufmerksamkeit. Es gibt sechs Schritte, die Ihnen dabei helfen, den Prozess zu lernen:

1. Achten Sie beim Zuhören nicht auf die Worte.
2. Verweilen Sie in Stille.
3. Warten Sie, bis Worte oder Sätze in Ihrem Bewusstsein auftauchen.
4. Öffnen Sie sich einer Metapher.

5. Formulieren Sie die Kernaussage mithilfe der Metapher.
6. Spiegeln Sie die Kernaussage zurück.

Schritt 1:
Achten Sie beim Zuhören nicht auf die Worte

Wie beim *Affect Labeling* sollten Sie der Oberflächlichkeit des gesprochenen Worts keine Beachtung schenken. Schließlich wollen Sie eine Bedeutung heraushören –»Was will mir meine Freundin wirklich mitteilen?« – und nicht, wie sie etwas in Worte fasst. Manche der Ideen und Worte werden Ihnen wichtig erscheinen, zerbrechen Sie sich jedoch nicht den Kopf darüber, sich an diese zu erinnern – Sie werden auch so verstehen, worum es der anderen Person geht. Wenn Sie gleichzeitig den Gefühlen Ihrer Freundin Aufmerksamkeit schenken, werden Sie schnell auf den Kern, die allgemeine Qualität oder Essenz dessen stoßen, was sie Ihnen zu vermitteln versucht.

Schritt 2:
Verweilen Sie in Stille

Bringen Sie den Plapperaffen in Ihrem Innern zur Ruhe. Versuchen Sie, nichts zu analysieren. Verweilen Sie einfach in Stille und warten Sie ab. Dies wird Ihnen umso leichter fallen, je mehr Sie lernen, sich zu entspannen und sich keine Sorgen mehr darüber zu machen, dass Ihnen etwas Wichtiges entgehen könnte. Das wird nicht der Fall sein. Dies ist durch Ihr Verweilen in Stille garantiert, da Teile Ihres Gehirns verfolgen, was vor sich geht, und in Ihrem Innern ein Bild von der Situation Ihrer Freundin erzeugen werden.

Schritt 3:
Warten Sie, bis Worte oder Sätze in
Ihrem Bewusstsein auftauchen

Nach ein paar Augenblicken werden Worte oder Sätze in Ihr Bewusstsein »fließen«. Wenn Sie eine geduldige und akzeptierende Haltung einnehmen, werden wirksame und unbewusste Verarbeitungsprozesse die passendste Lösung für Sie finden und diese in Ihr Bewusstsein tragen. Dies sind die Botschaften, die Ihr Gehirn aus den Äußerungen Ihrer Freundin abgeleitet hat. Ihr Bewusstsein ist viel zu langsam und schwerfällig, um dies auf effektive Weise erledigen zu können. Vertrauen Sie darauf, dass die im Hintergrund wirkenden Teile Ihres Gehirns, die für die Erzeugung von Strukturen und Bedeutungen zuständig sind, dies herausfinden werden. Am Anfang wird Ihre Sorge darüber, ob Gedanken in Ihnen auftauchen werden oder nicht, den Prozess verlangsamen. Haben Sie es jedoch erst einmal erlebt, werden Sie erkennen, wie mühelos es ist, abzuwarten.

Schritt 4:
Öffnen Sie sich einer Metapher

Metaphern sind sprachliche Mittel, mit deren Hilfe sich Gedanken vermitteln lassen, die andernfalls nur schwer auszudrücken wären. Die Funktion einer Metapher ist es, uns eine Perspektive zu liefern, die zu einem tieferen Verständnis führt. Beim Formulieren von Kernaussagen wird die Metapher die wesentliche Bedeutung dessen, was Ihre Freundin verzweifelt auszudrücken versucht, in einer besonders aussagekräftigen Form vermitteln. Versuchen Sie eine Metapher zu finden, die den Gedanken widerspiegelt, der sich in Ihrem Bewusstsein manifestiert hat. Um Ihrem kreativen Hirn ein wenig auf die

Sprünge zu helfen, können Sie Metaphern in Gruppen unterteilen.

Behältnis-Metaphern verwenden Gegenstände oder Beispiele, die etwas einschließen, um Gefühle auszudrücken. Zum Beispiel könnten Sie sagen:»Wut steigt in dir auf.« Oder:»Du bist von Hoffnung erfüllt.« Beide Metaphern erzeugen die Vorstellung von einem Behältnis, das in seinem Innern ein Gefühl einschließt. Sie können das Behältnis dahingehend verändern, dass das Gefühl überfließt:»Du schäumst über vor Wut.« Sie können das Behältnis ausleeren oder ausschöpfen:»Du fühlst dich erschöpft.«

Gegenstands-Metaphern verwenden Maschinen, Körper oder zerbrechliche Gegenstände, um Gefühle auszudrücken. »Du fühlst dich, als würdest du vor Wut platzen.«»Du bist ein Kraftwerk kurz vor dem Super-GAU.« Gegenstands-Metaphern können auch Handlungen beschreiben:»Du fühlst dich, als würde man dich in Stücke reißen.«

Stoffliche Metaphern verwenden Materialien oder deren Eigenschaften, um Gefühle auszudrücken.»Du bist wütend wie ein brodelnder Dampfkessel.«»Du behieltest einen kühlen Kopf, während du innerlich vor Wut kochtest.«

Kernaussagen entwickeln ihre größte Wirkung, wenn sie in Form einer Metapher ausgedrückt werden. Im Gegensatz zu *Affect Labeling,* wo Sie die Gefühle benennen, bieten Sie beim Formulieren von Kernaussagen eine konkrete Vorstellung an, um eine abstrakte oder schwer zu beschreibende emotionale Erfahrung einzufangen. Ihre Freundin drückt zum Beispiel durch ihr Verhalten aus, dass sie unter Stress und Druck steht. Vor Ihrem geistigen Auge entsteht das Bild eines überhitzten Dampfkessels kurz vor der Explosion. Dieses Bild wird dann zu Ihrer Metapher.

Schritt 5:
Formulieren Sie die Kernaussage mithilfe der Metapher

Sie formulieren die Kernaussage, indem Sie die Metapher als Leitfaden nehmen. Am einfachsten verwenden Sie Sätze wie »Du bist ...« oder »Du fühlst dich wie ...«. Dies sollte einfach und schnell gehen.

Schritt 6:
Spiegeln Sie die Kernaussage zurück

Der letzte Schritt ist, dass Sie das, was Sie für die Kernaussage halten, mithilfe von *Affect Labeling* benennen: »Du fühlst dich wie ein brodelnder Dampfkessel kurz vor der Explosion, und du bist frustriert, weil du dich nicht ernst genommen fühlst.«

In der Regel werden Sie für Ihre Freundin mehrere Kernaussagen benutzen. Die Wahrscheinlichkeit, dass Sie richtigliegen, ist hoch, egal mit welcher Kernaussage Sie es versuchen. Hier ist ein einfaches Beispiel, wie das Widerspiegeln von Kernaussagen funktionieren kann:

Ihre Freundin (F): »Stört es dich, wenn ich dir etwas erzähle, worüber ich mich geärgert habe?«

Sie (S): »Überhaupt nicht. Ich hör dir gern zu.«

F *(holt tief Luft):* »Also, unser Sohn Robby kommt in ein paar Wochen für die Sommerferien aus dem College nach Hause. Wir freuen uns riesig auf seinen Besuch. Er studiert Philosophie und hat uns von seinem Studienaufenthalt in Paris jede Menge E-Mails und Fotos geschickt. Vielleicht sollte ich aus Anlass seiner Rückkehr als Überraschung ein französisches Abendessen für ihn zubereiten. Allerdings kann ich nicht besonders gut französisch kochen.

Vielleicht bekomme ich in dem neuen Whole-Foods-Supermarkt ein paar Anregungen, was ich kochen könnte. Ich muss sowieso noch einen guten Wein einkaufen. Ich frage mich, wann das Parkplatzproblem dort endlich geregelt wird. Es ist ein echtes Problem, auf diesen engen Parkplätzen ein- und auszuparken. Robby kommt für eine Stippvisite im Sommer, und ich bin mir nicht sicher, wie er sich benehmen wird, nachdem er zwei Jahre in Europa war. Ich habe schon den Klempner bestellt, damit er die Dusche im Gästezimmer repariert. Sie war undicht und hat uns gewaltige Probleme bereitet. Jetzt unternehmen wir endlich etwas dagegen. Robby wird in seinem alten Zimmer schlafen, dann braucht er dieses Bad eigentlich gar nicht zu benutzen.«

S:»Du fieberst deinem Wiedersehen mit Robby entgegen und machst dir Sorgen, wie er sich verändert hat, seitdem er nicht mehr zu Hause wohnt.«

F:»Ja genau!«

Solche Situationen kommen häufig vor. Ihrer Freundin will es einfach nicht gelingen, ihre Aufregung und Sorge in klare Worte zu fassen. Sie springt von einem Thema zum nächsten, kehrt zum ursprünglichen Thema zurück, und wechselt dann unversehens zu etwas ganz anderem. Sie weiß zwar instinktiv, dass sie von einem bestimmten Gefühl ergriffen ist, besitzt jedoch nicht die entsprechende Geistesgegenwart, ihre Gedanken zu ordnen. Mit Ihrer Kernaussage schlagen Sie eine direkte Bresche durch diese Abschweifungen und kommen auf das eigentliche Problem, das Ihre Freundin zu ihren Abschweifungen veranlasst hat.

Wütende und trauernde Freunde deeskalieren

Freundschaften sind starke soziale Bindungen, die unser Leben oft über Jahrzehnte hinweg prägen. Auf unserem Weg durchs Leben mit unseren Freunden werden wir Zeugen von deren Erfolgen und Tragödien. Manchmal bringen wir unsere Freundschaft dadurch am besten zum Ausdruck, dass wir für diese zum empathischen Zuhörer werden. Wie versuchen nichts zu regeln, erteilen keine Ratschläge und bemitleiden unsere Freunde nicht. Wir versuchen einfach nur im gegenwärtigen Augenblick präsent zu sein, um einem uns nahestehenden Menschen dabei zu helfen, eine tiefe emotionale Erfahrung zu verarbeiten. Das ist die eigentliche Aufgabe von Freunden.

Im Folgenden sollen Sie ein paar neue Anregungen bekommen, wie Sie sich wütenden, trauernden oder verärgerten Freunden gegenüber verhalten können, damit zwischen Ihnen eine wirkliche Verbindung entsteht.

Wie man einem frustrierten Freund zuhört

Hier ist ein weiteres Beispiel für das Formulieren von Kernaussagen, in diesem Fall in Bezug auf frustrierte Freunde:

Ihre Freundin (F): »Stört es dich, wenn ich dir etwas erzähle, worüber ich mich geärgert habe?«

Sie (S): »Überhaupt nicht. Ich höre dir gern zu.«

F: »Wir hatten Probleme mit unserer sechzehnjährigen Tochter Samantha. Sie ist wütend und verhält sich uns gegenüber respektlos. Wir können überhaupt nicht mehr vernünftig miteinander reden. Am Anfang hat mich mein Mann kaum unterstützt, und ich hatte das Gefühl, einen einsamen Kampf zu führen, aber inzwischen unterstützt er mich mehr, und wir beide versuchen mit ihr über ihr Verhalten zu sprechen. Ich hab sie gefragt, ob sie irgendwelche Probleme hat, aber sie verneint es. Sie hat viele nette Freunde und geht viel aus. Ich versuche mit ihr zu sprechen und ihr meine Zuneigung zu zeigen, aber sie will nichts von mir wissen. Wenn ich sie bitte, etwas mit mir zu unternehmen, weigert sie sich immer. Es ist in der letzten Zeit wirklich schwer mit ihr, und ich fühle mich total schlecht. Fast habe ich das Gefühl, meiner Tochter beraubt worden zu sein, mir kommt es beinahe so vor, als hätte ich sie verloren, denn wir standen uns immer so nahe und haben viel zusammen unternommen und gelacht. Ich weiß nicht, was ich tun soll. Mein größter Wunsch ist, wieder eine Beziehung zu ihr aufzubauen. Ich liebe sie so sehr.«

S: »Du fühlst dich total erschöpft und leer und gerade sehr einsam und ungeliebt.«

F: »Ja, genau! Danke, dass du mir zugehört hast!«

Versuchen Sie nun ein paar unterschiedliche Kernaussagen aufzuschreiben, die sich aus dem vorangegangenen Gespräch ergeben. Haben Sie dazu keine Zeit, überlegen Sie sich, welche Kernaussagen Sie Ihrer Freundin zurückspiegeln würden, und formulieren diese laut für sich. Wie beim *Affect Labeling* beginnen Sie erst mit der Problemlösung, wenn Sie die richtige Kernaussage herausgefunden haben. Erinnern Sie sich auch hier wieder an die zweiteilige Grundformel:

1. Zuerst deeskalieren.
2. Dann Problem lösen.

Wenn wir noch nicht erfahren genug sind, neigen wir dazu, sofort Ratschläge erteilen und Probleme lösen zu wollen. Tun Sie dies, beschwichtigen Sie in Wirklichkeit jedoch nur Ihre eigenen Ängste auf Kosten Ihres Freundes. Wenn Sie wirklich von dem Wunsch beseelt sind, einen Freund effektiv zu beschwichtigen, müssen Sie lernen zuzuhören, die Kernaussage des Problems widerzuspiegeln und *Affect Labeling* zu machen; erst dann können Sie versuchen, das Problem zu lösen. Da der gesamte Prozess weniger als 90 Sekunden in Anspruch nimmt, bin ich mir sicher, dass Sie diese Fähigkeit schnell beherrschen werden.

Wie man einem trauernden Freund zuhört

Der Verlust eines anderen Menschen durch Tod ist ein Ereignis, über das niemand gerne nachdenkt, und ist dabei doch ebenso unvermeidlich wie das Leben selbst. Trotz dieser Unvermeidbarkeit scheinen wir uns wie absolute Trampel zu benehmen, wenn enge Freunde oder Verwandte den Tod eines geliebten Menschen betrauern. Viele von uns stehen der Situation hilflos gegenüber, versuchen verzweifelt dem trauernden Freund zu helfen, wissen aber nicht, wie sie dies bewerkstelligen sollen. Kein Google-Maps scheint uns zur Verfügung zu stehen, das uns durch diese tiefen emotionalen Erfahrungen lotsen könnte. Und doch können Sie einem trauernden Freund auf verschiedene Arten zur Seite stehen. Zum Beispiel, indem Sie ihm wirklich zuhören. Wie Sie inzwischen gelernt haben, ist das Hören auf die Gefühle eines Freundes das Geheimnis, mit dem Sie ihm durch den Schmerz helfen können.

Trauernde Menschen durchleben die gesamte Bandbreite an menschlichen Gefühlen auf einmal. Sie fühlen sich hilflos, niedergeschlagen, traurig, wütend und verwirrt. Wer einen großen

Verlust zu verarbeiten hat, kann schon einmal das Gefühl haben, dass ihn niemand auf der Welt versteht. Dies kann dazu führen, dass ein Hinterbliebener die Menschen in seiner Umgebung eher von sich stößt, anstatt die angebotene emotionale Hilfe anzunehmen. Vergessen Sie nicht, dass ein Trauernder direkt mit dem Tod konfrontiert ist, und das womöglich zum ersten Mal im Leben! Obwohl uns vom Verstand her klar ist, dass alles vergänglich ist, versuchen wir uns emotional vor dieser Realität zu schützen. Nachdem jemand einen geliebten Menschen verloren hat, scheinen sämtliche Beziehungen zu anderen Menschen ins Wanken zu geraten. Schlagartig wird einem bewusst, dass man irgendwann jeden Menschen verlieren kann und verlieren wird. Dies ist eine erschreckende Erkenntnis. Unsere psychologische Reaktion darauf ist, dass wir uns vor weiterem Schmerz und Leid durch Verlust zu schützen versuchen, indem wir andere von uns stoßen.

Aus der klinischen Psychologie weiß man inzwischen, dass der Verlust durch den Tod eines Menschen eine traumatisierende Wirkung hat, und Symptome von posttraumatischer Belastungsstörung (PTBS) nach sich ziehen kann. Die gute Nachricht ist, dass der Prozess des Trauerns, obgleich intensiv, sich mit der Zeit langsam auflöst. Meine persönliche Erfahrung mit Verlust und meine Arbeit als Friedensstifter mit Familien, die Verluste erlitten haben, deuten darauf hin, dass eine Trauerzeit rund 18 Monate dauert. Die Forschungsliteratur hingegen legt nahe, dass Trauerzeiten von ganz unterschiedlicher Dauer sein können.[11] Doch egal, wie lange der Prozess dauert – wir Menschen sind widerstandsfähige Wesen, und die meisten von uns überwinden ihre Trauer und können wieder ein ganz normales Leben führen. Der Prozess des Trauerns ist jedoch etwas Furchtbares und Schmerzhaftes.

Mit einem trauernden Freund *Affect Labeling* zu machen, erfordert von Ihnen eine große Menge an Geschick und Mitgefühl. Gehen Sie die Sache zu plump an, werden Sie als unsensibel und gefühllos gelten. Sind Sie zu weichherzig, bleibt der gewünschte Beruhigungseffekt aus. Die richtige Balance zu finden ist eine wahre Herausforderung. Geschickt und einfühlsam praktiziert, kann Ihr *Affect Labeling* für einen trauernden Freund zu einem großen Trost werden. Beginnen Sie mit einer konkreten Frage, und nicht mit dem allgemeinen »Wie geht's dir?«.

Hier ist eine Möglichkeit, wie Sie dies machen können:

Sie (S): »Wie ist es dir in den letzten Tagen ergangen?«
Ihre Freundin (F): »Geht so. Ich werde es wohl überleben.«
S: »Du bist echt erschöpft.«
F: »Ja! Es war wirklich hart.«
S: »Du musstest eine Menge an Traurigkeit ertragen.«
F: »Mhm.«
S: »Es hat dich zeitweise völlig überwältigt.«
F: »Ja! Es gibt Momente, da könnte ich nur heulen.«
S: »Verstehe. Die Trauer ist groß.«
F: »Und nach all den Monaten, die ich meine Mutter gepflegt habe, bin ich total erschöpft. Es war ein Albtraum, der nie zu Ende zu gehen schien.«
S: »Dich um die Bedürfnisse deiner Mutter zu kümmern hat dich viel Kraft gekostet.«
F: »Das kannst du dir gar nicht vorstellen.«
S: »Niemand kann sich vorstellen, was du durchgemacht hast – es war eine harte Zeit.«
F: »Und jetzt vermisse ich sie so.«
S: »Du fühlst dich allein und traurig.«

Bei dieser Art des Zuhörens reagieren Sie nicht direkt auf das, was Ihnen Ihre Freundin erzählt. Stattdessen verwenden Sie eine Mischung aus Paraphrasieren, Formulieren von Kernaussagen und *Affect Labeling*. Ihre Freundin kann ihre Erschöpfung und ihren Schmerz besser verarbeiten, weil Sie ihr durch emotionale Körnung helfen, ihre eigenen Erfahrungen besser zu verstehen. Dies machen Sie so lange, wie Ihre Freundin Ihnen Informationen liefert und das Gespräch fortsetzt. Beginnt sie sich zu wiederholen, bedeutet dies, dass sie abblockt. Dazu kommt es, wenn die andere Person nicht in der Lage ist, eine Reihe von Emotionen bewusst zu verarbeiten. Indem Ihre Freundin ständig die gleichen Dinge erzählt, versucht sie Klarheit über ihre Gefühle zu bekommen. Sie müssen darauf mit *Affect Labeling* reagieren – selbst auf die Gefahr hin, sich zu wiederholen. Denken Sie daran: Sie stellen die kognitiven Leistungen Ihres Gehirns zur Verfügung, die Ihre Freundin in diesem Moment nicht erbringen kann.

Ziehen Sie *Affect Labeling* nicht zu sehr in die Länge. Trauernde Freunde sind in der Regel erschöpft. Mit dem Versuch, in zu kurzer Zeit zu viel erreichen zu wollen, werden Sie Ihre Freunde emotional überstrapazieren. Häufigere Treffen von kürzerer Dauer werden bei diesen besser ankommen als wenige, lange Treffen.

Wann Sie nicht zuhören sollten

Je besser Sie Ihre neuen Fähigkeiten beherrschen, umso häufiger werden Sie die irritierende Erfahrung machen, dass immer mehr Freunde Ihre Zeit für sich beanspruchen wollen. Daher ist es wichtig, Grenzen zu setzen. Nur weil Sie in der Lage sind, jemanden in 90 Sekunden zu beschwichtigen, heißt das noch lange nicht, dass Sie dies auch tun müssen. Sie sind niemals dazu verpflichtet, einem anderen Menschen zuzuhören. Es gibt Momente, in denen Sie nicht zuhören sollten. Darunter fallen:

» Ihr eigenes Bedürfnis zu reden ist größer als das Bedürfnis des anderen, gehört zu werden.
» Sie haben gerade keine Zeit, zuzuhören.
» Sie sind nicht in der richtigen Verfassung, um jemandem zuzuhören.
» Sie haben schlicht keine Lust, zuzuhören.
» Sie fühlen sich zum Zuhören gezwungen.

Haben Sie erst einmal gelernt, wie man auf Gefühle hört und Kernaussagen formuliert, wird sich auch Ihre Sicht auf die Welt verändern. Scheuen Sie sich nicht, zu anderen Nein zu sagen. Sobald Sie sich die Freiheit gestatten, Nein zu sagen, wird Ihre Fähigkeit, Ja zu sagen, einfühlsamer und glaubwürdiger ausfallen.

Wie man Beleidigungen und Respektlosigkeiten zuhört

Freunde und Familienangehörige können manchmal sehr wütend werden. Wir bekommen Beleidigungen und Respektlosigkeiten direkt ins Gesicht gesagt. Wie können Sie Ihre Techniken des Zuhörens einsetzen, um mit solchen Situationen umzugehen?

Die größte Herausforderung besteht darin, Ihre eigenen Impulse unter Kontrolle zu halten. Die Frage ist, wie Sie mit Ihrem Ärger umgehen. Aus eigener Erfahrung weiß ich, wenn ich die beleidigenden Worte ignoriere und meinen Fokus stattdessen ganz auf die Gefühle des Sprechers lege, wird mich dies auf wunderbare Weise erden und in mein inneres Gleichgewicht bringen. Es mag sich befremdlich anhören, dass Sie als Reaktion darauf, dass jemand Sie beschimpft, dessen Gefühle zurückspiegeln sollen. Haben Sie es jedoch erst einmal versucht, werden Sie sehen, dass es der schnellste und wirkungsvollste Weg ist, einen Streit zu beenden. Einer der geheimen Vorteile, nicht auf die Worte zu hören, ist, dass Sie dadurch vor Beleidigungen geschützt sind. Sie werden diese nicht einmal registrieren.

Denken Sie einmal darüber nach. Menschen, die Sie anschreien, sind wütend und frustriert. Sie durchleben starke Gefühle. Und richten diese – ob berechtigt oder nicht – auf Sie. Sie haben nun die Wahl, selbst wütend zu werden, oder Sie entscheiden sich dafür, die andere Person zu deeskalieren und herauszufinden, was in Wirklichkeit das Problem ist.

Betrachten wir nun einige beleidigende und provokante Situationen und sehen wir uns an, wie Sie darauf reagieren können:

Ihr Freund oder Familienmitglied (F): »Warum kümmerst du dich nicht um deine eigenen Angelegenheiten? Ich habe es satt, dass du dich in meine Angelegenheiten einmischst. Hau endlich ab!«

Sie (S): »Du bist wütend und frustriert und hast das Gefühl, ich nehme dich nicht ernst.«

F: »Ja!«

In dieser Situation besteht die Provokation aus einer persönlichen Beleidigung. Hinter dieser Reaktion Ihres Freundes verbirgt sich jedoch dessen Wut und Frustration und sein Gefühl, nicht ernst genommen zu werden. Vielleicht waren Sie der Auslöser dafür, vielleicht auch nicht. Allerdings lösen Sie das Problem nicht, indem Sie aggressiv auf Ihren Freund reagieren. Die beste Strategie ist, seine Gefühle anzuerkennen und diese zu benennen. Solange Sie die Worte ignorieren und sich ausschließlich auf die Gefühle Ihres Freundes konzentrieren, schützen Sie sich selbst vor der Provokation.

F: »Ich hasse dich. Lass mich in Ruhe. Ich will nicht mit dir reden.«
S: »Du bist wirklich wütend. Du hasst mich. Du bist frustriert und fühlst dich verlassen.«
F: »Ja!«

Wenn Sie auf diese Worte hören, wird Sie dies verletzen. Ihr Freund weist Sie zurück – und das ist schmerzhaft! Konzentrieren Sie sich hingegen ganz auf die Gefühle, die hinter den Worten stecken, haben Sie eine Möglichkeit, Ihren Freund zu beschwichtigen, und gelangen zum eigentlichen Grund des Problems. Achten Sie auch darauf, wie direkt Ihre Formulierung der Gefühle ausfällt. Je wütender die gegen Sie gerichtete Beleidigung, desto direkter Ihr *Affect Labeling*. Setzt Ihr Freund seine Schimpftirade fort, hören Sie ihm weiter zu.

Bekommt Ihr Freund das Gefühl, es gibt nichts mehr, wogegen er anrennen kann, wird er die Lust verlieren und sich beruhigen – denn Wut verbraucht bekanntlich eine Menge an Energie. Dies dauert in der Regel circa 45 Sekunden; diese 45 Sekunden können Ihnen allerdings wie 45 Jahre vorkommen. Lassen Sie sich nicht entmutigen und halten Sie den Beleidigungen stand, egal wie sehr es Sie verletzt. Ihr Fokus bleibt weiterhin auf die Gefühle Ihres Freundes gerichtet. Um Ihre eigenen reaktiven Gefühle können Sie sich später kümmern.

F: »Du hörst mir nie zu. Ich weiß, ich bin dir egal. Du
   kümmerst dich nur um dich selbst und dein eigenes Ego.«
S: »Du hast das Gefühl, du wirst nicht ernst genommen und
   ignoriert. Du fühlst dich ungeliebt und unbeachtet.«
F: »Ja!«

Die Sorte von Beleidigungen, die Äußerungen wie »Ich bin dir
egal« beinhalten, meinen in der Regel das genaue Gegenteil.
Freunde und Familienangehörige, die in Wut solche Dinge aussprechen, fühlen sich in einem gegebenen Moment verlassen
und ungeliebt. Ihre Strategie sollte daher sein, derartige Gefühle
zu benennen, damit Ihr Freund diese verarbeiten kann. Was
passiert, wenn Sie die Gefühle verleugnen, verzeihen oder zu
erklären versuchen, wissen Sie selbst. Indem Sie die Gefühle Ihres Freundes entwerten, machen Sie alles nur noch schlimmer.

F: »Was zum Teufel hast du dir eigentlich dabei gedacht? Das
   war das Dümmste und Blödeste, was du je getan hast! Ich
   kann einfach nicht glauben, dass du das gemacht hast,
   ohne vorher mit mir zu reden. Weißt du überhaupt, was
   das für uns bedeutet? Wie konntest du nur so dumm sein?
   Aber weshalb wundere ich mich? Du machst ja ständig so
   unüberlegte Sachen.«
S: »Du bist wütend, frustriert und besorgt. Du hast Angst.
   Du fühlst dich allein und verlassen.«
F: »Ja!«

Manchmal machen wir Fehler, die uns teuer zu stehen kommen. Bevor Sie sich jedoch für Ihren Fehler entschuldigen oder
die Situation wieder geradezubiegen versuchen, machen Sie *Affect Labeling*. Wenn andere Menschen wegen Ihrer Fehler vor

Wut schäumen, sind sie für Ihre Entschuldigung nicht zugänglich. Um diese annehmen zu können, muss die andere Person sich erst einmal beruhigen. Auch die Problemlösung kann erst beginnen, wenn die Wogen sich wieder geglättet haben. *Affect Labeling* sollte daher immer der erste Schritt sein.

F: »Du kannst mich mal kreuzweise! Ich hör mir deinen Quatsch nicht mehr an!«
S: »Du bist wütend und hast das Gefühl, keiner hört dir zu. Du fühlst dich überhaupt nicht ernst genommen.«
F: »Ja!«

Kraftausdrücke sind stets ein deutlicher Hinweis auf Wut. Hinter der Wut steckt das Gefühl, nicht ernst genommen zu werden. Manchmal fühlen sich Menschen auch hintergangen. Bisweilen liegt eine unterschwellige Traurigkeit oder Trauer vor. Stehen Sie Ihrer Freundin so lange bei, bis sie sich wieder beruhigt hat.

F: »Halt die Klappe! Ich kann deinen Quatsch nicht mehr hören!«
S: »Du bist wütend und fühlst dich überhaupt nicht ernst genommen. Du fühlst dich hintergangen und ignoriert. Du fühlst dich verlassen.«
F: »Ja!«

Oft verbergen sich hinter der beleidigenden Sprache zwischen Freunden Gefühle wie Traurigkeit, Trauer, Einsamkeit und Verlassenheit. Aus Angst davor, verletzt zu werden, oder mangelndem Gewahrsein sind verärgerte Freunde oft nicht in der Lage, ihre tiefer liegenden Gefühle in Worte zu fassen. Wenn

Sie mutig genug sind, die wirklichen Gefühle Ihrer Freundin mit *Affect Labeling* zurückzuspiegeln, helfen Sie ihr dabei, sich ihrer grundlegenden Affekte bewusst zu werden, sie einer genaueren Betrachtung zu unterziehen und über diese zu reden.

F: »Du Mistkerl! Du hast mich belogen. Du Bastard!«
S: »Du bist wütend und fühlst dich hintergangen. Du fühlst dich allein und verlassen.«
F: »Ja!«

Beim Lesen und Verinnerlichen dieser Konflikt-Beispiele werden Sie ein ums andere Mal auf die tiefer liegenden Gefühle gestoßen werden. Unser Vorrat an Gefühlen ist in der Regel begrenzt, und es ist immer nur eine Handvoll davon im Spiel. Haben Sie erst einmal den Schlüssel in der Hand, wird das Chaos verschwinden. Sie werden imstande sein, tief ins Innere Ihrer Freunde zu blicken, deren Erfahrungen zu verstehen und mehr Mitgefühl zu entwickeln.

F: »Ich vertrau dir nicht. Du lügst und bist unehrlich zu mir. Ich hasse dich!«
S: »Du bist wütend und fühlst dich hintergangen. Du fühlst dich allein und verlassen.«
F: »Ja!«

In jeder eskalierten Situation mit einem Freund gibt es nur drei mögliche Lösungen. Erstens, die Situation beruhigt sich, und es gelingt Ihnen, das Problem zur beiderseitigen Zufriedenheit zu lösen. Zweitens, die Situation beruhigt sich, aber Ihre Freundschaft geht womöglich unwiederbringlich in die Brüche. Drittens, trotz all Ihrer Bemühungen ist es Ihnen nicht gelungen, die Situation zu deeskalieren. In diesem Fall ist Ihre einzige Wahl, dass Sie sich zurückziehen. Vielleicht ist die Freundschaft noch zu retten, vielleicht nicht. Solange Freunde jedoch in ihren starken Emotionen gefangen sind, können Sie nichts ausrichten. Gönnen Sie sich eine Verschnaufpause, während der sich die Wogen wieder ein wenig glätten, und prüfen Sie anschließend, was von Ihrer Freundschaft übrig bleibt.

* * *

Zusammenfassung des Kapitels

In diesem Kapitel haben wir gelernt:

» Die sechs Schritte des Formulierens von Kernaussagen:

1. Achten Sie beim Zuhören nicht auf die Worte.
2. Verweilen Sie in Stille.
3. Warten Sie, bis Worte oder Sätze in Ihrem Bewusstsein auftauchen.
4. Öffnen Sie sich für eine Metapher.
5. Formulieren Sie die Kernaussage mithilfe der Metapher.
6. Spiegeln Sie die Kernaussage zurück.

» Wie man wütenden und trauernden Freunden zuhört.
» Wann Sie nicht zuhören sollten.
» Wie man Beleidigungen und Respektlosigkeiten zuhört.

6
Frieden stiften in Beziehungen

Was mich in Bezug auf *Affect Labeling* immer wieder am meisten beeindruckt, ist die Tatsache, wie es die täglichen Spannungen aus unserer Beziehung herausnimmt. Wenn ich mich unsicher fühle oder eine unfreundliche Bemerkung mache, gibt mir mein Mann nicht gleich Kontra. Er sagt lediglich zu mir: »Schatz, du fühlst dich gerade unsicher.« Wenn er das tut, beruhigt mich dies gewissermaßen auf der Stelle. Allein das Wissen, dass er meine emotionale Erfahrung wahrnimmt und mir diese widerspiegelt, statt mich wegen meiner bissigen Bemerkung anzugreifen, ist ein wichtiger Grund dafür, dass wir eine so starke und schöne Beziehung führen.

Aleya Dao

In diesem Kapitel geht es um das Thema Partnerschaften. Aus meiner Sicht sind Streitigkeiten und Auseinandersetzungen in Beziehungen ein Indikator für tiefere emotionale Erfahrungen. Die Forschung hat gezeigt, dass unsere emotionale Erziehung im Kindes- und Kleinkindalter in einem direkten Zusammenhang steht zur Qualität und Zufriedenheit unserer Beziehungen als Erwachsene.

Die Vertreter der Bindungstheorie unterteilen die Bindungen von Kindern und Kleinkindern zu ihren Müttern in »sicher«, »unsicher-vermeidend« und »unsicher-ambivalent«. Eine »sichere« Bindung ist genau das, was ihr Name besagt – ein Baby fühlt sich emotional und körperlich behütet und sicher. Eine »unsicher-vermeidende« Bindung liegt vor, wenn der emotionale Rückhalt durch die Mutter vom Baby als unbeständig erlebt wird. In einer solchen Beziehung ist die Mutter manchmal nah und liebend, in anderen Momenten distanziert und unzugänglich. Als eine Strategie zur Bewältigung des Stresses, den das unbeständige Verhalten der Mutter für das Baby bedeutet, versucht dieses jegliche Bindungen zu vermeiden. Eine »unsicher-ambivalente« Bindung liegt vor, wenn die emotionalen Bedürfnisse des Babys vollkommen ignoriert werden. Die körperlichen Erfordernisse eines Babys können zwar erfüllt sein, dessen emotionale Bedürfnisse jedoch vernachlässigt. Das Baby entwickelt ein unsicheres Bindungsverhalten, weil die Welt emotional gesehen für dieses kein sicherer Ort ist.

Im Erwachsenenalter übertragen wir unser Bindungsverhalten aus der Kindheit direkt auf unsere Partnerschaften. Die Beziehungen Erwachsener lassen sich in die gleichen drei Gruppen wie im Kindesalter einteilen: »sicher«, »unsicher-vermeidend« und »unsicher-ambivalent«. Erwachsene, die gut mit emotionaler Nähe zurechtkommen und sich auf andere verlassen können (ein eher sicherer Bindungstyp), haben ein höheres Selbstwertgefühl, ein größeres soziales Selbstvertrauen und können ihre Gefühle besser zum Ausdruck bringen. Sie neigen dazu, andere Menschen als vertrauenswürdig, zuverlässig und altruistisch einzuschätzen. Sie haben das Gefühl, Kontrolle über ihr Leben zu haben. Diese glücklichen Menschen haben in Liebesbeziehungen seltener die Tendenz, Spielchen zu spielen, oder sich zwanghaft oder übermäßig rational zu verhalten, eher könnte man sie als selbstlose Menschen bezeichnen.

Erwachsene mit einem eher unsicheren Bindungsverhalten haben negative Auffassungen von sich selbst und anderen. Größere Ängstlichkeit in Beziehungen steht im Zusammenhang mit einem geringen Selbstwertgefühl, geringem sozialen Selbstvertrauen, mangelndem Durchsetzungsvermögen oder dem Gefühl, keine Kontrolle über das eigene Leben zu haben. Erwachsene, die eine höhere Ängstlichkeit aufwiesen, neigten in Liebesbeziehungen mit größerer Wahrscheinlichkeit zu einem zwanghaften und abhängigen Verhalten.

Forschungen zu heterosexuellen, monogamen Paaren zeigen, dass Frauen mit einem »unsicher-ambivalenten« Bindungsverhalten große Angst davor haben, verlassen zu werden.[12] Die Angst von Frauen, verlassen zu werden, ist der stärkste Prädiktor dafür, wie ein Mann die Paarbeziehung sieht. Männer beurteilen eine Beziehung wesentlich negativer, wenn ihre Partnerin ein unsicheres Verhalten an den Tag legt. Sie sind weniger zufrieden mit der Beziehung, berichten über häufigeren Streit, fühlen sich ihrer Partnerin weniger verbunden, und die Wahrscheinlichkeit, dass sie diese heiraten werden, ist geringer. Außerdem vertrauen Männer unsicheren Partnerinnen weniger, schenken ihren Worten weniger Glauben und halten sie für unberechenbarer und unzuverlässiger.

Letztlich stufen Männer in solchen Beziehungen die allgemeine Kommunikationsfähigkeit als relativ gering ein und geben an, ihren Partnerinnen gegenüber weniger mitteilsam zu sein. Frauen, die in Beziehungen mit Männern leben, die sicher auftreten und ein enges Verhältnis zur Frau unterhalten, beschreiben ihre Paarbeziehung dagegen als ausgesprochen positiv. Sie fühlen sich ihrem Partner enger verbunden, verbringen mehr Freizeit mit ihm und erleben weniger Streit in der Beziehung.

Nichts von alldem sollte uns besonders überraschen. Und doch zeigt es uns, wie wichtig die emotionalen Erfahrungen unseres Partners für die Qualität der Beziehung sind. Wir neigen dazu, unser Augenmerk auf unsere eigenen emotionalen Bedürfnisse zu richten, und kümmern uns weniger darum, was in unserem Partner vorgeht. Dies ist meiner Meinung nach die Quelle für Auseinandersetzungen, Streit und sogar Gewalt in Beziehungen. Wenn wir lernen, auf die emotionalen Erfahrungen unserer Partner zu achten, wenn diese gestresst, besorgt, müde oder von bestimmten Impulsen gesteuert sind, können wir destruktive und unglückliche Auseinandersetzungen vermeiden. Im Idealfall handelt es sich um einen wechselseitigen Prozess in dem Sinne, dass Ihr Partner in gleichem Maß auf Ihre emotionalen Erfahrungen achtet. Dies kann am Anfang jedoch etwas zu viel verlangt sein. Beginnen wir also mit dem, was Sie tun können.

Deeskalation in Partnerschaften

Sie verfügen über das Rüstzeug, in allen Ihren persönlichen Beziehungen emotional zugänglich zu sein. Sie müssen nur bereit sein, es in unbequemen Situationen zu benutzen, wenn Sie herausgefordert, angeklagt, bloßgestellt oder beschuldigt werden. Wie immer ist das Ignorieren der Worte Ihr bester Schutz gegen die eigene Wut.

In dem Moment, wo Sie auf die Worte hören, laufen Sie Gefahr, dass Sie durch diese schnell in eine Auseinandersetzung hineingezogen werden. Solange Sie Ihren Fokus auf die emotionalen Erfahrungen Ihres Partners im gegenwärtigen Augenblick legen, sind Sie davor gefeit. Unsere Gehirnleistung reicht dann nicht aus, um die geäußerten Worte zu verarbeiten und entsprechend zu interpretieren.

Wenn Sie die grundlegenden Bindungskategorien »sicher«, »unsicher-vermeidend« und »unsicher-ambivalent« verstanden haben, wird sich Ihnen ein allgemeines emotionales Verhaltensmuster erschließen. Das macht Ihren Partner für Sie ziemlich berechenbar. Und noch wichtiger, Sie werden in der Lage sein, einen vorübergehenden Moment der Wut schnell und voller Mitgefühl zu beschwichtigen. Die emotionalen Schichten, die bei Beziehungsstreitigkeiten typischerweise auftreten sind:

Wut
Frustration
Respektlosigkeit
Sich-ungehört-Fühlen
Sorge
Angst
Traurigkeit
Sich-verlassen-Fühlen

Für gewöhnlich empfindet Ihr Partner zu Beginn Wut und arbeitet sich dann durch die emotionalen Schichten hindurch bis zum Gefühl Sorge. Auch Gefühle wie Angst, Traurigkeit und

Sich-verlassen-Fühlen sind oftmals präsent, auch wenn sich Ihr Partner dessen nicht bewusst sein mag. Sie können diese Gefühle ebenfalls benennen, wenn Ihnen dies angemessen und sicher erscheint.

Am Anfang machen Sie *Affect Labeling* jeweils immer nur für ein Gefühl, dies tun Sie eher beiläufig und im Plauderton. Sie sondieren erst einmal das Terrain, um zu sehen, ob *Affect Labeling* bei Ihrem Partner zu einer Reaktion führt; dadurch verringern Sie auch Ihr eigenes emotionales Risiko zu scheitern. Halten Sie Ihr *Affect Labeling* einfach und kurz, bis Sie ein gewisses Vertrauen in die Fähigkeit entwickelt haben.

Sehen wir uns zunächst einige typische Auseinandersetzungen und Beispiele an, in denen eine Frau den Gefühlen Ihres Freundes oder Ehemanns zuhört. Danach betrachten wir Beispiele, in denen ein Mann den Gefühlen seiner Freundin oder Ehefrau zuhört. In beiden Beispielreihen wird die Person beschuldigt, angegriffen, getadelt, respektlos behandelt oder mit passiv-aggressivem Verhalten konfrontiert. Bewahren Sie Ruhe und stellen Sie sich vor, Sie befänden sich selbst in der jeweiligen Situation.

Den Gefühlen eines Mannes zuhören

Ihr Freund oder Ehemann (F/E): »Könntest du aufhören, diese verdammten Textnachrichten zu schreiben, und mir ausnahmsweise mal zuhören?«

Sie (S): »Du bist frustriert.«

F/E: »Ja! Jedes Mal, wenn wir abendessen gehen, ziehst du dein Smartphone aus der Tasche und schreibst Nachrichten an deine Freunde. Das kotzt mich an.«

S: »Du bist wütend und frustriert und fühlst dich nicht ernst genommen.«

F/E: »Ja, genau! Ich finde es blöd.«

S: »Du hast das Gefühl, niemand liebt oder schätzt dich. Du fühlst dich unbeachtet und wertlos.«

F/E: »Ja!«

Anstatt zornig zu werden und zurückzuschlagen, bemühen Sie sich darum, sich auf die emotionalen Erfahrungen Ihres Partners zu konzentrieren. Beachten Sie auch, dass Sie Ihrem *Affect Labeling* keine zusätzlichen Informationen hinzugefügt haben. Mit anderen Worten, Sie ergänzen keinerlei Umstandsbeschreibungen wie »Du bist wütend und frustriert, *dass ich gerade eine Textnachricht schreibe*«. Der Grund, weshalb Sie die Umstandsbeschreibung *(kursiv)* nicht hinzufügen, ist, dass die Textnachricht vielleicht gar nicht die eigentliche Ursache für die Wut und Frustration darstellt. Vielleicht ist sie ja nur ein Auslöser für frühere Ereignisse des Tages, die mit Ihrer Textnachricht gar nichts zu tun haben. Halten Sie Ihr *Affect Labeling* so einfach wie möglich! Dies ist gar nicht so leicht, wie es auf den ersten Blick erscheinen mag. Sie werden dies mit zunehmender Praxis erkennen.

F/E: »Ich wollte nur das verdammte Spiel ansehen.«

S: »Du bist frustriert.«

F/E: »Ja, allerdings! Jedes Mal, wenn ich Fußball sehen will, kommst du mir mit irgendwas dazwischen. Ich habe es langsam satt!«

S: »Du fühlst dich nicht ernst genommen.«

F/E: »Ja! Du rückst mir manchmal einfach zu sehr auf die Pelle.«

S: »Du fühlst dich ein wenig verunsichert und nervös.«

F/E: »So ist es! Ich ertrage das Gefühl nicht, erdrückt zu werden.«

S: »Du erträgst es nicht, vereinnahmt zu werden, und bist traurig, dass dich niemand wirklich liebt.«

F/E: »Ja! Woher weißt du das?«

Diesmal haben Sie einen etwas weiteren Bogen geschlagen. Männer, die sich von ihrer Partnerin vereinnahmt oder »erdrückt« fühlen, nehmen eine Vermeidungshaltung an. Häufig wachsen sie in gefühlskalten und abweisenden Familien auf, und lernen nicht, wie man sich an andere Menschen bindet. Sie haben jedoch weiterhin den angeborenen Trieb, zu lieben und geliebt zu werden. Sie stecken in einem furchtbaren Dilemma, dessen sie sich in der Regel nicht bewusst sind. Versuchen Sie sich einem solchen Menschen gefühlsmäßig zu nähern, wird er in Panik ausbrechen. Dieses Phänomen wird auch als emotionales Erdrücken oder Ersticken bezeichnet, und die damit verbundenen Gefühle sind Beklemmung und Angst. In der untersten Schicht liegt hier das Gefühl, verlassen und ungeliebt zu sein. Es ist ein häufig auftretendes Muster, und ein Grund für viele Streitigkeiten und Auseinandersetzungen in Beziehungen. Sie besitzen die Fähigkeit, diesen Teufelskreis zu durchbrechen, indem Sie die Gefühle Ihres Partners durch *Affect Labeling* anerkennen. Wenn Sie Ihre Aussagen kurz und einfach halten, ist die Wahrscheinlichkeit, dass Sie auf Ablehnung stoßen, geringer.

F/E: »Mensch! Du hast dir wieder mein Auto geborgt und es mit leerem Tank abgestellt. Ich bin damit nicht einmal mehr bis zur Tankstelle gekommen.«

S: »Du bist wütend und frustriert.«

F/E: »Ja, verdammt! Ich kann mich nicht auf dich verlassen.«

S: »Du fühlst dich nicht ernst genommen.«

F/E: »Natürlich nicht! Wärst du nicht auch stinksauer, wenn
ich dein Auto mit leerem Tank abstellen würde?«
S: »Du fühlst dich unverstanden, allein und hast das
Gefühl, ich stehe nicht hinter dir.«
F/E: »Ja, Mann!«
S: »Du fühlst dich ungeliebt und im Stich gelassen.«
F/E: »Ja, genau!«

Ein leerer Tank ist bestenfalls ein Ärgernis, aber noch lange kein
Grund, einen Streit vom Zaun zu brechen. Bei Ihrem Partner
liegt jedoch »vermeidendes« Bindungsverhalten vor. Er ist nicht
in der Lage, irgendwem zu vertrauen oder von irgendwem abhängig zu sein, und hat sich in eine emotionale Isolation be-
geben. Im Grunde geht es gar nicht um den leeren Tank. Der
eigentliche Grund ist sein Gefühl von Verlassenheit, das diese
Situation in ihm ausgelöst hat. Ihre beste Reaktion darauf ist,
nicht zurückzuschlagen oder sich zu verteidigen. Dies würde sein
Gefühl von Isolation und seine Vermeidungsstrategien nur noch
verstärken. Stattdessen dringen Sie ähnlich einem Jiu-Jitsu-Meis-
ter mittels *Affect Labeling* direkt zum Kern des Problems vor.

Wenn Sie die Gefühle Ihres Partners anerkennen und wert-
schätzen, wird er sich beruhigen. Sie demonstrieren ihm dadurch, dass Sie – im Gegensatz zu seinen Eltern – zuverlässig,
vertrauenswürdig und für ihn da sind. Vielleicht wird er sich
im Laufe der Zeit ändern. Eine Garantie gibt es dafür allerdings nicht. Dies ist jedoch die einzige Möglichkeit, damit Ihre
Beziehung mit ihm zu einer gesunden und glücklichen Partnerschaft werden kann.

F/E: »Warum machst du mir immer noch Vorhaltungen
wegen Monica? Das ist drei Jahre her, und die

Geschichte war vollkommen harmlos. Warum kannst du es nicht auf sich beruhen lassen?«

S: »Du bist wütend und frustriert.«

F/E: »Oh ja! Ich hab es satt, dass du mir Schuldgefühle einzuflößen versuchst.«

S: »Du fühlst dich unverstanden und nicht ernst genommen.«

F/E: »Allerdings! Du erwähnst Monica doch nur, weil du mich provozieren willst. Das kotzt mich an!«

S: »Du bist stinksauer und traurig.«

F/E: »Ja! Ich möchte einfach nur geliebt werden.«

S: »Du fühlst dich ungeliebt und einsam.«

F/E: »Ja, genau.«

Vermutlich haben Sie diese Auseinandersetzung unbewusst ausgelöst. Vielleicht fühlten Sie sich isoliert oder alleingelassen. Als Sie auf seinen wunden Punkt stoßen, beschwören Sie eine Reaktion herauf, die normalerweise im Streit enden würde. Doch diesmal gehen Sie einen anderen Weg. Indem Sie seinen Gefühlen folgen, erkennen Sie an, dass er durch Ihre Anschuldigung verletzt worden ist. Sie beruhigen ihn und schaffen dadurch einen kleinen, aber sicheren Bereich, der es ihm erlaubt, seine Gefühle zu leben – das verhindert den üblichen Streit! Dies ist für Sie beide eine große qualitative Veränderung.

F/E: »Du hast mir vor 25 Minuten gesagt, dass ich mich fertig machen soll, und ich habe sofort alles stehen und liegen lassen. Und jetzt höre ich, dass du noch nicht einmal geduscht hast. Wir werden viel zu spät kommen! Was ist nur mit dir los?«

S: »Du bist frustriert und fühlst dich nicht ernst genommen.«

F/E: »Ja! Es ist immer das Gleiche. Ich versuche deine Zeiten einzuhalten. Warum kannst du nicht mal meine einhalten?«

S: »Du fühlst dich unverstanden und hast das Gefühl, ich stehe nicht hinter dir.«

F/E: »Ich möchte wirklich, dass du pünktlich bist und fertig zum Gehen, wenn du es mir versprichst.«

S: »Du bist besorgt und hast das Gefühl, keine Kontrolle zu haben.«

F/E: »Ja. Wir hatten uns verabredet, im Restaurant zu sein, um unsere Freunde zu treffen.«

S: »Du fühlst dich blamiert und bist ein wenig traurig.«

F/E: »Ja!«

Die Tatsache, dass man zu einem verabredeten Abendessen unpünktlich erscheint, kann ein Fauxpas sein oder die eigenen Pläne durchkreuzen. Der tiefer liegende Grund ist jedoch ein anderer. Es geht um Respekt und das Gefühl, sich vor anderen zu blamieren. Ihr Partner hat das Gefühl, nicht mehr Herr der Lage zu sein, wenn Sie zu spät dran sind. Außerdem fühlt er sich für Sie beide verantwortlich und ahnt bereits die Blamage, die es für ihn bedeutet, die Verabredung mit Ihren Freunden nicht einhalten zu können. Er wäre wahrscheinlich dem »unsicheren« Bindungstyp zuzurechnen, für den Kontrolle, Ordnung und Berechenbarkeit eine wichtige Rolle spielen. Indem Sie seine Gefühle anerkennen und vermeiden, dass der Streit eskaliert, geben Sie ihm die Möglichkeit, etwas über seine wahren Gefühle zu erfahren. Er beruhigt sich, und Sie können das Problem in angemessener Weise lösen.

F/E: »Ich bin es wirklich leid, von dir beschuldigt zu werden, dass ich mit anderen Mädchen flirte. Ich hab es satt!«

S: »Du bist frustriert.«

F/E: »Ja! Egal was ich mache, du nimmst mir nicht ab, dass ich dir treu bin.«

S: »Du fühlst dich unverstanden und hast das Gefühl, ich stehe nicht hinter dir.«

F/E: »Ja! Wann hörst du endlich mit diesem Eifersuchtsscheiß auf?«

S: »Du fühlst dich nicht ernst genommen und beschämt.«

F/E: »Ja, genau. Du beschuldigst mich ständig, dass ich dir untreu bin. Das macht mich ganz verrückt!«

S: »Du fühlst dich ungeliebt und im Stich gelassen.«

F/E: »Ja!«

Ungerechtfertigte Eifersucht ist sowohl für Sie als auch für Ihren Partner ein Problem. Sie können Ihre eigenen Unsicherheiten zu einem Streit oder einer Auseinandersetzung eskalieren lassen oder aber die Gefühle Ihres Partners anerkennen. Selbstverständlich müssen auch Ihre Gefühle anerkannt werden, aber in diesem Moment ist es Ihr Partner, der emotional erregt ist. Sie beschwichtigen ihn mit *Affect Labeling* und erkennen anschließend beide, wie schmerzvoll Vorwürfe aus Eifersucht sein können.

Vielleicht ist Ihnen aufgefallen, dass die Reaktionen in der »Sie«-Spalte in den vorangegangenen Beispielen alle sehr ähnlich waren. Daran erkennen Sie, dass sich das Repertoire menschlicher Gefühle auf einige wenige Gefühle reduzieren lässt. Sie werden entdecken, dass bei Ihrem Partner immer wieder die gleichen Gefühle hochkommen und diese sich relativ gut vorhersagen lassen.

Sie halten jetzt also das Rezept in der Hand. Schreiben Sie nach dem Muster der vorangegangenen Beispiele einmal das

Gespräch auf, das Ihren letzten Streit ausgelöst hat. In die »Sie«-Spalte schreiben Sie die Gefühle Ihres Partners, als würden Sie *Affect Labeling* mit ihm machen. Danach schreiben Sie seine möglichen Antworten auf und machen dies so lange, bis Sie die tiefste Schicht seiner emotionalen Erfahrung erreicht haben. Dies ist eine gute Übung, sie wird *Affect Labeling* für Sie zu einer realen Erfahrung machen.

Den Gefühlen einer Frau zuhören

Lassen Sie uns nun die andere Seite der Medaille betrachten. In den folgenden Beispielen habe ich mir typische Situationen ausgedacht, die Männer mit ihren Freundinnen oder Ehefrauen erleben. In der Regel enden diese Situationen entweder in Streit oder eisigem Schweigen. Sie werden sehen, dass Sie den Situationen mithilfe von *Affect Labeling* eine positivere oder friedlichere Wendung geben können.

Analog zur ersten Reihe von Beispielen haben Sie als Mann etwas gemacht oder geäußert, was bei Ihrer Freundin oder Ehefrau eine bestimmte Reaktion ausgelöst hat. Ihre Aufgabe besteht nun darin – sofern Sie sich für diesen Weg entscheiden –, Ihre Partnerin in 90 Sekunden oder weniger zu deeskalieren. Im Anschluss daran folgt für gewöhnlich die Problemlösung.

Ihre Freundin oder Ehefrau (F/E):»Ich habe es also verdient, jemanden an meiner Seite zu haben, dem alles total egal ist, du aber nicht?«

Sie (S):»Du bist wütend und frustriert.«

F/E:»Du bist nie da, packst nie mit an und liegst den ganzen Tag nur herum, während ich mir Arme und Beine ausreiße!«

S:»Du fühlst dich nicht ernst genommen und unverstanden.«

F/E: »Du siehst ständig nur deine bekloppten Sportsendungen
oder spielst Videospiele.«
S: »Du fühlst dich nicht unterstützt und ungeliebt.«
F/E: »Ja, klar! Das ginge dir genauso, wenn du all das
machen müsstest, was ich mache.«
S: »Du fühlst dich allein und im Stich gelassen.«
F/E: »Ganz genau!«

Die Formel ist immer die gleiche: Ignorieren Sie die Worte und
spiegeln Sie die Gefühle wider! An dieser Stelle ist es wahrscheinlich von Nutzen, ein paar Worte über Ihren Tonfall beim
Sprechen zu verlieren. Natürlich müssen Sie von dem aufrichti-
gen Wunsch getrieben sein, mit Ihrer Freundin oder Ehefrau
Affect Labeling zu machen und diese beruhigen zu wollen. Setzen Sie die Technik hingegen ein, um Ihre Partnerin zu manipulieren, wird der Schuss vermutlich nach hinten losgehen. Der
Tonfall Ihrer Stimme sollte der Situation angemessen sein.
Schreit Sie Ihre Partnerin an, sollten Sie darauf mit kräftiger,
aber nicht zu lauter Stimme reagieren. Wenn Sie eine leisere
Stimmlage als Ihre Partnerin wählen, wird sie dadurch ebenfalls
ruhiger und nachdenklicher werden. Während sich die Stimme
Ihrer Partnerin beruhigt, folgen Sie ihr und sprechen noch leiser
als sie. Im Wesentlichen passen Sie Ihre Stimmlage und Laut-
stärke jeweils der Gefühlsintensität Ihrer Freundin an – auf dem
Höhepunkt des Streits und während der Deeskalation.

F/E: »Wenn du ein echter Mann wärst, würdest du die Chan-
cen nutzen und etwas aus dir machen, statt Entschuldi-
gungen dafür zu suchen, dass du ein Versager bist.«
S: »Du bist wütend.«
F/E: »Ich hab es satt, mit einem Versager zusammen zu sein.«

S: »Du bist frustriert und traurig.«

F/E: »Ich wünschte mir, du würdest noch mal zu studieren anfangen oder dir eine Arbeit suchen. Ich möchte nicht für den Rest meines Lebens in dieser ausweglosen Situation stecken.«

S: »Du bist unglücklich und machst dir Sorgen.«

F/E: »Ich bin echt frustriert.«

S: »Du bist echt frustriert.«

Das ist eine weitere klassische Provokation, die einen Streit auslösen kann. Sie können wütend werden und in den Verteidigungsmodus gehen, oder Sie versuchen die Situation zu deeskalieren und eine Problemlösung herbeizuführen. Egal ob Sie gerade jener träge, unmotivierte und gleichgültige Partner sind oder ob Ihre Partnerin völlig falschliegt und Sie als höchst erfolgreicher Unternehmer brillieren. Worauf es ankommt, ist die emotionale Erfahrung Ihrer Partnerin und wie Sie darauf reagieren. Beleidigungen sind schmerzhaft, aber Zurückschreien macht alles nur noch schlimmer. Sie fahren besser damit, wenn Sie die Worte ignorieren und die Gefühle zurückspiegeln. Sobald Sie Ihre Partnerin beschwichtigt haben, können Sie beide alles in Ruhe besprechen. Solange sie jedoch emotional erregt ist, werden Sie sie kaum vom Gegenteil überzeugen können.

F/E: »Ich kann im Augenblick nicht mal mit dir sprechen, so stinksauer bin ich!«

S: »Du bist stinksauer.«

F/E: »Ja!«

S: »Du bist stinksauer und wirklich frustriert.«

F/E: »Ja!«

Manchmal gibt's nur eine Lösung: Seien Sie kurz und bündig! Ist Ihre Freundin oder Ehefrau wirklich sauer auf Sie, müssen Sie sich wohl mit einem Minimum an *Affect Labeling* begnügen. Doch selbst eine kleine Portion *Affect Labeling* ist ein großer Schritt in Richtung Frieden. Haben Sie nach dieser ersten Reflexion den Eindruck, dass sich Ihre Partnerin Ihnen emotional noch weiter öffnen wird, fahren Sie fort. Versuchen Sie die Gefühle hinter den Worten zu ergründen. Obwohl sich Wut als erstes und intensivstes Gefühl eingestellt hat, verbergen sich dahinter noch andere Gefühle, die Ihre Partnerin in Wirklichkeit antreiben. Ihre Aufgabe ist es, sofern Ihre Partnerin dies zulässt, ihr dabei zu helfen, dass sie sich ihrer Gefühle klar wird.

F/E: »Mir geht's gut.«
S:　 »Du bist stinksauer!«
F/E: »Nein, bin ich nicht.«
S:　 »Du bist total frustriert und fühlst dich nicht
　　　ernst genommen.«
F/E: »Ja, verdammt noch mal!«

Die klassische Behauptung »Mir geht's gut«, obwohl Stimmlage und Körpersprache das genaue Gegenteil bezeugen, ist ein »vermeidendes« Verhaltensmuster. Natürlich geht es Ihrer Partnerin nicht gut, sie fühlt sich in diesem Moment jedoch nicht sicher genug, um Sie an ihren Gefühlen teilhaben zu lassen. Sie verleugnet ihre eigene Realität, um Sie nicht mit ihren Gefühlen zu konfrontieren. Wenn Sie Ihrer Partnerin in Form von *Affect Labeling* einen geschützten Raum bieten, innerhalb dessen sie ihre wahren Gefühle kommunizieren kann, ist die Wahrscheinlichkeit größer, dass sie sich öffnen wird und mehr von sich preisgibt. Sie müssen dies allerdings wirklich wollen.

Falls nicht, machen Sie besser kein *Affect Labeling* mit ihr. *Affect Labeling* erzeugt während der wenigen Sekunden, in denen Sie beide die Gefühle Ihrer Partnerin erleben, eine große Nähe zwischen Ihnen. In diesem Moment sind Sie beide verletzbar, das kann Ihnen unter Umständen Angst bereiten. Niemand hat behauptet, der Weg zum Frieden sei einfach! Es ist eine Menge an Mut erforderlich, die eigenen Ängste, Selbstzweifel und Sorgen zu überwinden.

F/E: »Findest du, dass ich in diesen Jeans fett aussehe?«
S: »Du machst dir gerade wirklich Sorgen um dein Gewicht.«
F/E: »Ja!«
S: »Du fühlst dich unsicher und ungeliebt.«
F/E: »Ja!«
S: »Du hast Angst davor, verlassen zu werden und allein zu sein.«
F/E: »Ja!«
S: »Du hast gerade das Gefühl, niemand liebt dich.«
F/E: »Ja!«

Stellt Ihnen Ihre Partnerin die Frage: »Findest du, dass ich in diesen Jeans fett aussehe?«, stehen Sie normalerweise mit dem Rücken zur Wand. Egal welche Antwort Sie geben – Sie werden danebenliegen. Wenn Sie mit Ja antworten, sitzen Sie in der Patsche. Beantworten Sie die Frage mit Nein, wird Ihnen Ihre Partnerin dies nicht abnehmen, weil sie glaubt, Sie belügen sie, um sie zu beruhigen. Eine Strategie, mit dieser Situation umzugehen, wäre, sich noch einmal daran zu erinnern, was Ihre Freundin eigentlich dazu veranlasst, eine solche Frage zu stellen. Dabei geht es nicht so sehr um ihr Aussehen, sondern darum, dass sie sich in einem gegebenen Moment unsicher fühlt. Diese Unsicherheit Ihrer Partnerin wird auf die eine oder andere Art wieder vorbeigehen. Mit *Affect Labeling* können Sie ihr helfen, sich damit auseinanderzusetzen und ihre wahren Gefühle für sich zu entdecken.

Diese Beispiele haben Ihnen gezeigt, wie einfach Deeskalation ist, wenn Sie bereit sind, die Worte zu ignorieren und den Gefühlen Aufmerksamkeit zu schenken. Es ist nicht nötig, dass Sie in Ihren Beziehungen Auseinandersetzungen führen, streiten, in den Verteidigungsmodus gehen oder destruktive Verhaltensweisen annehmen. Sie mögen von Zeit zu Zeit auf einen gewissen Widerstand Ihres Partners stoßen, aber das ist ganz normal. Legen Sie in diesen Fällen einfach eine Pause ein und versuchen es 10 Minuten später noch einmal.

Eine Anmerkung zum Thema »Sich Kennenlernen«

Affect Labeling schafft sehr schnell ein Gefühl von gemeinsamer Nähe. In einer frühen Phase des Kennenlernens, noch bevor die eigentliche Beziehung beginnt, können Sie *Affect Labeling* wirkungsvoll einsetzen. Ihr Gegenüber wird sehr positiv darauf reagieren, weil Sie auf eine Weise zuhören werden, wie der andere dies noch nie zuvor beim ersten oder zweiten Rendezvous erlebt hat.

Als ich an der Southern Methodist University in Dallas/Texas *Affect Labeling* unterrichtete, stellte ich meinen Schülern die Aufgabe, das Verfahren mit einer oder einem Fremden in einem Starbucks-Café auszuprobieren. Am nächsten Morgen fragte ich in die Runde nach den Geschichten, die meine Schüler erlebt hatten. Eine meiner Schülerinnen, eine junge Frau, hob die Hand.

»Wie ist es dir ergangen?«, fragte ich sie.

»Nun«, begann sie zu erzählen, »ich ging heute Morgen zu Starbucks, und während ich in einer ziemlich langen Schlange stand, fiel einem Mann hinter mir ein Stoß Papiere zu Boden. Ich kniete mich nieder und sammelte sie für ihn ein. Während ich sie ihm überreichte, sagte ich: ›Es ist Ihnen peinlich.‹ Ein Lächeln huschte über sein Gesicht, er sagte: ›Ja!‹, und dann fing er an, mit mir zu flirten!«

Wir alle lachten. Die Schülerin hatte soeben am eigenen Leib erfahren, dass schon ein relativ kurzes *Affect Labeling* uns in den Augen anderer äußerst attraktiv erscheinen lässt. Und die Moral von der Geschichte – setzen Sie *Affect Labeling* nicht willkürlich ein! Es könnte sein, dass die Aufmerksamkeit, die Sie dadurch hervorrufen, nicht unbedingt die von Ihnen gewünschte ist.

Zuhören und Problemlösen in Partnerschaften

Ehen und langfristige Beziehungen folgen dem typischen Lebensverlauf eines Menschen – allerdings gesellen sich ein paar neue Wendungen hinzu. Die Aufgabe besteht nunmehr darin, ein gemeinsames Leben zu führen. Dies beinhaltet auch, zwei finanzielle, gesellschaftliche, berufliche und familiäre Welten miteinander zu verknüpfen. Der Wunsch, Kinder zu haben und diese großzuziehen, gewinnt an Bedeutung. Geldverdienen und die Arbeit an der eigenen Karriere beanspruchen unsere Zeit. Der Versuch, diese neuen Aufgaben miteinander in Einklang zu bringen, führt häufig zu Stress. Die Möglichkeit für Konflikte, Streit und Auseinandersetzungen wächst mit der zusätzlichen Verantwortung, dem gefühlten Verlust von Unabhängigkeit und Freiheit, den täglichen Spannungen.

Hinzu kommt noch die traurige Tatsache, dass angesichts unserer Alltagsanforderungen oft unsere emotionalen Bedürfnisse unberücksichtigt bleiben und wir ebenso die Bedürfnisse unseres Partners vernachlässigen. Dies führt zu Einsamkeit in der Beziehung, Traurigkeit und einem tiefen Schmerz, der nur undeutlich wahrgenommen und schon gar nicht geäußert wird. Für Verletzlichkeit scheint keine Zeit zu bleiben, und unser emotionales Vertrauen verkümmert.

Viele Ehepaare versuchen dem beizukommen, indem sie den Fokus ihrer Aufmerksamkeit auf ihre Kinder richten. Kinder schenken Liebe, und dies wirkt berauschend und vermag die emotionale Wüste zu kaschieren, die das Ehepaar in einem bestimmten Moment durchquert. Reagieren die Kinder nicht liebevoll, weil sie mit ihren eigenen emotionalen Erfahrungen beschäftigt sind, können sich Eltern aus einem Gefühl tiefer Zurückweisung und Verletzung gegen ihre Kinder wenden. Hierdurch lernen die Kinder, sich ihrer Gefühle nicht bewusst zu sein – und der Teufelskreis beginnt von Neuem. Haben die Eltern nie die Fertigkeiten emotionaler Kompetenz gelernt, tragen sie die gesamte Programmierung ihrer Eltern und Großeltern während ihres ganzen Lebens mit sich herum. Diese Programmierung übertragen sie unbewusst auf ihre eigenen Kinder.

In unserem Leben sind Konflikte unvermeidbar. Die Folge davon sind Streit und Auseinandersetzung. Verletzung, Verbitterung, Wut und Frustration wachsen. Hinzu kommt noch der Stress, den es bedeutet, in der modernen Gesellschaft das eigene Überleben zu sichern. Nicht immer leben wir »glücklich miteinander bis ans Ende unserer Tage«!

Doch das muss nicht so sein.

Die hier vorgestellten Fertigkeiten des Zuhörens und Problemlösens zu erlernen und anzuwenden kann uns dabei helfen, diesen Teufelskreis zu durchbrechen. Als Beispiel für die Kraft dieser Methode will ich meine eigene glückliche Ehe mit meiner Frau Aleya Dao anführen. Auch wir erleben von Zeit zu Zeit Konflikte und Stress, wie jedes andere Ehepaar auch. In solchen Momenten versuchen wir uns ganz auf die emotionale Erfahrung des anderen zu konzentrieren und mit ihm *Affect Labeling* zu machen. Und es klappt hervorragend!

Inzwischen kennen Sie ja die Formel:

» Ignorieren Sie die Worte.
» Ergründen Sie die Gefühle.
» Spiegeln Sie die Gefühle mithilfe direkter Du-Sätze zurück.
» Verwenden Sie »Du«-Aussagesätze, keine »Ich«-Sätze.
» Stellen Sie keine Fragen.
» Hören Sie nach 90 Sekunden auf oder wenn Sie die Entspannungsreaktion beobachten – je nachdem, was zuerst eintritt.

Falls Ihr Ehe- oder Lebenspartner noch keine Erfahrung mit dieser Art des Zuhörens hat, variieren Sie das Grundmuster. Im Idealfall sollte Ihr Partner beim ersten Mal gar nicht merken, dass Sie *Affect Labeling* mit ihm machen. Fällt es ihm oder ihr dennoch auf, müssen Sie mit Zurückweisung rechnen. Die klassische Reaktion in einem solchen Fall ist: »Was tust du da? Mach das nicht mit mir!«

Sie können versucht sein aufzugeben. Tun Sie es nicht. Diese Fertigkeit erfordert Übung, und Übung erfordert Zeit. Fehlschläge sind unvermeidbar. Doch sie sind der einzige Weg zur Meisterschaft. Sie können mit dieser Fertigkeit von mir aus so viele Bauchlandungen hinlegen, wie Sie wollen – aber geben Sie niemals auf! Verzeihen Sie sich Ihre Fehler und sprechen Sie sich Mut zu, indem Sie sich versichern, dass Sie etwas lernen, mit dem Sie anderen Menschen helfen können. Um das Risiko von Fehlschlägen gering zu halten, bis Sie mehr Vertrauen in die Methode gewonnen haben, folgen Sie einfach diesen leicht abgeänderten Regeln:

1. Wenden Sie *Affect Labeling* zum ersten Mal nicht in stark eskalierten Situationen an.
2. Beschränken Sie sich beim Zurückspiegeln nur auf ein Gefühl. Zum Beispiel:»Du bist wütend.«
3. Sprechen Sie in einem eher beiläufigen und plauderhaften Tonfall, sofern dies angebracht ist. Vergewissern Sie sich auch, dass Sie nicht herablassend oder unhöflich reden.
4. Beobachten Sie die Reaktion Ihres Partners. Ist sie positiv, fahren Sie fort. Ist sie negativ, legen Sie eine Pause ein, und versuchen es zu einem späteren Zeitpunkt noch einmal.

Ein Trick, der Ihnen wirklich nützen könnte, ist, *Affect Labeling* anhand einer positiven Situation auszuprobieren. Hier ist ein Beispiel, wie Sie dies in nur wenigen Sekunden machen können.

Ihr Ehepartner (E):»*Touchdown!* Super! Hast du das gesehen? Das war unglaublich!«
Sie (S):»Das war unglaublich! Du bist wirklich begeistert.«
E:»Wie? Ja, es hat mich echt umgeworfen! Fantastisch!«

Momente der Begeisterung sind wenig riskantes Terrain. Sie reagieren auf den *Touchdown* beim Football, indem Sie kurz das Gefühl von Begeisterung Ihres Mannes widerspiegeln. Dies verwirrt ihn, weil Sie so etwas noch nie mit ihm gemacht haben. Doch kurze Zeit später konzentriert sich Ihr Mann schon wieder auf das Spiel. Das war ein guter Start! Machen Sie während des restlichen Footballspiels oder generell an diesem Tag kein *Affect Labeling* mehr. Es ist nicht nötig. Sie haben genug erreicht.

Nehmen wir an, Ihr Mann ertappt Sie dabei, wie Sie *Affect Labeling* mit ihm machen. Wie ziehen Sie sich am elegantesten aus der Schlinge, wenn er Sie zurückweist? Hier ist ein Beispiel, das Ihnen als Anregung dienen kann:

E: »*Touchdown!* Super! Hast du das gesehen? Das war unglaublich!«

S: »Das war unglaublich! Du bist wirklich begeistert.«

E: »Was? Woher willst du wissen, was ich fühle? Was ist das für ein Psychoquatsch, den du da lernst?«

S: »Ich wollte dich nicht ärgern oder verletzen. Mir fiel nur auf, dass dich der *Touchdown* begeistert hat, und hab es einfach noch einmal wiederholt.«

E: »Wie? Also, ich mag es nicht, wenn du diesen Friedensstifter-Quatsch mit mir machst.«

S: »In Ordnung. Tut mir leid, wenn ich dich verärgert habe.«

Wenn Sie sich entschuldigen und sich zurückziehen, ist die Angelegenheit für gewöhnlich schnell vergessen. Versucht Ihr Ehepartner daraus einen Streit zu machen, können Sie ihm lediglich entgegensetzen, dass Sie ihm auf eine tiefere Weise zuzuhören versuchen.

E: »*Touchdown!* Super! Hast du das gesehen? Das war unglaublich!«

S: »Das war unglaublich! Du bist wirklich begeistert.«

E: »Was? Woher willst du wissen, was ich fühle? Was ist das für ein Psychoquatsch, den du da lernst?«

S: »Ich wollte dich nicht ärgern oder verletzen. Mir fiel nur auf, dass du vom *Touchdown* begeistert warst, und habe es einfach noch einmal wiederholt!«

E: »Wie? Also, ich mag es nicht, wenn du diesen Friedensstifter-Quatsch mit mir machst.«

S: »In Ordnung. Tut mir leid, wenn ich dich verärgert habe.«

E: »Es nervt mich einfach!«

S: »Ich habe nur versucht, dir auf eine tiefere Weise zuzuhören. Ich möchte, dass du dich gehört und verstanden fühlst.«

E: »Hm.«

Was sagt Ihnen diese Reaktion? Vergessen Sie nicht, dass die meisten Menschen – und da bildet Ihr Ehemann keine Ausnahme – nicht zwangsläufig über emotionale Kompetenz verfügen. Der US-amerikanische Philosoph des beginnenden 20. Jahrhunderts, Thorstein Veblen, prägte den Begriff der *antrainierten Unfähigkeit*. Genau das erleben wir in unseren Beziehungen: eine antrainierte Unfähigkeit, einander auf tiefere Weise zuzuhören. Diese Unfähigkeit haben wir von unseren Eltern, unseren Zeitgenossen und unserer Kultur vererbt bekommen. Gefühle sind schlecht; Vernunft ist gut. Wir verehren Mister Spock!

Infolge dieser Unfähigkeit erlebt Ihr Partner ein Gefühl von Angst. Auf einer unbewussten Ebene erfährt das menschliche Hirn einen neuen und nicht zu deutenden sozialen Stimulus – Ihr *Affect Labeling*. Da das Gehirn Ihres Partners (genauso wie Ihres oder meines) nicht zwischen körperlichen und sozialen

Bedrohungen zu unterscheiden vermag, wird dieser neue Stimulus günstigstenfalls als verdächtig, vermutlich aber als gefährlich eingestuft. Dieses Urteil fällt Ihr Partner unbewusst, quasi augenblicklich, und dies führt zu einem unmittelbaren und reflexartigen Verteidigungsverhalten.

Der Widerstand Ihres Ehemannes bedeutet nicht, dass Sie gescheitert sind; er bedeutet eher, dass Sie es zu gut gemacht haben. Sie haben die für die Emotionen zuständigen Bereiche seines Gehirns in der Tat auf eine ganz neue Weise angesprochen. Ihr Partner ist noch nicht ganz so weit, sich für diese neuen Impulse in Ihrer Beziehung zu öffnen. Sie ziehen sich besser zurück und versuchen es später noch einmal. Vielleicht schaffen Sie es beim nächsten Mal, *Affect Labeling* mit ihm zu machen, ohne dass bei ihm sofort sämtliche Alarmglocken anspringen! Seien Sie einfach etwas subtiler. Sie werden sehen, es funktioniert.

Betrachten wir nun ein Beispiel, wo es perfekt funktioniert:

E: »*Touchdown!* Toll! Hast du das gesehen?«
S: »Das war unglaublich! Du bist wirklich begeistert.«
E: »Allerdings! Hast du diesen Pass gesehen? Unglaublich.
   Und wie der andere Spieler ihn aufgefangen hat,
   trotz der Deckung?«
S: »Du bist überrascht und erfreut, es hat dich beeindruckt.«
E: »Das kann man wohl sagen! Hey, du interessierst dich
   ja zum ersten Mal für Football! Sonst tolerierst du es
   immer nur.«
S: »Du bist überrascht und glücklich.«
E: »Ja! Ich habe das Gefühl, du verstehst mich wirklich.
   Danke!«

Auch dies ist eine typische Reaktion. Ihr Ehemann sagt:»Hey, du interessierst dich ja zum ersten Mal für Football!« Er stellt keine bewusste Beziehung zwischen Ihrem *Affect Labeling* und seinen Gefühlen her. Stattdessen kommt es zu einer symbolischen Bedeutungsübertragung: Die Tatsache, dass Sie seinen Gefühlen zuhören, deutet er als Ihr Interesse an Football. Dies geschieht häufig, wenn Menschen nicht in der Lage sind, ihre Gefühle auszudrücken. Anstelle eines komplizierten Denkvorgangs selektiert das unbewusste Gehirn etwas, das einfacher zu begreifen ist – zum Beispiel»Football« –, und schafft um diesen Begriff herum eine Bedeutung. In der kognitiven Psychologie wird dies als *Substitutionseffekt* bezeichnet. Ist es Ihnen erst einmal aufgefallen, werden Sie es immer wieder entdecken.

Betrachten wir nun ein paar weitere typische Beispiele. Hier ist eines, das Ihnen vielleicht bekannt vorkommen mag:

E:»Es war die Hölle heute auf der Arbeit!«
S:»Du bist frustriert.«
E:»Ja! Diese Idioten vom Vertrieb machen den Kunden immer fromme Versprechungen und erwarten dann von uns, dass wir ihnen aus der Patsche helfen.«
S:»Du fühlst dich nicht ernst genommen und unverstanden.«
E:»Ja! Und sie erwarten immer auf den letzten Drücker Rettung von uns, und wir müssen unsere Arbeitsabläufe unterbrechen.«
S:»Du bist wütend und machst dir Sorgen, weil du deine Arbeitsabläufe nicht koordinieren kannst.«
E:»Ja! Unsere Bonuszahlungen hängen direkt davon ab, wie viel wir produzieren, und wenn uns diese Blödmänner den Tag vermasseln, wird es für uns echt stressig. Sie sichern sich ihre Boni sozusagen auf unsere Kosten!«

S: »Du hast das Gefühl, es ist eine ungerechte Situation.«
E: »Verdammt noch mal, ja! Danke, dass du mir zuhörst. Ich hatte nicht die Absicht, meinen Frust bei dir abzuladen.«

Dies ist eine typische Anwendung von *Affect Labeling* und zum Teil auch des Formulierens von Kernaussagen, die Ihrem Partner hilft, die Gefühle eines schwierigen Arbeitstages zu verarbeiten. Sie beobachten die Entspannungsreaktion, sobald Sie zu den eigentlichen Gefühlen gelangen.

Dies ist eine gute Gelegenheit, um auf den Unterschied zwischen Mitleid und Empathie zu sprechen zu kommen. Wenn Sie *Affect Labeling* anwenden, verhalten Sie sich empathisch. Wenn Sie jedoch bloß zuhören, entsprechenden Beistand leisten und gewisse Stichwörter liefern, verhalten Sie sich mitfühlend. Hier noch einmal das gleiche Gespräch, doch diesmal aus einer mitleidenden statt aus einer empathischen Perspektive:

E: »Es war die Hölle heute auf der Arbeit!«
S: »Hm. Tut mir leid, dass du so einen schlechten Tag hattest.«
E: »Ja! Diese Idioten vom Vertrieb machen den Kunden immer fromme Versprechungen und erwarten dann von uns, dass wir ihnen aus der Patsche helfen.«
S: »Ich verstehe, was du meinst.«
E: »Ja! Und sie erwarten immer auf den letzten Drücker Rettung von uns, und wir müssen unsere Arbeitsabläufe unterbrechen.«
S: »Die sind ja wirklich verrückt!«
E: »Ja! Unsere Bonuszahlungen hängen direkt davon ab, wie viel wir produzieren, und wenn uns diese Blödmänner den

Tag vermasseln, wird es echt stressig für uns. Sie sichern sich ihre Boni sozusagen auf unsere Kosten!«

S: »Du liebe Güte!«

E: »Na ja, da kann man wohl nichts machen. Ich brauch jetzt einen Drink!«

Gegen eine mitfühlende Haltung ist grundsätzlich nichts einzuwenden. Wenn Sie einen verärgerten Menschen jedoch wirklich beruhigen wollen, müssen Sie sich empathisch verhalten. Und der einzige sichere Weg dorthin führt über *Affect Labeling*.

Die Entschärfung von Streitigkeiten und Auseinandersetzungen

Die Feuerprobe für alles Vorgenannte erfolgt spätestens, wenn Sie einen Streit oder eine Auseinandersetzung mit Ihrem Ehepartner entschärfen müssen. Hängen wir die Erfolgshürde deshalb zunächst nicht zu hoch. Gelingt es Ihnen, einen von zehn Anlässen für einen Streit zu verhindern, haben Sie schon viel erreicht. In Bezug auf das Erlernen neuer Formen des Seins neigen wir dazu, zu hohe Ansprüche an uns selbst zu stellen. Geben Sie sich in diesem Fall mit einem stetig ansteigenden Fortschritt zufrieden. (Allerdings bin ich überzeugt, dass Sie es viel besser machen werden.)

Hier ist ein Beispiel, bei dem Ihr Ehepartner den Konflikt durch Beleidigungen zu eskalieren versucht:

E: »Das machst du immer!«

S: »Du bist frustriert und wütend.«

E: »Warum machst du das immer mit mir?«

S: »Du fühlst dich nicht ernst genommen.«

E: »Könntest du mir einmal im Leben zuhören?«

S: »Du hast das Gefühl, dass ich dir nicht zuhöre. Du bist wirklich besorgt und hast Angst.«

E: »Du hörst mir nie zu.«

S: »Du bist traurig und fühlst dich nicht wahrgenommen. Du hast das Gefühl, ich höre dir nicht zu, deswegen fühlst du dich einsam und ungeliebt.«

E: »Ja!«

Das Geheimnis besteht darin, dass Sie die Blockadehaltung Ihres Partners erkennen. »Blockadehaltung« bedeutet, Ihr Ehepartner wiederholt stets die gleichen Phrasen. Ihm geht es bei seiner Blockade ums Zuhören. Er bemerkt Ihren ersten Versuch von *Affect Labeling* gar nicht. Stattdessen verfällt er in seine alten Verhaltensmuster. Ihr Partner erwartet nicht, dass Sie ihm zuhören, und so feuert er die erste Beleidigung gegen Sie ab: »Könntest du mir einmal im Leben zuhören?« Gefolgt von: »Du hörst mir nie zu.«

Wenn Sie auf eine Blockadehaltung stoßen, können Sie davon ausgehen, dass eine tiefere emotionale Erfahrung vorliegt, über die Ihr Ehepartner nicht reden kann. In der Regel verfügt Ihr Partner nicht über die entsprechende emotionale Körnung, um seine Gefühle mit Worten auszudrücken. Also wirft er Ihnen vor, dass Sie ihm nicht zuhören. Sie müssen nun irgendwie versuchen, die Gefühle Ihres Partners herauszufinden und zu bestimmen. Und genau das machen Sie mit *Affect Labeling*. Im vorliegenden Fall gelangen Sie durch das Ermitteln von Traurigkeit, Sich-nicht-wahrgenommen-Fühlen, Sich-ungeliebt-Fühlen zu den eigentlichen Gefühlen. Und damit ist Ihr Streit beendet.

Ein weiterer Auslöser für Auseinandersetzungen sind Geldfragen. Hier ist ein typisches Beispiel:

E: »Wo habt ihr denn heute Mittag gegessen?«
S: »Wir waren beim Italiener.«
E: »Was habt ihr gegessen?«
S: »Caesar Salad mit Hühnchenbrust.«
E: »Und was hat der gekostet?«
S: »13 Dollar.«
E: »13 Dollar für einen Salat? So was können wir uns nicht leisten!«

Sie können den Salat und die 13 Dollar natürlich durch jede x-beliebige Sache ersetzen. Für gewöhnlich werden Sie bei dieser Art von Auseinandersetzung Ihre Eigenständigkeit in Gelddingen verteidigen und der Schlussfolgerung widersprechen, dass Sie das Familienvermögen verschwenden. Die versteckte Unterstellung, die dem Ganzen zugrunde liegt, ist, dass Sie Ihren Ehepartner nicht lieben, und daran entzündet sich der Streit.

Versuchen Sie es einmal auf die folgende Art, und achten Sie auf die Reaktion:

E: »Wo habt ihr denn heute Mittag gegessen?«
S: »Wir waren beim Italiener.«
E: »Was habt ihr gegessen?«
S: »Caesar Salad mit Hühnchenbrust.«
E: »Und was hat der gekostet?«
S: »13 Dollar.«
E: »13 Dollar für einen Salat? So was können wir uns nicht leisten!«
S: »Du bist wütend.«
E: »Ja, allerdings! Bei unserem Einkommen können wir uns das nicht leisten.«
S: »Du bist besorgt und frustriert.«

E: »Ja! Wir müssen unsere Miete bezahlen und Lebensmittel kaufen, und du gehst ins Restaurant und gibst 13 Dollar für so einen italienischen Mode-Salat aus.«

S: »Du bist traurig und fühlst dich im Stich gelassen. Du hast das Gefühl, dass ich dich nicht unterstütze.«

E: »Ja!«

Sie wären überrascht, wie oft es bei dieser Art von Streit gar nicht um Geld geht. Geld ist oft nur ein vorgeschobener Grund für andere Dinge wie Liebe, Verständnis, Unterstützung und emotionale Sicherheit. Die Kritik, dass Sie Geld ausgeben, ist nur eine geeignete Kurzformel für Äußerungen wie »Ich mache mir Sorgen, wie wir über die Runden kommen sollen«, »Ich fühle mich nicht sicher« oder »Ich fühle mich ungeliebt«. Wenn es Ihnen gelingt, die Worte zum Thema Geldausgeben zu ignorieren und Ihren Fokus stattdessen auf die wahren Emotionen zu richten, schlagen Sie eine Bresche zu seinen wirklichen Gefühlen und erkennen diese an. Danach können Sie zur Problemlösung schreiten – sofern Geld bei Ihrer Auseinandersetzung wirklich eine Rolle gespielt hat.

Hier ist ein schwierigeres Beispiel. Es geht um die Frage des richtigen Zeitpunkts für eine Familiengründung. Das Thema gab Anlass zu einem heftigen Streit.

Sie (S): »Du musst deine Wut in den Griff bekommen.«

Ehepartner/-in *(in sarkastischem Tonfall)*: »Ah! Wir müssen also meine Wut in den Griff bekommen, weil ich das Problem bin!«

S: »Wir müssen die Tatsache in den Griff bekommen, dass selbst die kleinste Meinungsverschiedenheit zwischen uns zu einem Riesenstreit ausartet.«

E: »Das liegt daran, dass du unfähig bist, dich für die Gründung einer Familie auszusprechen. Du kannst dich einfach nicht festlegen!«

In der Regel endet ein solches Gespräch schnell damit, dass sich beide Partner gegenseitig anschreien. In einem Fall verschlägt es Ihnen aufgrund der unermüdlichen Streitattacken Ihrer Ehefrau vollends die Sprache. Ihre Frau ist extrem frustriert und gekränkt darüber, dass Ihr Wunsch nach Kindern von Ihnen vereitelt wird. Bei dem Gedanken, mit einer Frau ein Kind in die Welt setzen, die emotional so schnell in die Luft geht, wird Ihnen ziemlich mulmig zumute.

Hier ist eine Möglichkeit, wie Sie einer solchen Situation begegnen könnten:

S: »Du musst deine Wut in den Griff bekommen!«

E *(in sarkastischem Tonfall):* »Aha! Wir müssen also meine Wut in den Griff bekommen, weil ich das Problem bin.«

S: »Wir müssen die Tatsache in den Griff bekommen, dass selbst die kleinste Meinungsverschiedenheit zwischen uns in einen Riesenstreit ausartet.«

E *(mit ansteigender, wütender Stimme):* »Das liegt daran, dass du unfähig bist, dich für die Gründung einer Familie auszusprechen. Du kannst dich einfach nicht festlegen!«

S: »Du bist frustriert und wütend.«

E: »Ja! Und noch viel mehr als das!«

S: »Du fühlst dich nicht wahrgenommen und du hast das Gefühl, ich nehme dich nicht ernst.«

E: »Ja!«

S: »Du bist besorgt und verwirrt und weißt nicht, was du von mir erwarten kannst.«

E: »Ja!«

S: »Du bist traurig und einsam. Du fühlst dich im Stich gelassen und ungeliebt.«

E *(fängt an zu weinen):* »Ja!«

Zumindest endet die Auseinandersetzung diesmal nicht in Eskalation und wütendem Rückzug. Nichtsdestoweniger liegt hier ein ernsthaftes Problem vor, das der Hilfe eines Ehe- bzw. Familienberaters bedarf. Allerdings haben Sie mit *Affect Labeling* zumindest einen ersten Schritt getan, sich aus dem endlosen Teufelskreis von Streit und Zurückweisung zu befreien.

Wie Sie jemanden dazu bringen, Ihnen zuzuhören

Sie werden sich beim Üben der Methode inzwischen schon gefragt haben, wie Sie es erreichen, dass man Ihnen zuhört. Es ist großartig, wenn Sie in der Lage sind, einen wütenden Jugendlichen, einen Freund oder einen Ehepartner zu deeskalieren – doch was, wenn Sie das Bedürfnis haben, dass man Ihnen selbst einmal zuhört?

Es gibt darauf keine einfache Antwort. Jetzt, da Sie wissen, worum es beim wahren, tiefen und empathischen Zuhören geht, sind Sie wahrscheinlich nicht länger mit der gleichen alten Leier zufriedenzustellen. Eine Möglichkeit wäre, Sie suchen sich eine vertrauenswürdige Freundin oder einen vertrauenswürdigen Freund, schenken diesen ein Exemplar des vorliegenden Buches und arbeiten sich gemeinsam durch die einzelnen Kapitel. Anschließend können Ihre Freunde die neu erlernten Fähigkeiten an Ihnen ausprobieren – und auf diese Weise wird man Ihnen zuhören.

Das Gleiche können Sie mit einem Lebens- oder Ehepartner versuchen, der neuen Dingen gegenüber aufgeschlossen ist. Dies kann allerdings schwieriger sein, weil die Nähe zwischen Ihnen entweder zu groß ist oder vollkommen fehlt. Dabei können in der Praxis viele Gefühle hochkommen, und Sie können Ihren eigenen Ängsten begegnen. Solange Sie beide mutig genug sind, sich Ihren eigenen Dämonen zu stellen, kann diese Arbeit wirkungsvoll und lohnend für Sie sein. Machen Sie *Affect Labeling* mit Ihren Kindern, werden Sie sehen, wie diese innerhalb von wenigen Tagen auf ganz natürliche Weise selbst damit anfangen. Wundern Sie sich also nicht, wenn Ihre Kinder *Affect Labeling* mit Ihnen machen. Nehmen Sie dieses Geschenk voller Dankbarkeit an.

Eine andere Möglichkeit, einen Partner oder Familienangehörigen langsam mit *Affect Labeling* vertraut zu machen, ist das Verfahren des Friedenskreises, das ich in Kapitel 4 vorgestellt habe. Da Sie sich im Kreis Ihr Rederecht verdienen müssen, stellt dieser einen sicheren und risikofreien Raum dar, um zu lernen, wie man den Gefühlen eines anderen Menschen zuhört.

Deeskalation nach der Scheidung

Einmal wusste ich nicht mehr weiter. Das Paar vor mir brüllte sich lautstark an. Ich fühlte mich in meiner Rolle als Mediator hilflos und hatte keine Ahnung, wie ich den Streit beenden sollte. Auf den ersten Blick handelte es sich um eine belanglose Angelegenheit. 20 Jahre zuvor, als das Paar noch verheiratet gewesen war, hatten sie einen Autounfall gehabt, in den auch ihre Kinder involviert waren. Die Versicherungszahlungen erforderten die Einrichtung eines Treuhandkontos für die

Minderjährigen, woran die Bedingung geknüpft war, dass die 18 000 Dollar der Versicherung nicht ohne vorherige Genehmigung eines Gerichts ausgegeben werden konnten.

Nachdem die beiden geschieden waren, zahlte der Mann keine Unterhaltszahlungen an seine Exfrau, und sie geriet daraufhin in finanzielle Schwierigkeiten. Eines Tages erwähnte sie ihren erwachsenen Kindern gegenüber das Geld auf dem Treuhandkonto. Die Kinder sagten: »Mama, mach dir keine Sorgen. Nimm das Geld und verwende es, wofür immer du es brauchst!« Und genau das tat sie. Als ihr Exmann davon erfuhr, wurde er rasend vor Wut. Er klagte seine Exfrau wegen Verletzung ihrer Treuhänderpflicht und Missachtung des Gerichtsentscheids an. Als die beiden zu mir kamen, hatten sie bereits über 50 000 Dollar Anwaltskosten in einen Rechtsstreit investiert, in dem es ursprünglich um 18 000 Dollar gegangen war.

Während ich ihnen zuhörte, wie sie sich lautstark Beleidigungen an den Kopf warfen, hatte ich plötzlich eine Idee.

»Schluss jetzt!«, rief ich fordernd.

Die beiden sahen mich an. Glücklicherweise hatten sie aufgehört zu schreien. »Versuchen wir mal etwas anderes. Viv, ich möchte, dass Sie Michael zuhören und seine Worte ignorieren! Wären Sie dazu bereit?«

»Was soll das heißen, ich soll seine Worte ignorieren?«, fragte sie.

»Ich will, dass Sie seine Worte ignorieren und uns sagen, welche Gefühle er Ihrer Meinung nach empfindet, wenn er seine Geschichte erzählt. Wären Sie dazu bereit?«

»Ich weiß nicht«, antwortete Viv.

»Wollen Sie es zumindest versuchen?«

»Ja, ich denke schon«, sagte sie zögerlich.

»Gut. Probieren wir es aus«, sagte ich. »Also, Michael, dann erzählen Sie uns Ihre Geschichte noch einmal!«

Michael begann seine Geschichte zu erzählen. Nach ungefähr fünf Sekunden platzte Viv lautstark heraus: »Du gottverdammter Lügner! Du kannst nichts als lügen.«

»Meine Güte!«, entfuhr es mir. »Viv, bitte versuchen Sie seine Worte zu ignorieren und richten Sie Ihre Aufmerksamkeit ganz auf seine Gefühle. Was, glauben Sie, fühlt Michael jetzt gerade?«

»Keine Ahnung!«, entgegnete Viv.

»Okay. Versuchen wir es noch einmal. Also bitte, Michael!«

Michael begann von Neuem zu erzählen, und bevor Viv einen weiteren Wutanfall bekam, bremste ich Michael und wandte mich an Viv.

»Viv, wie, glauben Sie, fühlt sich Michael gerade?«

Viv zögerte. »Na ja, ich denke, er ist wirklich wütend.«

»Wunderbar. Genau das sagen Sie ihm jetzt.«

Viv sah Michael an und sagte: »Du bist wirklich wütend.«

»Gut gemacht!«, sagte ich.

»Ja, verdammt, natürlich bin ich wütend!«, rief Michael. »Ich bin stinksauer und frustriert. Du nimmst mich und die Kinder nicht ernst und tust, wozu du Lust hast.«

Ich konnte sehen, wie zornig Viv diese Äußerung machte. »Viv, ignorieren Sie seine Worte. Was fühlt Michael?«

»Er ist frustriert und fühlt sich nicht ernst genommen«, entgegnete sie.

»Großartig! Michael, erzählen Sie weiter!«

Michael setzte seine Geschichte fort. Ich ließ ihn ein oder zwei Sätze reden, insbesondere dann, wenn er provozierend und ausfällig wurde. Danach unterbrach ich ihn und bat Viv, ihm seine Gefühle zu spiegeln. Wir machten dies noch weitere

10 Minuten, bis Michael seine Version der Geschichte zu Ende erzählt hatte.

Als er fertig war, erkundigte ich mich bei Viv:»Und? Wie war es?«

»Echt ermutigend. Ich wurde überhaupt nicht mehr wütend, als ich damit anfing, bloß auf seine Gefühle zu achten und seine Worte zu ignorieren.« Dann sah ich zu Michael. Er hielt sein Gesicht in beiden Händen vergraben und schluchzte leise. Seine Reaktion überraschte mich.

Ich fragte ihn:»Ist alles in Ordnung, Michael?«

Er sammelte sich einen Moment, sah zu Viv auf und sagte: »Das ist das erste Mal in 25 Jahren, dass du mir zugehört hast.« Viv war sprachlos, und ich war es ebenso.

Nun bat ich Viv, ihre Version der Geschichte zu erzählen. Ich gab Michael die Anweisung, Vivs Worte zu ignorieren und sich stattdessen auf ihre Gefühle zu konzentrieren. Am Anfang hatte er das gleiche Problem, mit dem vorher auch schon seine Exfrau zu kämpfen gehabt hatte: Am liebsten hätte er ihr die Worte, die sie ihm sagte, an den Kopf geschleudert. Doch genau wie seine Exfrau lernte auch er schnell, die Worte zu ignorieren und ausschließlich auf die Gefühle zu hören.

Als Viv mit ihrer Geschichte fertig war, sagte Michael:»Ja, das alles war ein riesengroßer Blödsinn! Tut mir leid, dass ich Anklage gegen dich erhoben habe. Aber ich war so verletzt, weil du mich in der Angelegenheit völlig übergangen hast. Lass uns unter all das einen Schlussstrich ziehen!«

Und damit ging ein Gerichtsverfahren zu Ende, das sich für zwei einst miteinander verheiratete Menschen als extrem bitter und kostspielig erwiesen hatte. Ich war überwältigt.

Was war hier geschehen?

Ich hatte keine Ahnung, freute mich jedoch darüber, dass diese beiden netten Menschen in der Lage gewesen waren, ihr Problem hinter sich zu lassen, und dass ich ihnen dabei hatte helfen können. Während einiger Jahre vergaß ich die Angelegenheit vollkommen. Zur damaligen Zeit war mir nicht bewusst, dass ich über *Affect Labeling* gestolpert war. Erst als ich Matthew Liebermans Gehirnscan-Studie von 2007 kennenlernte, wurde mir klar, was sich zwischen Viv und Michael abgespielt hatte.

Wie ich bereits in Kapitel 1 erwähnte, lieferten Lieberman und seine Kollegen von der Universität Los Angeles (UCLA) wichtige Forschungen, die den Hintergrund für mein Deeskalations-Verfahren in diesem Buch bilden. Worauf ich gestoßen war, war die Tatsache, dass *Affect Labeling* die Aktivität in den emotionalen Zentren des Gehirns verringert (verminderte Reaktivität von Amygdala und anderen limbischen Hirnarealen), und die Aktivität in jenen Gehirnzentren, die für die Exekutivfunktionen zuständig sind (rechter ventrolateraler präfrontaler Cortex), verstärkt. Kurz gesagt, es konnte gezeigt werden, dass die Deeskalation von Emotionen mittels *Affect Labeling* entlang bestimmter Nervenbahnen im Gehirn verläuft. Das war der empirische Beweis dafür, dass *Affect Labeling* keine esoterische Heilslehre, sondern eine ernst zu nehmende Methode war, die auf wissenschaftlichen Erkenntnissen aufbaute. Von da an begann ich die Technik zu verfeinern, Fertigkeiten zu entwickeln und zu testen und diese in meiner Arbeit als Mediator, in Workshops und in Seminaren an Universitäten einzusetzen.[13]

Gemeinsame Verantwortung für Kinder

Vielleicht sind Sie von Ihrem Ehepartner geschieden – aber auch dann besteht Ihre gemeinsame Elternschaft noch fort. Die gemeinsame Verantwortung für Kinder nach einer Scheidung ist eine der schwierigeren Herausforderungen im Leben. Wenn es darum geht, in Bezug auf ihre Kinder Entscheidungen zu treffen, müssen die geschiedenen Partner einen angemessenen Mittelweg finden. Wenn Sie und Ihr Expartner keine gemeinsame Basis finden, auf der sie miteinander verhandeln können, Kompromisse schließen und sich auf eine einigermaßen vernünftige Zusammenarbeit verständigen, steht Ihnen und Ihren Kindern ein langer Weg des Leids bevor. Besteht der Konflikt zwischen Ihnen und Ihrem Expartner aus einer reflexartigen und blinden Ablehnung der Meinung des anderen, werden sowohl Sie als auch Ihre Kinder darunter leiden.

Es gibt zwei Stufen des Leids, die Menschen daran hindern können, ihrer gemeinschaftlichen Verantwortung als Eltern nachzukommen. Auf der ersten Stufe sind Eltern noch ehrlich davon überzeugt, dass ihr Kind eine gute Beziehung zum anderen Elternteil haben sollte. Dennoch haben diese Eltern das Problem, dass sie nur schlecht mit ihrer Frustration, ihrer Verbitterung und ihrem Schmerz zurechtkommen. Löst irgendetwas ihre schmerzhaften Gefühle in ihnen aus, holen sie zum Schlag gegen den anderen Elternteil aus. Nachdem sie sich wieder beruhigt haben, empfinden sie Reue und Schuldgefühle und sind über ihr eigenes schlechtes Verhalten erschrocken. Sie haben zwar gute Absichten, aber sie verlieren die Kontrolle, weil sie von der Intensität ihrer Gefühle überwältigt werden.

Wenn beide Eltern in dieser ersten Stufe des Schmerzes leiden, ist es sehr schwierig, eine gemeinsame Elternschaft zu leben. Gelingt es einem von beiden jedoch auf Fertigkeiten wie *Affect Labeling* und Problemlösen zurückzugreifen, wird der andere Elternteil darauf reagieren. Es sind eine Menge Mut und Geduld nötig, um sich durch die emotionalen Verhaltensstörungen, Wut und Misstrauen hindurchzuarbeiten. Im Laufe der Zeit kann sich die Beziehung der gemeinsamen Elternschaft jedoch verbessern.

Die zweite Stufe des Schmerzes ist noch viel schwieriger. Auf dieser Stufe verspürt einer der beiden geschiedenen Eltern starke Wut oder fühlt sich im Stich gelassen und verraten. Diese starken Gefühle verheilen nicht. Im Gegenteil, sie werden durch die erzwungene Beziehung einer gemeinsamen Elternschaft mit jemandem, den man im Grunde verachtet, nur noch stärker. Allein die Tatsache, den anderen Elternteil sehen oder mit diesem sprechen zu müssen, löst Hassgefühle aus. Die Expartner sind in einer regelrechten Hölle der Wut gefangen, aus der es für sie kein Entrinnen gibt. Sind diese Gefühle auf beiden Seiten vorhanden, wird jeder Streit in einer gerichtlichen Auseinandersetzung über das Sorgerecht oder die Besuchszeiten des Kindes enden. Solche Eltern sind davon besessen, das Verhältnis des Kindes zum anderen Elternteil zu zerstören. Ihre Überzeugungen versteigen sich bisweilen ins Wahnhafte und Irrationale, und niemand, schon gar kein Gericht, kann sie davon überzeugen, dass sie falschliegen. Jeder, der diesen Versuch unternimmt, wird in ihren Augen zum Feind.

Die Auseinandersetzung entwickelt sich zu einem Konflikt von der Art »Wir gegen sie«! Ihr Zorn ist unauslöschlich, weil beide glauben, der jeweils andere Elternteil habe aus ihnen ein Opfer gemacht. Um ihre Kinder zu schützen, scheint ihnen jede Aktion gerechtfertigt. Sie sind getrieben vom Wunsch nach Vergeltung und versuchen den anderen Elternteil in Form gerichtlicher Verfügungen abzustrafen, die diesen daran hindern sollen oder es ihm verbieten, die Kinder zu sehen. Selbst gerichtliche Autorität vermag sie nicht einzuschüchtern. Sie glauben häufig an eine höhere Gerechtigkeit und beschützen ihre

Kinder um jeden Preis. Mit einem solchen Elterntyp lässt sich in einer gemeinsamen Elternschaft nur sehr schwer kooperieren. Dennoch gibt es Strategien, die einem weiterhelfen können, wenn man einige Kenntnisse über die inneren Vorgänge solcher Prozesse besitzt. Beginnen wir mit den sechs Bedürfnissen von Opfern.

Die sechs Bedürfnisse von Opfern

In meiner Arbeit als Mediator habe ich den Teufelskreis, der sich aus solchen Opferrollen ergibt, immer wieder aufs Neue beobachtet. In vielen Konflikten fühlen sich beide Seiten als Opfer. Sie sind in ihrer eigenen Rolle gefangen und lassen sich von ihrem Gegenüber zum Opfer stilisieren. Vor vielen Jahren hörte ich einen Vortrag meiner Freundin und Kollegin Erica Ariel Fox. Sie sprach darin von den »sechs Bedürfnissen von Opfern«. Diese sind:

» Rache
» Genugtuung
» Anerkennung
» Gehörtwerden
» Sinnstiftung
» Sicherheit

Rache

Das Bedürfnis nach Rache ist stark, weil es auf den Belohnungszentren unseres Gehirns aufbaut. Rache wirkt im Gegensatz zu vielen anderen Emotionen und Affekten bereits im Voraus. Wir setzen uns sozusagen selbst einen kleinen Schuss Dopamin, wenn wir uns ausmalen, wie wir unseren Peiniger bestrafen. Dopamin ist der neurochemische Botenstoff, der mit Genuss und Lernen in Verbindung gebracht wird. Die Dopamin-Schaltkreise in unserem Gehirn sind auch dafür verantwortlich, dass Kokain und Heroin so süchtig machen. Diese Drogen empfinden die Wirkung von Dopamin nach. Aufgrund unserer Erwartung, dass wir unserem Feind seine gerechte Strafe widerfahren lassen, werden wir zur Tat beflügelt. Das Problem ist: Wenn wir schließlich in der Lage sind, Rache zu üben, bleibt die Dopamin-Ausschüttung aus. Wenn wir den anderen verprügeln, gibt's nur wenig Süßes für unser Hirn! Wir empfinden eher ein Gefühl der Niedergeschlagenheit, Enttäuschung, Wut und Unerfülltheit. Wir tragen diese Vorstellung mit uns herum, wie gut wir uns erst fühlen werden, wenn wir die kolossale Ungerechtigkeit, die man uns angetan hat, gerächt haben – doch im Moment der Vergeltung fühlen wir absolut nichts. Obwohl Recht gesprochen wurde, haben wir das Gefühl, es sei nichts geschehen. Während meiner Zeit als Strafverteidiger wurde ich immer wieder Zeuge dieses Phänomens. Allzu oft vertrat ich Klienten, die, nachdem sie einen Prozess vor Gericht gewonnen hatten, weiterhin enttäuscht und wütend waren. Ihr Sieg verschaffte ihnen nicht die erwartete Erleichterung. Dies war einer der Hauptgründe, weshalb ich meine Arbeit im Gerichtssaal aufgab, und Friedensstifter wurde.

Rache steuert emotionale Verhaltensweisen. Stehen Menschen unter dem Einfluss von Rache, ist ihre Entscheidungsfindung beeinträchtigt. Sie können die Realität nur noch verzerrt wahrnehmen. Frieden wird als Schwäche angesehen. Verhandlungen als Kapitulation gegenüber heiligen Prinzipien. Rache ist das erste und grundlegendste Bedürfnis jedes Opfers.

Genugtuung

Genugtuung ist das Bedürfnis, im Recht zu sein. Opfer haben häufig das Gefühl, dass ihnen unrecht getan wurde, daher haben sie ein starkes Bedürfnis nach Genugtuung. Dieses Bedürfnis treibt Menschen in Gerichtsverfahren – einzig und allein aus dem Grund, weil sie bewiesen sehen wollen, dass sie im Recht sind und die andere Person nicht.

Anerkennung

Anerkennung ist das Bedürfnis, als Mensch respektiert und geehrt zu werden. Opfer machen häufig die Erfahrung von Verzweiflung, Schmerz und Verlassenheit. Ihr Bedürfnis nach Anerkennung dient der Überwindung der negativen Gefühle und um sich selbst gut zu fühlen. Anerkennung stellt den Selbstwert, die Ehre und die Würde einer Person wieder her.

Gehörtwerden

Bei dem Bedürfnis, gehört zu werden, geht es nicht nur darum, dass unsere eigene Geschichte gehört wird. Es geht ebenso sehr darum, dass man uns auf einer tiefen und empathischen Ebene zuhört. Eine Blockadehaltung, wie bereits an früherer Stelle in diesem Kapitel erwähnt, liegt dann vor, wenn ein Opfer seine Geschichte immer und immer wieder neu aufrollt. Eine Blockadehaltung ist ein Hinweis darauf, dass dem Opfer nicht auf einer ausreichend tiefen Ebene zugehört wurde. Das wiederholte Erzählen ist der unbewusste Versuch, schwierige emotionale Erinnerungen zu verarbeiten und in den Griff zu bekommen. Sie erraten es wahrscheinlich schon: *Affect Labeling* und das Formulieren von Kernaussagen sind die sichersten Methoden, um dem Opferbedürfnis des »Gehörtwerdens« gerecht zu werden.

Sinnstiftung

Wir sind Wesen, die ihre eigene Realität erzeugen. Unsere Gehirne verleihen der Welt Sinn, indem sie eine Geschichte erfinden, die uns hilft zu verstehen, was um uns herum geschieht. Im Fall eines Opfers wurde dieser erzählerische Faden massiv unterbrochen. Es besitzt keine Möglichkeit mehr, der Welt Sinn zu verleihen, weil das traumatische Erlebnis seine Annahmen, Erwartungen und Vorstellungen darüber, wie die Welt sein sollte, vereitelt hat. Um ein Gefühl von Kontrolle und Stabilität zu erlangen, haben Opfer das Bedürfnis, aus dem Chaos, in dem sie sich wiederfinden, einen Sinn zu konstruieren. Manchmal finden sie diesen Sinn in einer Religion; manchmal, indem sie sich einem Konflikt wie dem heiligen Glaubenskrieg verschreiben. Das Bedürfnis nach Sinnstiftung kann überwältigende Ausmaße annehmen, wenn ein überweltliches Ziel gewählt und verfolgt wird. Viele Konflikte resultieren aus einem unbefriedigten Bedürfnis nach Sinnstiftung.

Sicherheit

Häufig fühlen sich Opfer körperlich und emotional bedroht. Ihre Wahrnehmung einer sicheren, tröstenden Welt ist erschüttert worden. Sie suchen nach Auswegen, um mit ihrer ständig vorhandenen Angst fertigzuwerden, darunter fallen Suchtverhalten jeglicher Art: depressives, vermeidendes, ablehnendes und aggressives Verhalten. Alle diese Verhaltensweisen sind unbewusste Strategien, um das Bedürfnis nach Sicherheit zu befriedigen.

Wie man die Bedürfnisse von Opfern erfüllt

Bemerkenswert ist, dass, sobald das Bedürfnis des Opfers, gehört zu werden, erfüllt ist, auch alle anderen Bedürfnisse erfüllt sind. Aber noch bemerkenswerter ist, dass dadurch das Bedürfnis nach Rache verschwindet. Ich habe diese Verwandlung in Hunderten von Konflikten selbst erlebt und kenne aus vielen weiteren Erzählungen Beispiele von Opfern, die den Weg der Heilung beschritten haben, nachdem man mit ihnen *Affect Labeling* gemacht hat. Tiefes Zuhören klappt nicht immer auf Anhieb, und manchmal bleibt der Erfolg auch nach dem 20. Anlauf noch aus. In den meisten Fällen funktioniert es allerdings so gut, dass ich es zu meiner Standard-Strategie erklärt habe, wenn ich Opfern helfe, mit Konflikten umzugehen.

Betrachten wir nun, wie wir unser Wissen über die sechs Bedürfnisse von Opfern einsetzen können, um mit einer schwierigen Exfrau über die Fragen gemeinsamer Elternschaft zu reden.

Der erste Schritt ist, zu erkennen, dass Ihre Exgattin sich in der Opferrolle sieht. Es ist in diesem Moment also völlig irrelevant, ob Sie sich in der Ehe richtig oder falsch verhalten haben. Dies bedeutet, Sie wechseln nicht in den Verteidigungsmodus, wenn Sie beschuldigt oder angegriffen werden. Natürlich möchten Sie sich verteidigen, ja, Sie sind sogar wütend! Möchten Sie die Situation allerdings retten, müssen Sie Ihre eigenen Gefühle in Schach halten und auf die Opferbedürfnisse Ihrer Exfrau eingehen. Sie können die Probleme erst dann lösen, wenn sie sich beruhigt hat.

Sie mögen denken: »Warum zum Teufel soll ich auf die Bedürfnisse meiner Ex eingehen?« Es gibt nur einen einzigen Grund: Sie tun es, um Ihre Kinder zu schützen! Sie müssen Wege und Möglichkeiten finden, Ihre gemeinsame Elternschaft zu einer kooperativen Beziehung auszubauen. Dies erfordert von Ihnen den Spagat, einem Menschen entgegenzukommen, der sich Ihnen gegenüber nicht unbedingt freundlich verhält. Deshalb brauchen Sie nicht gleich zum Weichei zu werden oder allen Forderungen nachzugeben. Sie müssen sich vielmehr in einen emotionalen Raum hineinbegeben, in dem Sie während der paar Minuten des Gesprächs mit Ihrer Exfrau eine nichtbewertende und nichtreaktive Haltung einnehmen können. Hier ist ein klassisches Gesprächsbeispiel und wie dieses verlaufen könnte. In diesem Fall wähle ich die Mutter als Opfer. Aber es könnte genauso gut der Vater sein.

Ihre Exfrau (E):»Ich liebe meine Kinder. Wenn das Gericht nicht in der Lage ist, sie vor dir zu schützen, werde ich es tun. Es ist nur eine Frage der Zeit, bis du sie missbrauchst. Die Kinder haben Angst vor dir. Wenn sie dich nicht sehen wollen, werde ich sie nicht dazu zwingen. Sie sind alt genug, um selbst zu entscheiden.«

Sie (S):»Du bist wütend.«

E:»Oh ja! Du bist ein schmutziger, verlogener, gemeiner Mistkerl!«

S:»Du fühlst dich verraten und nicht ernst genommen.«

E:»Die Kinder werden nicht eine Minute mit dir verbringen. Und wenn ich dafür ins Gefängnis wandere!«

S:»Du fürchtest dich und hast Angst. Du fühlst dich vollkommen allein und im Stich gelassen.«

E:»Niemand ist auf meiner Seite. Ich muss stark sein und für meine Kinder eintreten. Es liebt sie ja sonst niemand.«

S:»Du fühlst dich ungeliebt und unsicher. Du bist ganz allein.«

E:»Ja!«

In diesem Dialog schiebt die Mutter die Kinder vor, um auszudrücken, was sie nicht direkt zu sagen imstande ist – nämlich, dass sie sich aufs Äußerste verraten und im Stich gelassen fühlt! Auf diese direkte Beleidigung reagieren Sie mit *Affect Labeling,* Sie spiegeln die Gefühle der Mutter, ohne dass Sie in irgendeiner Form Ihre Schuld eingestehen, etwas abstreiten oder in den Verteidigungsmodus wechseln. Dies ist am Anfang ziemlich schwer. Denn alles in Ihnen schreit danach, zurückzuschlagen. Behalten Sie jedoch die Kontrolle und folgen den Gefühlen, werden Sie in wesentlich kürzerer Zeit zu einem viel besseren Ergebnis gelangen. Die traurige Realität ist leider, dass Sie selbst mit einem brillanten *Affect Labeling* manchmal nur wenig ausrichten können. Aber einen Versuch ist es allemal wert.

Damit Ihre Exgattin eine Chance auf Heilung hat, braucht sie jemanden, der ihr zuhört. Hier noch einmal das gleiche Beispiel, nur diesmal sind Sie nicht der Exmann, sondern ein Freund.

Ihre Freundin (F):»Ich liebe meine Kinder. Wenn das Gericht nicht in der Lage ist, sie vor ihrem sie misshandelnden Vater zu schützen, werde ich es tun. Obwohl er sie noch nie missbraucht hat, weiß ich, dass es nur eine Frage der Zeit ist. Die Kinder haben Angst vor ihm. Wenn sie ihn nicht sehen wollen, werde ich sie jedenfalls nicht zwingen. Sie sind alt genug, um selbst zu entscheiden.«

Sie (S):»Du bist extrem wütend auf deinen Ex und frustriert, dass das Gericht nicht mehr tut, um deine Kinder zu schützen.«

F:»Oh ja! Er ist ein schmutziger, verlogener, gemeiner Mistkerl!«

S:»Du hasst deinen Ex und fühlst tiefen Schmerz und Traurigkeit.«

F:»Ja! Manchmal werde ich davon total überwältigt!«

S: »Deine Gefühle von Hass, Wut, Frustration und Traurigkeit überwältigen dich. Du fühlst dich vollkommen allein und unverstanden.«

F: »Ja, genau!«

In Ihrer Eigenschaft als Freund können Sie in diesem Fall emotional ein wenig tiefer schürfen. Bereits nach wenigen Wortwechseln stoßen Sie auf den eigentlichen Grund des Problems: Ihre Freundin ist von ihren negativen Gefühlen überwältigt und fühlt sich vollkommen allein und unverstanden. Dies sind die klassischen Merkmale eines unerfüllten Opferbedürfnisses.

Indem Sie den Gefühlen Ihrer Freundin auf eine empathische Weise zuhören und gleichzeitig ihre Worte ignorieren, haben Sie ihr auf dem Weg zur Heilung ihrer Wunden einen großen Schritt weitergeholfen.

* * *

Zusammenfassung des Kapitels

In diesem Kapitel haben wir *Affect Labeling* auf unsere engsten und persönlichen Beziehungen angewandt – Lebenspartner, Ehepartner und geschiedene Partner –, im Angesicht heftiger Streitigkeiten und Auseinandersetzungen. Wir haben Folgendes gelernt:

» Die tiefer liegenden Ursachen unserer emotionalen Leiden und wie sich diese in unseren Verhaltensstörungen zeigen.

» Dass wir in partnerschaftlichen Beziehungen Geduld brauchen und empathisches Zuhören üben müssen, um zu wissen, wann wir pausieren und uns zurückziehen sollten, um es zu einem späteren Zeitpunkt noch einmal versuchen.

» Dass Scheidungen von starken Gefühlen und Wut erfüllt sein können, vor allem im Fall gemeinsamer Elternschaft.

» Die sechs Bedürfnisse von Opfern und wie wir dieses Wissen nutzen können, insbesondere im Umgang mit Menschen, die Rachegefühle hegen (wie geschiedene Partner).

7
Wie man eine Affect-Labeling-Führungskraft wird

Dieser Kurs besitzt eine unglaubliche Wirkungskraft und hat mir für mein Leben und meine Praxis als Mediatorin viele Hilfsmittel an die Hand gegeben. Jeder Mediator oder Rechtsanwalt, im Grunde jeder Mensch, wird durch diese Übungen bereichert werden.

Marney Lutz

Deeskalation am Arbeitsplatz

Die meisten Menschen verbringen den größten Teil ihres Tages am Arbeitsplatz. Obwohl wir wählen können, wo wir arbeiten, können wir uns nicht unbedingt aussuchen, mit wem wir arbeiten oder welche Menschen um uns herum arbeiten. Folglich sind Ärger, Reibereien und Konflikte vorprogrammiert. Die Konflikte werden noch größer, wenn es Vorgesetzten und Chefs an Führungsqualitäten mangelt. Führung und Kontrolle sind zwei völlig unterschiedliche Fertigkeiten: Führung sieht in Konflikten eher eine Bereicherung, wohingegen Führen im Sinne von Verwalten Konflikte eher zu vermeiden sucht. Die Vermeidung von Konflikten führt unterm Strich dazu, dass Menschen unglücklich werden und weniger produktiv sind.

In diesem Kapitel wenden wir die Grundfertigkeiten von *Affect Labeling* an auf:

» Kollegen
» Vorgesetzte
» Untergebene

Affect Labeling mit Kollegen

Es gibt Momente, in denen Sie ein Arbeitskollege regelrecht zum Wahnsinn treiben kann. Wenn Sie lernen, statt auf die Worte Ihrer Kollegen auf deren Gefühle zu hören, kann Ihnen dies eine gewisse Erleichterung in Bezug auf deren lästiges Verhalten bringen. Folgen Sie wie immer der Formel:

1. Ignorieren Sie die Worte.
2. Hören Sie auf die Gefühle und spiegeln Sie diese zurück.

Wenn Sie auf diese neue Weise zuhören, werden Sie in Situationen geraten, die Ihrer natürlichen Intuition zuwiderlaufen. Obwohl Sie eigentlich möchten, dass ein Kollege endlich Leine zieht, Sie in Ruhe lässt oder nicht weiter belästigt, entscheiden Sie sich vielleicht dafür, ihren oder seinen Gefühlen zuzuhören. Kollegen bringen ihre sämtlichen Lebenserfahrungen und emotionalen Ballast mit zur Arbeit. Lästiges Verhalten ist die Programmierung, die wir zu Hause gelernt haben. Obwohl Sie sich von Ihrem Kollegen eigentlich eine reifere und vernünftigere Verhaltensweise wünschen würden, vergessen Sie nicht, Sie haben es mit einem Menschen zu tun, der im Leben vielleicht keine besonders positiven emotionalen Erfahrungen gemacht hat. Ihre Aufgabe ist nicht, diesen Menschen geradezubiegen. Sie versuchen lediglich, die Situation zu beschwichtigen, damit sich jeder Mitarbeiter wieder seinen Aufgaben zuwenden kann.

Das erste Beispiel zeigt einen Kollegen, der Wutanfälle bekommt und mit allen streitet. Für sein Verhalten gegenüber anderen kann es viele Gründe geben. Wenn Sie sich entscheiden, auf die Gefühle zu hören, stoßen Sie unter Umständen auf den tiefer liegenden Grund für sein Verhalten und können Ihren Kollegen beruhigen. Hier ist eine Möglichkeit, wie man mit einem schimpfenden Kollegen umgehen kann:

Jim (J): »Das ist doch ein Riesenscheiß! Jetzt fangen sie schon wieder an und verlangen diese hirnrissigen Sachen von uns. Ich hab die Nase voll! Die sind doch ein Haufen von Idioten! Warum zum Teufel knickst du vor denen ein? Was bist du bloß für ein Weichei!«
Sie (S): »Jim, du bist stinksauer!«

J:	»Ja, verdammt! Ich habe diese Scheißtypen aus der Chef-
	etage satt, die uns vorschreiben, wie wir unsere Arbeit zu
	erledigen haben.«
S:	»Du fühlst dich nicht ernst genommen, du hast das Gefühl,
	niemand hört dir zu.«
J:	»Ja! Die haben uns noch nie zugehört. Für die sind wir
	sind doch bloß billige, auswechselbare Rädchen im großen
	Getriebe!«
S:	»Du hast das Gefühl, deine Stimme zählt nicht. Du fühlst
	dich unfair behandelt.«
J:	»Nein, nicht unfair behandelt. Ich fühle mich überhaupt
	nicht ernst genommen, als wären wir der letzte Dreck!«
S:	»Du hast das Gefühl, dass du von der Chefetage wie der
	letzte Dreck behandelt wirst. Du fühlst dich
	unverstanden.«
J:	»Ja, genau! Ich weiß nie, was sie eigentlich von mir
	erwarten, und ständig ändern sie die Vorschriften. Ich hab
	keinen Schimmer, was ich tun soll. Warum lassen sie uns
	nicht einfach in Ruhe unsere Arbeit erledigen?«
S:	»Du bist besorgt und durcheinander und möchtest einfach
	nur in Ruhe deine Arbeit machen.«
J:	»Genau! Ist das denn zu viel verlangt?«
S:	»Du fühlst dich wie ein Gefangener ohne
	Handlungsfreiheit. Du hast das Gefühl, dass man dich
	respektlos behandelt.«
J:	»Du hast's erfasst!«

Egal was Jim Ihnen erzählt – ignorieren Sie seine Worte und
spiegeln Sie seine Gefühle zurück. Von Zeit zu Zeit stellt er
Ihnen eine Frage. Ignorieren Sie auch diese und spiegeln Sie
stattdessen die Gefühle, die sich dahinter verbergen. Dies ist

sehr wichtig. Häufig stellen Menschen unbewusst Fragen. Und Ihre unmittelbare Reaktion darauf ist, ihnen diese zu beantworten. Sobald Sie das tun, sitzen Sie jedoch mit Ihrem Kollegen im selben Boot und sind nicht länger unabhängig in Ihrem Denken.

Der Trick besteht darin, die Fragen Ihres Kollegen zu ignorieren und Ihren Fokus ganz auf seine Gefühle zu richten. Wenn es sich um eine wichtige Frage handelt, können Sie auf diese ja noch einmal zurückkommen, nachdem Sie Ihren Kollegen deeskaliert haben. Streitlustige Kollegen werden unter Umständen versuchen, Sie zu beleidigen oder zu attackieren. Hören Sie dann auf die Worte, können Sie dadurch leicht provoziert werden. Ignorieren Sie die Worte, bleibt diese Wirkung aus. Womöglich empfinden Sie sogar ein gewisses Mitleid für diesen nervigen Kollegen.

Ein weiteres Ärgernis sind Kollegen, die ununterbrochen reden. Inzwischen werden Sie den tiefer liegenden Grund dafür erkennen: Es ist ihr tiefes Bedürfnis, gehört zu werden und mit anderen in Verbindung zu treten. Einem solchen Kollegen sollten Sie ein gewisses Verständnis entgegenbringen. Wenn Sie ihm auf tiefe Weise zuhören, kann es allerdings passieren, dass Ihnen dieser Kollege für den Rest des Tages am Rockzipfel hängt. Sein Bedürfnis, gehört zu werden, ist unter Umständen so stark, dass er sich an Ihnen festklammert wie an einem Rettungsanker. In einem solchen Fall müssen Sie klare Grenzen ziehen und Entschlossenheit demonstrieren. Vielleicht wird er Ihnen dann überraschenderweise Folge leisten, weil er sich gehört fühlt. Ist dies nicht der Fall, versuchen Sie den Schwätzer einfach dadurch zu beruhigen, dass Sie seine Gefühle zurückspiegeln.

Hier ist ein Beispiel, wie dies aussehen könnte:

Anna-Marie (A-M):»Weißt du, wie sich Susie vergangene Woche im Arbeitsraum aufgeführt hat? Sie kann einfach nicht genug von ihm kriegen. Also, ich hätte nie geglaubt, dass ich den Tag noch erleben würde. Gestern Abend erst hat mir meine Tochter erzählt, wie süß ihr Dreijähriger ist. Kinder in dem Alter muss man einfach gern haben! Hast du schon gehört, wie unsere Produktivität gesteigert werden soll? Ich frage mich, woher wir ihrer Meinung nach die Zeit dafür nehmen sollen. Ich wünschte, sie würden mehr Personal einstellen, damit nicht der ganze Stress an uns hängen bleibt. Jessica da drüben überlegt sich, ob sie sich auf die ausgeschriebene Stelle bewerben soll. Sie hat zwar viel Talent, aber ich glaube nicht, dass sie ehrgeizig genug ist.«

Sie (S):»Du machst dir Sorgen.«

A-M:»Nö, nicht wirklich. Hast du gehört, wie man Rogers Sohn in der Schule verprügelt hat? Und dieses Essen letzte Woche im PX-Shop! Was haben sie sich bloß dabei gedacht. Einfach scheußlich! In der nächsten Woche erscheinen die Quartalberichte, und Bill macht sich ernsthaft Sorgen um die Ergebnisse unseres Teams. Sein Bonus hängt von guten Resultaten ab, und er macht sich deshalb wirklich verrückt.«

S: »Du machst dir Sorgen wegen unserer Arbeitsergebnisse.«

A-M:»Ja, schon. Du nicht? Das ist doch für uns alle wichtig.«

S: »Du bist besorgt und fürchtest, dass sie uns nicht ernst nehmen.«

A-M:»Ja, klar.«

Man fragt sich immer, wie man mit Menschen umgehen soll, die so viel reden, dass man selbst nicht zu Wort kommt. In solchen Fällen entfaltet *Affect Labeling* seine volle Stärke. Sie können andere unterbrechen, ohne befürchten zu müssen, unhöflich oder rücksichtslos zu erscheinen, solange Sie diese mit »Du«-Aussagesätzen ansprechen und sich ganz auf deren Gefühle konzentrieren.

Im *Affect Labeling* werden die konventionellen Gesprächsregeln außer Kraft gesetzt, denn diese Methode ist eben kein Gespräch. Denken Sie einmal darüber nach. In einem normalen Gespräch tauschen Sie und Ihr Freund oder Arbeitskollege für gewöhnlich Worte miteinander aus. Sie warten ab, bis dieser eine Pause macht, bevor Sie selbst zu sprechen beginnen. Sie stimmen zu, widersprechen, wechseln das Thema oder wählen – von der Situation abhängig – eine beliebige Anzahl passender und höflicher Gesprächseinstiege. Es wäre unhöflich, dem anderen ins Wort zu fallen und den eigenen Standpunkt zu vertreten, bevor dieser zu Ende geredet hat.

Beim *Affect Labeling* sind Sie jedoch nicht Gesprächsteilnehmer. Im Gespräch befindet sich allein der Sprecher; Ihre Aufgabe besteht lediglich darin, dessen Gefühle in einfachen und direkten Aussagesätzen widerzuspiegeln. Sie können so oft »unterbrechen«, wie Sie es im jeweiligen Fall für angemessen halten.

Aber verlassen Sie sich nicht darauf, was ich sage. Probieren Sie es am Beispiel einer geschwätzigen Person selbst aus. Geben Sie dieser den Raum, sich über Dinge auszulassen, und unterbrechen Sie sie von Zeit zu Zeit mit *Affect Labeling*. Anschließend beobachten Sie die Reaktion des Sprechers.

Wenn ich dies in meinen Seminaren und Workshops vorführe, haben alle Teilnehmer – außer dem Sprecher – den Eindruck, ich sei der unhöflichste, arroganteste und überheblichste Zuhörer, der ihnen je untergekommen sei. Erkundige ich mich anschließend beim Sprecher, wie sie oder er die Situation wahrgenommen hat, äußern die meisten ausnahmslos Sätze wie: »Mir ist noch nie im Leben auf so tiefe Weise zugehört worden.«

Meine Schüler sind erstaunt, sie glauben ihren Ohren nicht zu trauen. Eine andere Person zu unterbrechen ist eine so grundlegend unhöfliche Verhaltensweise, dass die meisten Menschen sich gar nicht vorstellen können, wie eine Äußerung, die den Sprecher unterbricht, etwas zutiefst Bejahendes und Bestätigendes sein kann. Dies ist ein weiterer Grund, weshalb sich *Affect Labeling* unserer Intuition widersetzt. Es handelt sich eben nicht um ein Gespräch, und deshalb greifen die Gesprächsregeln auch nicht. Und doch erscheint uns *Affect Labeling* wie ein Gespräch – folglich müssten die Regeln doch gelten? Wie gesagt, verlassen Sie sich nicht auf mein Wort. Probieren Sie es in einer sicheren und wenig riskanten Situation aus und beobachten Sie selbst, was passiert.

Affect Labeling ist in dieser Hinsicht die einzige Methode, die ich gefunden habe, um mit unablässig redenden Menschen zu arbeiten. Als Mediator arbeite ich häufig unter heftigem Zeitdruck. Müsste ich bei geschwätzigen Menschen immer erst abwarten, bis sie mit ihrer Erzählung zu Ende sind, bliebe nie genug Zeit, um ein gegebenes Problem zu lösen. *Affect Labeling* verleiht mir die Möglichkeit, während der Sprecher ohne Punkt und Komma weiterquasselt, etwas tief in seinem Innern zur Ruhe zu bringen. Schon bald wird sein Bedürfnis, endlos zu schwatzen, versiegen.

Sehr typisch sind auch Arbeitskollegen, über deren Haupt stets eine dunkle Wolke aus Pessimismus hängt. Sie sind immer negativ gestimmt, haben nie einen guten Tag und sorgen dafür, dass jeder um sie dies mitbekommt. Negativität ist ihm wahrscheinlich längst zur Gewohnheit geworden. Unter der Oberfläche jedoch fühlt sich dieser Mensch womöglich traurig und isoliert. Eine kleine Portion *Affect Labeling* kann seinen Tag unter Umständen aufhellen und ein wenig Sonnenschein in sein Leben bringen – und auf diese Art können alle übrigen Kollegen ebenfalls einmal durchatmen!

Hier ist ein Beispiel, wie Sie in einem solchen Fall vorgehen könnten:

Melinda (M):»Heute habe ich wieder so einen Scheißtag! Meine Katze ist krank, und meine Mutter liegt mir in den Ohren, dass ich sie besuche. Ständig will irgendwer etwas von mir!«

Sie (S):»Du bist traurig und unglücklich. Du hast das Gefühl, ein unerfülltes Leben zu führen.«

M:»Ja! Und ich hab diese schrecklichen Kopfschmerzen, die ich einfach nicht loswerde!«

S:»Du fühlst dich allein und isoliert.«

M:»Ja! Mein Leben ist im Moment ziemlich öde.«

S:»Du fühlst dich verzweifelt.«

M:»Ganz genau! Woher weißt du das? Danke, dass du mir zugehört hast.«

Ähnlich unausstehlich sind Kollegen, die sich anstelle von kritischem Denken nur bestimmter Floskeln zu bedienen wissen. Sie verwenden Floskeln als Substitut für Planen, Denken und praktikable Handlungsstrategien. Häufig benutzen Sie Floskeln auch, um sich die Mühe zu sparen, ihren Arbeitskollegen klare Anweisungen erteilen zu müssen. Manchmal kann *Affect*

Labeling die Floskeln durchdringen und Ihrem Kollegen dabei helfen, echte Problemlösungen herbeizuführen.

Aaron (A): »Weißt du, wir sollten versuchen, bei unserem neuen Kunden mit etwas unkonventionellem Schönwetterdenken einen Fuß in die Tür zu kriegen! Dafür müssen wir uns natürlich zuerst einen detaillierten Gesamtüberblick verschaffen. Gelingt es uns, bekommen wir wirklich eine Endnutzer-Perspektive, die uns hilft, eine fette Ernte einzufahren und große Erfolge zu feiern!«

Sie (S): »Du bist erregt und besorgt.«

A: »Wir brauchen jemanden bei der technischen Planung, der die Knochenarbeit für uns erledigt – dafür werden unten in der Büro-Farm ein paar Gespräche nötig sein. Hoffentlich schaffen wir es diesmal, die niedrig hängenden Früchte zu pflücken!«

S: »Du bist besorgt und nicht sicher, ob du Unterstützung bekommen wirst. Du hast ein wenig Angst davor, dass es nicht klappen wird.«

A: »Ja! Woher weißt du das?«

S: »Na ja – ich hab dir bloß zugehört! Wollen wir uns jetzt ein paar Gedanken zur Problemlösung machen?«

A: »Ja, das wäre super! Danke dir!«

Aaron wirft ständig mit floskelhaften Ausdrücken um sich, um seine Unsicherheit und Sorge in Bezug auf ein neues Arbeitsprojekt zu überspielen. Statt zuzugeben, dass die Aufgabe für ihn eine Herausforderung ist, was ihn erschreckend verletzbar machen würde, bedient er sich – um cool und kontrolliert zu wirken – abgedroschener Phrasen und Euphemismen. Ihr erster Gedanke ist instinktiv, sich Aaron vom Hals zu schaffen, wie

Sie es in der Vergangenheit schon öfter getan haben. Mit *Affect Labeling* sind Sie vielleicht in der Lage, ihn durch seine Ängste und Sorgen hindurchzuführen. Warum sollten Sie das tun? Vielleicht weil Sie seiner ewigen Floskeln müde sind. Oder weil Sie es für wichtig halten, dass er mit dem neuen Projekt einen Erfolg landet. Oder weil Sie ihn für ein anderes Projekt brauchen und auf diese Weise für eine künftige Zusammenarbeit mit ihm einen Kontakt herstellen. Es gibt eine Vielzahl von Gründen, warum Sie mit dem unsicheren Jargon-Schwätzer *Affect Labeling* machen sollten. Natürlich können Sie sich auch jederzeit entscheiden, ihm nicht zuzuhören. Aber zumindest verfügen Sie jetzt über ein paar neue Möglichkeiten, wie Sie mit Aaron umgehen können.

Egal wo Sie arbeiten – die Wahrscheinlichkeit, dass Sie auf einen arroganten Kollegen stoßen werden, der Ihnen gegenüber einen sarkastischen oder herablassenden Tonfall an den Tag legt, ist sehr hoch. Dieser Mensch kann Sie wütend machen, weil Sarkasmus und Herablassung immer auch ein Ausdruck von Verachtung und Respektlosigkeit sind. Mit einem solchen Menschen zu arbeiten ist eine wahre Herausforderung, weil Sie erstens die Nerven behalten müssen und zweitens etwas Positives aus der Situation machen sollten.

Besserwisser haben das angeborene Bedürfnis, immer im Recht zu sein. Sarkasmus ist für sie ein Bollwerk, mit dem sie ihr eigenes Selbstwertgefühl schützen. Wie Sie sich wahrscheinlich schon denken können, stecken hinter dem Sarkasmus unbewusste Emotionen, die das Verhalten steuern. *Affect Labeling* kann helfen, den Sarkasmus ein Stück weit abzubauen, damit ein vernünftiges Arbeitsverhältnis gewährleistet ist.

Sie (S): »Hey, Rebecca, kannst du mir den Arbeitsablauf noch mal erklären? Ich bin mir nicht sicher, ob ich es schon verstanden habe.«

Rebecca (R): »Mensch! Das ist doch so einfach, das versteht sogar ein Zweijähriger. Ich weiß gar nicht, wo dein Problem liegt.«

S: »Du bist gerade frustriert und verärgert.«

R: »Ja! Ich meine, jeder mit ein bisschen Grips hat das in zwei Sekunden raus!«

S: »Du bist verärgert, dass es Leute gibt, die dies nicht herausfinden.«

R: »Ja, das ärgert mich. Also gut, ich erklär es dir jetzt ein letztes Mal!«

S: »Du bist frustriert, dass nicht jeder so clever ist wie du.«

R: »Allerdings!«

S: »Du fühlst dich nicht ernst genommen, weil die Firma dich nicht genug wertschätzt.«

R: »Ja! Woher weißt du das?«

S: »Ah! Weil du es mir gerade gesagt hast!«

R: »Danke, dass du zumindest das gecheckt hast! Vielleicht bist du ja doch nicht so schwer von Begriff.«

S: »Kein Problem.«

Mit dieser Person ist nicht gut Kirschen essen, daran besteht kein Zweifel! Wenn Sie mit ihr nicht zusammenarbeiten müssen oder nicht von ihr abhängig sind, sollten Sie sie besser meiden. Bleibt Ihnen keine andere Wahl, versuchen Sie es einmal mit *Affect Labeling,* um zu sehen, ob sich das Verhalten der Person Ihnen gegenüber verändert. Dies funktioniert nicht immer, aber erspart Ihnen zumindest die verletzenden Beleidigungen und sarkastischen Äußerungen.

Jeder schwierige Arbeitskollege erlebt bestimmte Gefühle, die zu seinen Verhaltensstörungen führen. Die betroffene Person hat sich diese Verhaltensweisen angeeignet, um Gefühle wie Unsicherheit, Sorge, Angst, Traurigkeit und geringes Selbstbewusstsein zu kompensieren. Haben Sie die zugrunde liegenden emotionalen Muster erkannt, können Sie ein kurzes *Affect Labeling* einsetzen, um diese zu beschwichtigen. Danach sollte der Umgang mit Ihren Kollegen ein wenig erträglich werden.

Affect Labeling mit Vorgesetzten

Unter der Kontrolle einer anderen Person zu arbeiten ist von Natur aus ein Problem: Sie verlieren Ihre persönliche Unabhängigkeit. Anders ausgedrückt: Wenn Sie für jemand anders arbeiten, können Sie nicht immer tun, wozu Sie Lust haben. Sie müssen erfüllen, was Ihr Chef von Ihnen verlangt, und Ihre eigenen Wünsche zurückstellen. Haben Sie einen Chef, der emotional nicht intelligent ist, keine guten Führungsqualitäten besitzt oder (wie so viele Menschen) eine emotionale Verhaltensstörung aufweist, mag Ihr Leben am Arbeitsplatz von Zeit zu Zeit unglücklich verlaufen.

Haben Sie hingegen einen Chef, der eine echte Führungspersönlichkeit ist, wird es Ihnen nichts ausmachen, ein wenig von Ihrer persönlichen Unabhängigkeit zu opfern – einem solchen Menschen zu folgen ist eine wahre Freude! Mit einer solchen Führungskraft in der Verantwortung werden Sie das Gefühl haben, wesentlich mehr erreichen zu können, als Sie jemals allein imstande wären. Ein guter Chef hilft Ihnen, Bedeutung in Ihrem Leben zu erschaffen, und Sie werden dies zu schätzen wissen.

Chefs, denen es an emotionaler Intelligenz mangelt, neigen dazu, Konflikte zu vermeiden. Sie haben nicht die Fähigkeit entwickelt, sich unangenehmen Situationen zu stellen, und finden es einfacher, wegzuhören. Läuft etwas schief, werden sie die Schuld bei Ihnen suchen, obwohl sie selbst in ihrer Rolle als Führungskraft nicht zur Verfügung gestanden haben. Wahrscheinlich haben sie sich diese Verhaltensmuster in der Kindheit angeeignet, oder sie sind mit dieser Strategie in ihrer Karriere bisher gut gefahren.

Einem Chef zuzuhören ist eine heikle Angelegenheit. Gehen Sie zu plump vor, wird Ihr Chef sich von Ihnen manipuliert fühlen. Wenn Sie sich entscheiden, mit einem Vorgesetzten *Affect Labeling* zu machen, erfordert dies von Ihnen Geschick und Urteilsvermögen. Die Regel lautet: Weniger ist mehr. Ein kurzes und spontanes *Affect Labeling* ist allemal besser, als sich in emotionale Schützengräben zu stürzen. Haben Sie hingegen ein gutes Verhältnis zu Ihrem Chef, erweisen Sie diesem wahrscheinlich einen nützlichen Dienst, wenn Sie emotional etwas tiefer schürfen. Viele Untergebene haben in Einrichtungen schnell Karriere gemacht, weil sie für ihren Vorgesetzten ein nicht hoch genug zu schätzender Resonanzboden oder Zuhörer waren. Sehen wir uns, mit diesen allgemeinen Überlegungen im Kopf, nun ein paar typische Beispiele an, wie Sie *Affect Labeling* anwenden können.

Die erste Situation zeigt einen rücksichtslosen, unhöflichen Chef, der als Tyrann auftritt. Hier ist ein Mensch ohne das geringste Talent im Umgang mit anderen Menschen. Er versteht nicht, was Führung eigentlich bedeutet, und glaubt, dass Zwang in Form von Drohgebärden der einzig zuverlässige Weg sei, um Mitarbeiter zu motivieren. Mit einem solchen Chef wird Ihr Arbeitsalltag zu einer unschönen Erfahrung. Wie können Sie mit einem solchen Vorgesetzten auf behutsame Weise *Affect Labeling* machen? Wie bei allen neuen Methoden, denken Sie daran – wenn Sie zu offensichtlich vorgehen, wird man

Sie ertappen! Im harmlosesten Fall wird man Sie in Verlegenheit bringen oder lächerlich machen, im schlimmsten Fall werden Sie eine offizielle Rüge erhalten, und man wird Sie als wenig vertrauenswürdig einstufen. Gehen Sie also behutsam vor!

George (G): »Was zum Teufel ist mit eurem Team eigentlich los?«

Sie (S): »George, Sie sind wirklich stinksauer.«

G: »Ja, verdammt! Ihr seid doch alle ein Haufen inkompetenter Idioten!«

S: »Sie fühlen sich total im Stich gelassen und nicht unterstützt.«

G: »Ja, zur Hölle!«

S: »Sie sind frustriert und besorgt, dass die Arbeit nicht erledigt wird.«

G: »Ja, genau!«

S: »Okay. Hätten Sie einen Moment Zeit, damit wir uns eine Problemlösung überlegen?«

G: »Wir brauchen keine Probleme zu lösen. Sie sollen einfach nur Ihre verdammte Arbeit machen!«

S: »Sie fühlen sich nicht ernst genommen und isoliert, weil Ihre Mitarbeiter nicht ihre Arbeit machen.«

G: »Ja!«

S. »Gut. Wären Sie denn bereit, bei der Lösung des Problems mitzuhelfen?«

G: »Nein, verdammt noch mal! Das Problem habt ihr Jungs verursacht. Jetzt müsst ihr sehen, wie ihr damit zurechtkommt.«

S: »Sie sind ungeduldig und besorgt und möchten, dass die Arbeit sofort erledigt wird.«

G: »Genau!«

S: »Gut. Wir werden unser Bestes tun!«

G: »Wird auch langsam Zeit!«

Dieser Chef ist dermaßen egozentrisch, dass Sie im Moment kaum eine Chance haben, eine Problemlösung in Angriff zu nehmen. Jedoch lassen sich in diesem Dialog ein paar interessante Dinge beobachten. Zuerst einmal ist wichtig, dass Sie nicht auf die Beleidigung eingehen. Sie entscheiden sich dafür, die Worte zu ignorieren, und lenken Ihre Aufmerksamkeit auf Georges Gefühle. Das bewahrt Sie davor, sich zu ärgern und wütend zu werden. Ihre Wahl verhindert außerdem, dass die Situation nicht in einem Wettkampf darüber ausufert, wer lauter schreien kann – Sie würden diesen wahrscheinlich sowieso verlieren!

Nachdem George offenbar positiv auf Ihr *Affect Labeling* reagiert hat, unterbreiten Sie ihm ein Angebot zur Problemlösung. Er wird dadurch erneut wütend. Das kann vorkommen. Sie denken, Sie hätten jemanden beschwichtigt, und versuchen in den Problemlösungsmodus einzuschwenken, aber dann bemerken Sie, dass die Person noch wütender ist als zuvor. An dieser Stelle tun Sie genau das Richtige: Sie kehren zurück zum *Affect Labeling*.

Sie versuchen noch einmal, George für sich einzunehmen, und merken, dass er nicht in der Stimmung dazu ist. Anstatt selbst gereizt zu reagieren, ziehen Sie sich elegant zurück. Dies ist ein großartiges Beispiel dafür, dass *Affect Labeling* Sie davor bewahren kann, in Georges Gefühle hineingezogen zu werden. Sie können ihn nicht für Ihre Sache einnehmen, weil er es partout nicht will. In diesem Moment nehmen Sie die Situation in die Hand und lenken diese in eine Richtung, die zur Deeskalation führt. Mitarbeiter eines tyrannischen Chefs müssen dies leider häufig tun. Denken Sie daran, Sie machen an dieser Stelle keinen Rückzieher. Sie lassen sich von George nicht einschüchtern. Sie setzen Ihr *Affect Labeling* stattdessen so lange fort, wie es Ihnen nützlich erscheint, und ziehen sich dann zurück. Wenn er es vorzieht, weiterhin in seinem eigenen Ärger gefangen zu bleiben, lassen Sie ihn. Aber achten Sie darauf, dass seine Wut sich nicht auf Ihr Leben auswirkt.

Wenn es sich hierbei um ein fortdauerndes Muster handelt, sollten Sie Ihren Posten unter George kündigen und sich eine andere Arbeit suchen. Allerdings könnte es sein, dass Sie George durch wiederholtes *Affect Labeling* so weit bringen, dass er sich für eine wirkliche Problemlösung öffnet. Es ist ziemlich offensichtlich, dass George das Problem ist und nicht das Team.

Ein weiteres Beispiel in diesem Zusammenhang ist der Vorgesetzte, der nicht zuhört. Zum Beispiel hört sich Ihre Chefin am liebsten selbst reden, überschätzt ihren eigenen Intellekt oder verfügt kaum über emotionale Intelligenz. Die Wahrheit ist, sie kann nicht zuhören, weil sie selbst nie gehört wurde. Die Gefühle, die solche Vorgesetzte mit sich herumtragen, sind Nicht-ernst-genommen-Werden, Wut, Ungerechtigkeit, Traurigkeit, Isolation und Verlassenheit. Wenn Sie die Worte Ihrer Chefin ignorieren und den Fokus auf ihre emotionalen Erfahrungen legen, können Sie ihr helfen, den Teufelskreis zu durchbrechen. Wenn Ihre Chefin lernt, ein klein wenig mehr zuzuhören, kann sich Ihre Arbeitsumgebung maßgeblich verbessern.

Hier ist eine Beispielszene:

Sie (S): »Andrea, wenn du mich zurückweist oder ständig unterbrichst, bekomme ich das Gefühl, du hörst mir gar nicht zu. Das frustriert mich, und ich fühle mich nicht ernst genommen und von dir isoliert.«

Andrea (A): »Ja, klar! Du versuchst ja ständig alles und jeden zu kontrollieren. Ein Wunder, dass hier überhaupt jemand seine Arbeit auf die Reihe kriegt! Du tust immer so wichtig und mischst dich in alle Angelegenheiten ein – klar, dass die Leute anfangen, dich zu ignorieren. Ich habe jedenfalls herausgefunden, dass ich mich so mit dir verhalten muss!«

S: »Hm. Du fühlst dich nicht ernst genommen.«

A: »Ja, allerdings, du nimmst mich nicht ernst! Wie kann man es mit dir nur aushalten? Du kümmerst dich nur um dich selbst und nicht um das Team. Entweder macht jeder, was du sagst, oder er kann gehen. Du lässt niemanden neben dir gelten!«

S: »Du hast das Gefühl, ich höre dir nicht zu, du fühlst dich nicht genügend unterstützt oder wertgeschätzt.«

A: »Oh ja! Übrigens brauch ich den Bericht von deinem Team schon morgen und nicht erst nächste Woche. Die Kundenbesprechung von heute Morgen wurde vertagt, der Ressortleiter verlangt mehr Zeit, um alle Fragen zu verstehen.«

S: »Du fühlst dich also ignoriert und nicht ernst genommen.«

A: »Ja! Hast du den Bericht bis morgen fertig?«

S: »Ja, das schaffe ich.«

A: »Gut.«

Diese Chefin ist beleidigend und kann nicht zuhören. Sie wechselt plötzlich das Thema, als ob die Angelegenheit, um die es im Moment geht, nicht existierte. Es scheint, als lenkte sie sich unbewusst von den schmerzlichen Gefühlen ab, die Sie durch Ihre Bemerkung bei ihr ausgelöst haben. Ihr *Affect Labeling* bewahrt Sie in diesem Fall vor einer kontraproduktiven Reaktion gegenüber Ihrer Chefin: einer spitzen Bemerkung, Streit oder passiv-aggressivem Rückzug. Keine dieser Optionen würde ihnen langfristig etwas nützen. Andrea hat die Beziehung zu sich selbst so sehr verloren, dass Ihr *Affect Labeling* nur wenig oder gar keine Wirkung zeigt. Was Sie ihr zurückspiegeln, wird zwar von ihr bestätigt, aber sie nimmt sich nicht die Zeit, es zu verarbeiten. Höchstwahrscheinlich will sie ihre Gefühle vermeiden. Setzen Sie bei einem solchen Vorgesetzten Ihr *Affect Labeling* unbedingt fort, allein schon um sich vor den toxischen Äußerungen zu schützen. Indem Sie die Worte ignorieren und sich auf die Gefühle konzentrieren, ist die Wahrscheinlichkeit geringer, dass Ihr Ego in die Angelegenheit hineingezogen und zu einer Reaktion provoziert wird.

Ein weiterer problematischer Chef ist einer, der seine Mitarbeiter für jede Kleinigkeit und jeden Fehltritt verantwortlich macht und sich nachtragend verhält. Sind Sie schon einmal gerügt worden, obwohl Sie alles genauso gemacht haben, wie Ihr Vorgesetzter es Ihnen aufgetragen hat? Sie fühlen sich durch die ungerechtfertigten Anschuldigungen äußerst unfair behandelt. Und das zu Recht! Und doch vergessen Sie in diesem Fall die Grundregel des Arbeitslebens. Solange Sie nicht auf dem Chefsessel sitzen, ist es egal, ob Sie recht haben oder nicht. Wir alle denken, wir seien im Recht, und wenn wir wütend sind, glauben wir es umso mehr zu sein. Aber dies gilt genauso für Ihren Chef. Wie Sie liebt auch er es, im Recht zu sein. Vielleicht liebt er es sogar noch mehr – allein schon deshalb, um sein Selbstbild innerhalb des Unternehmens zu bewahren.

Wie in so vielen anderen Situationen ist die schlechteste Option, wenn man Sie ungerechterweise beschuldigt, in den Verteidigungsmodus zu gehen oder einen Streit anzuzetteln.

Versuchen Sie sich zu verteidigen, erwecken Sie den Eindruck, als wollten Sie die Glaubwürdigkeit Ihres Bosses untergraben. Hier kann *Affect Labeling* Ihnen helfen, Ruhe zu bewahren, und Sie davor schützen, die Beherrschung zu verlieren. Nehmen wir an, Sie erhalten eine E-Mail von Ihrem Chef, in dem dieser Sie darum bittet, den großen Konferenzsaal für eine Arbeitsbesprechung zu reservieren. Am Tag der Besprechung geht Ihr Chef in den falschen Konferenzraum in der festen Überzeugung, dass es sich um den von Ihnen reservierten handelt. Als er sieht, dass der Raum bereits belegt ist, liest er Ihnen die Leviten. Sie werden eines Fehlers bezichtigt, für den Sie nicht verantwortlich sind. Hier ist eine Möglichkeit, wie Sie mit der Situation umgehen könnten:

Robert (R): »Hör mal, Konferenzraum A ist besetzt! Ich hab dir doch letzte Woche gesagt, du sollst ihn für mich reservieren. Warum zum Teufel hast du das nicht gemacht?«

Sie (S): »Robert, du bist wirklich frustriert und wütend, dass dir der Konferenzraum nicht zur Verfügung steht.«

R: »Allerdings! Ich bin wirklich frustriert.«

S: »Du fühlst dich nicht ernst genommen und nicht genügend unterstützt.«

R: »Ja! Warum kann ich mich nicht auf dich verlassen?«

S: »Du hast das Gefühl, du kannst dich auf niemanden verlassen.«

R: »Genau!«

S: »Noch mal zur Klärung, welchen Konferenzraum sollte ich für dich buchen?«

R: »Konferenzraum A.«

S: »Hast du deine Meinung geändert? In der einzigen E-Mail,

die ich von dir erhalten habe, stand, dass du den großen Konferenzsaal reserviert haben wolltest. Den habe ich für dich gebucht und mir bestätigen lassen, dass er dir den ganzen Tag zur Verfügung steht.«

R: »Oh!«

S: »Kein Problem. Ich weiß, du hast viel um die Ohren.«

R: »Ja. Ist in Ordnung. Danke dir!«

Robert unterliegt einem vollkommenen Irrtum und verschlimmert die Situation noch zusätzlich, indem er Sie zu Unrecht beschuldigt. Statt sich zu verteidigen, beschwichtigen Sie ihn mittels *Affect Labeling* und stellen ihm anschließend eine einfache Frage. Es wäre ja durchaus vorstellbar, dass er seine Meinung geändert hat und Ihnen eine Anweisung geschickt hat, die Sie nie erhalten haben. Seine Reaktion (»Oh!«) zeigt, dass er sich seiner Blamage bewusst ist. Sie reagieren darauf nicht mit Schadenfreude, sondern geben ihm die Möglichkeit, sein Gesicht zu wahren. Er ist in seiner Entwicklung noch nicht reif genug, um sich bei Ihnen für seine ungeschliffene Art zu entschuldigen, aber das ist kein Grund, die Situation weiter eskalieren zu lassen.

Als Mediator vermittle ich bei vielen Streitigkeiten am Arbeitsplatz. Viele davon haben mit Vorgesetzten zu tun, mit denen nicht gut Kirschen essen ist. Arbeitnehmer verschlimmern die Situation häufig noch, weil sie glauben, sie hätten Anspruch darauf, respektvoll behandelt zu werden. Obwohl Anstand und gute Sitten es gebieten, dass Chefs ihre Untergebenen gut behandeln, lässt sich dies nicht einklagen. Ich erkläre Arbeitnehmern immer wieder, dass es kein Gesetz gibt, das einem Chef verbietet, unfreundlich oder schwierig zu sein. Wenn Sie selbst nicht die Machtposition bekleiden, müssen Sie unter Umständen eine Menge an Unfreundlichkeit ertragen. *Affect Labeling* kann Ihnen dabei helfen, diese unangenehmen Momente zu überstehen, ohne dabei die Fassung zu verlieren.

Affect Labeling mit Untergebenen

Nehmen wir an, Sie sind die Führungskraft eines Unternehmens. Ohne Zweifel haben Sie mit Ihren Untergebenen dann genau die gleichen Probleme, die Ihre Untergebenen mit Ihnen haben. Menschliches Verhalten ist aus der Perspektive emotionaler Erfahrungen betrachtet relativ gut vorhersagbar. Welche Verhaltensweisen eines Untergebenen bringen Sie auf die Palme? Hier sind einige Beispiele:

» Negativität
» Passiv-aggressives Verhalten
» Hochdramatisches Verhalten
» Streitlust und fehlender Respekt
» Unaufrichtigkeit, Lügen, fehlende Integrität
» Ziellose Gedankenergüsse, immer wenn Sie es eilig haben
» »Ich werde nicht fürs Nachdenken bezahlt«-Syndrom
» Geringe emotionale Intelligenz

Wundern Sie sich nicht, wenn diese Liste Sie stark an die Liste vom bösen Chef erinnert. Jede dieser schwierigen Verhaltensweisen sind unbewusste, auf Gefühlen basierende Strategien, um mit Schmerz, Frustration, Verstimmtheit, Respektlosigkeit und dem Gefühl, alleingelassen zu werden, umzugehen. Als Vorgesetzter haben Sie mit *Affect Labeling* mehr Spielraum, da man sowieso voraussetzt, dass Ihnen Ihre Angestellten zuhören – egal was Sie sagen.

Affect Labeling gibt Ihnen ein Hilfsmittel an die Hand, das aus schwierigen Angestellten zuverlässige und produktive Arbeitskräfte macht. Schwierige Gespräche und eskalierte Gefühle lassen sich auf saubere, kompetente und professionelle Art bewältigen. Wenn Sie die Kraft des *Affect Labeling* erfahren, werden Sie erkennen, dass die Fertigkeit Ihnen Kontrolle über viele schwierige Situationen mit Untergebenen verleiht. Innerhalb von Minuten können Sie aus dem hochdramatischen Verhalten eines Angestellten eine effektive Problemlösung und verbindliche Vereinbarung machen.

Betrachten wir nun einige mögliche Beispiele, damit Sie ein Gefühl dafür bekommen, wie sich *Affect Labeling* als wirkungsvolles Mittel zur Führung von Untergebenen einsetzen lässt.

Nichts verdirbt die Stimmung am Arbeitsplatz so sehr wie ein negativer Mitarbeiter. Menschen, die aus Gewohnheit unzufrieden sind, bemerken womöglich gar nicht, dass sich ihre ewig trüben Tage direkt auf Produktivität und Kreativität auswirken. Sie haben sich so sehr daran gewöhnt, die Welt als leer und grau zu betrachten, dass ihnen dies gar nicht mehr auffällt. Als Chef sind Sie gefordert, dem entgegenzuwirken und die Entwicklung zu ändern. Hier ist ein Beispiel, wie dies aussehen könnte:

Sie (S): »Hey, Rachel, wie fühlst du dich heute?«
Rachel (R): »Ach, mit mir ist alles in Ordnung. Aber meine Mutter ist wirklich krank, und meine Katze liegt im Sterben.«
S: »Du bist besorgt und traurig.«
R: »Ja! Der neue Freund meiner Tochter ist ein Blödmann, er nutzt sie finanziell aus und behandelt sie wie den letzten Dreck.«
S: »Du bist traurig und machst dir Sorgen um deine Tochter.«

R:»Ja! Aber ich kann nichts machen. Sie hört nicht auf mich und ignoriert so gut wie alle meine Ratschläge.«

S:»Du fühlst dich allein und verlassen.«

R:»Ja, stimmt! Niemand leistet mir Gesellschaft.«

S:»Du fühlst dich isoliert und unverstanden.«

R *(seufzt):*»Genau! Danke, dass du mir zuhörst.«

Dieses kurze Beispiel von *Affect Labeling* führt uns eine typische Verhaltensweise vor: unsere Unfähigkeit, auf die Frage »Wie fühlst du dich?« zu antworten. Die meisten Menschen besitzen nicht genug Selbstwahrnehmung, um ihre emotionalen Erfahrungen in einem bestimmten Augenblick zu beschreiben. Nur in äußersten Extremfällen fühlen sie sich gezwungen, auf ihre emotionalen Erfahrungen zu achten, und können sich über ihre Gefühle äußern. Für Rachel ist es normal, deprimiert zu sein – aus diesem Grund kann sie ihr Gefühl auch nicht entsprechend in Worte fassen, um Ihre Frage zu beantworten. Stattdessen antwortet sie Ihnen auf eine Frage, die Sie gar nicht gestellt haben, wenn sie sagt: »Ja! Der neue Freund meiner Tochter ist ein Blödmann, er nutzt sie finanziell aus und behandelt sie wie den letzten Dreck.« Es scheint, als hätte Rachel Ihnen gar nicht zugehört – und wahrscheinlich hat sie dies auch nicht. Das Geheimnis besteht darin, nicht aufzugeben oder frustriert zu sein.

In diesem Beispiel setzen Sie Ihr *Affect Labeling* mit Rachel fort. Welche Gefühle auch hochkommen, Sie spiegeln sie – egal ob Rachel sich dessen bewusst ist oder nicht. Schließlich stoßen Sie auf den Kern des Problems, als Sie sagen: »Du fühlst dich isoliert und unverstanden.« Rachel entspannt sich und seufzt erleichtert auf. Schlussendlich erkennt ein unbewusster Anteil in Rachel, dass man ihr auf tiefe Weise zugehört hat.

Warum sollten Sie sich die Zeit für all das nehmen? Erstens: Bedenken Sie, wie viel Zeit es Sie tatsächlich kostet. Das Gespräch nimmt maximal 30 bis 45 Sekunden in Anspruch. Wenn Sie es auf andere Weise versuchen und Rachel Ratschläge erteilen oder ihr nahelegen, nicht so negativ zu sein, wird sich Ihr Gespräch wahrscheinlich noch viel mehr in die Länge ziehen. Indem Sie direkt auf *Affect Labeling* zurückgreifen, sparen Sie sich Zeit!

Zweitens: Erinnern Sie sich an Ihre Rolle als Führungskraft. Sosehr Ihnen die Vorstellung widerstreben mag, Sie geben den Menschen, die Sie führen, psychologischen Halt. Dies bedeutet nicht, dass Sie ein Therapeut sein müssen oder Ihre Mitarbeiter sich jeden Tag bei Ihnen ausheulen können. Es bedeutet, dass Sie den emotionalen Erfahrungen Ihrer Mitarbeiter Aufmerksamkeit schenken. Wie sich Ihre Mitarbeiter während des Tages fühlen, hat direkte Auswirkungen auf deren Produktivität und den Nettogewinn Ihres Unternehmens. Unterschätzen Sie die Bedeutung von Gefühlen am Arbeitsplatz, begehen Sie einen klassischen Fehler von Führungskräften. Jede Entscheidungsfindung, jedes Denken, jede Problemlösung beginnt mit Gefühlen.

Ohne Gefühle können wir nicht wählen, nichts entscheiden und nicht vernünftig sein. Gleichermaßen können starke Gefühle uns blockieren, unseren Blick auf die verschiedenen Möglichkeiten einschränken und uns zu unvernünftigen Entscheidungen verleiten. Ideal ist ein Arbeitsteam, dessen allgemeine emotionale Erfahrung sich im Bereich von maximaler Effektivität bewegt. Ihre Hauptaufgabe als Führungskraft liegt darin, festzustellen, wo Ihre Angestellten in Beziehung zu diesem Bereich kommen, und ihnen dabei zu helfen, dass sie in diesem Bereich bleiben. *Affect Labeling* ist dafür ihre Allzweckwaffe!

Chefs glauben, sie besitzen Macht – und wahrscheinlich liegen sie damit richtig. Aber auch Angestellte haben Macht. Ist ein Angestellter nicht kooperativ, bleibt die Arbeit liegen. Einmal fragte ich eine Gruppe mittlerer Angestellter eines großen Autohauses, wer Ihrer Meinung nach die größte Macht im Raum besaß. Als wir die Reihen durchgingen, bemerkte ich etwas, das ihnen noch nie aufgefallen war.

»Ihr seht es immer noch nicht. Wer in diesem Raum hat die Macht über eure Provisionszahlungen und Einnahmequellen?« Sie waren ratlos. Niemand schien diese Macht zu haben.

»Was ist mit Patty dort hinten? Sie ist die Sachbearbeiterin für sämtliche Verträge im Unternehmen. Jeder einzelne Vertrag geht über ihren Schreibtisch. Patty, was würde passieren, wenn Sie einen Vertrag einen oder zwei Tage lang nicht bearbeiten?«

»Dann geht er nicht zur Bank, die dem Käufer das Geld leiht, und wir bekommen das Geld aus dem Verkauf nicht ausgezahlt!«

»Und wenn es dazu kommen sollte?«, hakte ich nach.

»Erfolgt die Zahlung nicht, gibt es keine Provisionen und keine Gehälter für unsere Angestellten«, antwortete Patty.

»Was würde geschehen, wenn Sie sich über einen der hier versammelten Ressortleiter oder Vertriebsleiter ärgern und deren Verträge für ein paar Tage zurückhalten?«

Patty lachte und sagte: »Sie bekämen ihr Geld nicht!«

Ich fragte noch einmal in die Runde: »Wer hat also die größte Macht in diesem Raum?« Ich hatte meinen Standpunkt deutlich gemacht. Patty schien die Person mit dem geringsten Einfluss im Raum zu sein, sie war kaum mehr als eine bessere Bürokraft. Jedoch hatten ihre täglichen Entscheidungen einen großen Einfluss auf alle im Raum Anwesenden.

Die Macht am Arbeitsplatz ist auf viele Schultern verteilt. Als Führungskraft müssen Sie dies erkennen und sich mit dem gelegentlich auftretenden Angestellten auseinandersetzen, der Macht über Sie auszuüben versucht. Ein klassisches Beispiel dafür ist der passiv-aggressive Mitarbeiter.

Passiv-aggressive Mitarbeiter neigen zu feindseligem Verhalten auf eine nicht-aggressive Art. Sie versuchen Kontrolle auszuüben, zu schädigen oder in Bezug auf einen Vorgesetzten negativen Eindruck zu erwecken, indem sie Verantwortung vermeiden. Spricht man diese Menschen darauf an, wird sich die passiv-aggressive Person überrascht zeigen, dass es ein Problem gibt. Er oder sie wird ihre Unschuld beteuern, die Angelegenheit glaubhaft abstreiten und versuchen, die Schuld auf die anderen abzuwenden.

Dieses Verhalten tritt in verschiedenen Spielarten auf. Der »Falsche Fuffziger« ist ein Mitarbeiter, der sich in Ihrer Gegenwart als gefällig erweist und niemals klagt, sich in Ihrer Abwesenheit jedoch negativ und verächtlich über Sie äußert. Der »Minimalpflicht-Erfüller« ist einer, der absichtlich nur das Nötigste tut – dabei jedoch nur so weit geht, dass es banal erscheinen würde, wenn Sie sich über ihn beschweren. Der »Saboteur« ist einer, der behauptet, etwas vergessen zu haben, anderen die Schuld in die Schuhe schiebt, seine Geringschätzung auf subtile Weise zum Ausdruck bringt und Fehler macht, damit Sie in einem unvorteilhaften Licht erscheinen. Der »Krisenmanager« ist einer, der den geeigneten Zeitpunkt abwartet, um sich als Retter des Tages aufzuspielen. Er wartet, bis Sie aus dem Raum sind, um ein Problem heraufzubeschwören. Dann wendet er oder sie sich über Ihren Kopf hinweg an Ihren Vorgesetzten und erbittet von höchster Stelle Handlungsvollmacht, um entsprechende Maßnahmen einzuleiten. Die Absicht ist, den Eindruck zu erwecken, dass Sie unzuverlässig sind, er oder sie dagegen Verantwortung übernimmt.

Passiv-aggressive Menschen sind jedoch nicht bloß üble Zeitgenossen, die nichts Besseres zu tun haben, als andere in ein schlechtes Licht zu rücken. Häufig gibt es für ihr Verhalten einen bestimmten emotionalen Auslöser. Wenn Sie sich nicht die Zeit nehmen, herauszufinden, was sich emotional in einem passiv-aggressiven Menschen abspielt, sind Sie zum Unglück verdammt. *Affect Labeling* ist ein Hilfsmittel, mit dem Sie eine negative Situation zum Positiven wenden können.

Hier ist ein Weg, wie man einem passiv-aggressiven Mitarbeiter begegnen und mit diesem umgehen kann:

Sie (S):»Danke Alfonso, dass Sie Zeit gefunden haben für ein Gespräch.«
Alfonso (A):»Klar, kein Ursache.«
S:»Es gibt da eventuell ein Problem, das ich gerne mit Ihnen besprechen würde.«
A:»Ja?«
S:»Man hat mir von mehreren Seiten zugetragen – und mit ›mehreren Seiten‹ meine ich über ein Dutzend Kollegen –, dass Sie hinter meinem Rücken an mir und meinen Entscheidungen Kritik üben. Ich bin ein wenig irritiert, weil ich immer den Eindruck hatte, dass Sie meine Entscheidungen in unseren Arbeitsmeetings unterstützen. Ich habe noch nie erlebt, dass Sie irgendetwas abgelehnt oder Einwände vorgebracht hätten. Ich würde gerne wissen, was los ist.«
A:»Das sind doch alles nur Lügenmärchen! Das sind Dreckskerle, die so was von mir behaupten!«
S: »Sie sind wütend.«

A: »Allerdings, das bin ich! Niemand hat das Recht, mich so niederzumachen!«

S: »Sie fühlen sich nicht ernst genommen.«

A: »Ja!«

S: »Sie fühlen sich hintergangen, so als wolle Sie jemand in die Pfanne hauen!«

A: »Verdammt noch mal, ja!«

S: »Erzählen Sie doch mal, wie Sie sich dabei fühlen, für mich zu arbeiten.«

A: »Ich denke, es ist in Ordnung.«

S: »Sie sind frustriert.«

A: »Ja, ein bisschen. Manchmal.«

S: »Sie fühlen sich nicht ernst genommen und unverstanden.«

A: »Ja!«

S: »Sie haben das Gefühl, niemand hört Ihnen zu und Ihre Meinung zählt nicht.«

A: »Ja! Sie wissen ja immer alles und hören nie auf mich!«

S: »Sie finden, dass das eine unfaire Situation ist und man mehr auf Sie hören sollte.«

A: »Ja!«

S: »Sie haben das Gefühl, andere sollten zu Ihnen aufblicken.«

A: »Ja!«

S: »Sie sind schon lange in der Firma und finden, dem sollte irgendwie Rechnung getragen werden.«

A: »Genau!«

S: »Es frustriert Sie, dass Sie bei der Beförderung übergangen worden sind.«

A: »Jawohl!«

S: »Sie haben das Gefühl, dass man Sie hier nicht genügend wertschätzt.«

A *(seufzt):* »Ja, genauso ist es!«

Um die Wahrheit zu erfahren, müssen Sie nicht unbedingt auf Konfrontationskurs gehen. Als Sie einen kleinen Sprung wagen und sagen:»Sie fühlen sich hintergangen, so als wolle Sie jemand in die Pfanne hauen!«, gesteht Alfonso, dass er wütend darüber ist, dass ihn jemand verraten hat. Dies ist die einem Geständnis am nächsten kommende Äußerung, die Sie Alfonso entlocken können, und mehr ist auch nicht nötig. Sobald Alfonso – indem er die von Ihnen reflektierten Gefühle bejaht – bestätigt, dass er Sie hinter Ihrem Rücken kritisiert hat, fahren Sie fort. Dies machen Sie wie folgt.

Sie fordern Alfonso auf:»Erzählen Sie doch mal, wie Sie sich dabei fühlen, für mich zu arbeiten.« Dies ist eine neue Technik, die auf dem aufbaut, was Sie bereits gelernt haben. Nachdem Sie eine gewisse emotionale Sicherheit geschaffen haben, indem Sie Alfonso nicht gleich zur Schnecke machen, haben Sie die Möglichkeit, das tiefer liegende Problem zu sondieren. Ein Weg, dies zu tun, ist, die andere Person zu fragen, wie sie sich in Bezug auf eine bestimmte Sache fühlt. Ungeachtet dessen, was Ihnen die Person sagt, hören Sie auf die Gefühle und spiegeln diese zurück. Dies lenkt Sie auf einen Pfad zur Entdeckung des eigentlichen Problems. In diesem Fall basiert Alfonsos passiv-aggressives Verhalten auf seiner Wut, dass er nicht befördert wird, und seinem Gefühl, dass man seiner langjährigen Unternehmenszugehörigkeit nicht Rechnung trägt und seinen Wert als Arbeitnehmer genug schätzt. Seine Bewältigungsstrategie für den dadurch bei ihm ausgelösten emotionalen Schmerz ist, dass er Sie sabotiert. Als Sie endlich auf den wahren Grund stoßen, zeigt Alfonso unwillkürlich die Entspannungsreaktion. Er ist erleichtert, dass Sie endlich verstehen, wie es sich für ihn angefühlt hat, übergangen worden zu sein und nicht ernst genommen zu werden. Dies ist gut. An diesem Punkt können Sie durch Problemlösen versuchen, ihr Verhältnis wieder zu reparieren.

Vergleichen Sie diese Art, wie Sie mit Alfonso umgegangen sind, einmal mit der typischen Verhaltensweise in solchen Fällen. Die meisten Chefs würden auf Konfrontationskurs gehen, den Angestellten beschuldigen und bedrohen. Der Angestellte würde jegliches Fehlverhalten abstreiten. Sie hätten nichts erreicht, außer dass Sie beide noch misstrauischer, wütender und frustrierter wären. Vermutlich würde sich Alfonsos passiv-aggressives Verhalten noch verstärken. Ihre berufliche Beziehung würde noch weiter vergiftet.

Die Natur der Menschenführung

Zuhören, *Affect Labeling* und Problemlösen in unserer Arbeits- und Berufswelt eröffnet uns die Möglichkeit, uns zu Führungskräften zu entwickeln – egal welchen Posten oder welches Amt wir gerade bekleiden. Jedoch ist es wichtig, dass wir klar definieren, was wir in diesem Zusammenhang unter einer Führungskraft verstehen. Wir neigen dazu, mit dem Wort *Führung* achtlos umzugehen, und verwechseln es mit Autorität, Geschäftsführung und Macht. In Wahrheit jedoch hat Führung nur wenig mit Autorität, Geschäftsführung und Macht zu tun, auch wenn es sich dabei um Werkzeuge handelt, auf die eine effektive Führungskraft zurückgreifen kann.

Führung besteht meiner Meinung nach aus einer Reihe von Fertigkeiten, die ein Einzelner einsetzt, um einer Gruppe von Menschen zu helfen, ein bestimmtes Ziel zu erreichen. Ich glaube, Führung besitzt vier Dimensionen:

1. Wir können nach oben orientiert führen, dadurch werden wir zu Führungskräften mit Blick auf Vorgesetzte.
2. Wir können nach unten orientiert führen, dadurch werden wir zu Führungskräften mit Blick auf Untergebene.
3. Wir können nach links und rechts orientiert führen, dadurch werden wir zu Führungskräften mit Blick auf Kollegen und Mitarbeiter.
4. Wir können aufs Innere hin orientiert führen, dadurch werden wir zu Führungskräften unserer selbst.

Wenn wir als Führungskraft nicht gleichzeitig in allen vier Dimensionen agieren, wird es uns kaum möglich sein, eine Arbeitsgruppe beim Erreichen ihrer Ziele zu unterstützen. Eine Führungskraft sollte einer Arbeitsgruppe drei wichtige psychologische Dienstleistungen anbieten:

1. Führung
2. Schutz
3. Rollenorientierung

Eine Führungskraft bietet Führung, indem sie der Gruppe ihre Aufgabe verdeutlicht und sie in einen Prozess mit hineinnimmt, in dem diese das Problem und die mögliche Bandbreite an Lösungen verstehen lernt. Eine Führungskraft bietet Schutz, indem sie die Gruppe auf externe Bedrohungen hinweist, und dieser hilft, auf die Bedrohung zu reagieren. Eine Führungskraft bietet Rollenorientierung, indem sie jedem Gruppenmitglied erlaubt, die Führungskraft als Anker für die Ausbildung seiner eigenen Identität zu nutzen.

Führungskräfte arbeiten außerdem mit Gruppenkonflikten. Im Gegensatz zur Autorität, die dazu neigt, die Ordnung durch

Macht wiederherzustellen, und daher Konflikte vermeidet, wird die Führungskraft den Konflikt zulassen und dafür nutzen, die Bedürfnisse der Gruppe besser zu verstehen. In allen diesen Fällen sehen sich Führungskräfte mit starken Emotionen konfrontiert. Zu wissen, wie man solche Emotionen deeskaliert, ist eine der grundlegenden Fertigkeiten von Führungskräften.

* * *

Zusammenfassung des Kapitels

In diesem Kapitel haben wir gelernt:

» Wie man *Affect Labeling* am Arbeitsplatz oder jedem beruflichen beziehungsweise organisierten Umfeld anwenden kann, einschließlich Angestellte und Autoritätspersonen: Kollegen, Chefs, Untergebene.

» Wie man am Arbeitsplatz Gefühle ermittelt und *Affect Labeling* macht – ein unschätzbares Gut und eine Fertigkeit, die sich direkt auf Produktivität und Wirtschaftlichkeit des Unternehmens auswirkt.

» *Affect Labeling* basiert auf konkreten Ergebnissen aus den Neurowissenschaften, die wirksam und effizient auf die Ursache vieler zwischenmenschlicher Konflikte am Arbeitsplatz abzielen.

» Menschenführung baut auf folgenden Fähigkeiten auf: Führung, Schutz, Rollenorientierung, Arbeit mit Gruppenkonflikten; die Fertigkeit, starken Emotionen die Stirn zu bieten und einen Menschen oder eine Situation rasch zu deeskalieren, ist ein wirksames Hilfsmittel für jede Führungskraft.

8
Die Kraft der Selbstwahrnehmung

Ich bin freudig überrascht, wie man die Dynamik menschlicher Beziehungen verändern kann, indem man lernt, anderen zuzuhören und deren Gefühle zurückzuspiegeln. In meinem Fall haben diese neuen Fertigkeiten meine Beziehung zu meinen Eltern verbessert. Tatsächlich musste ich in letzter Zeit einige schwierige Familienprobleme durchstehen, und interessanterweise sagten mir meine beiden Eltern zu verschiedenen Gelegenheiten: »Wann hast du nur diesen Durchblick gewonnen, und woher weißt du all diese Sachen?« Diese Bemerkung hat mich ausgesprochen glücklich gemacht. Meine Beziehungen sind generell besser geworden – und das begeistert mich. Ich habe sogar gemerkt, dass sich meine Stimmung stabilisiert hat. Ich bin nicht mehr so launisch. Ich bin ein freundlicherer und weniger gestresster beziehungsweise gereizter Mensch. Ich verhalte mich anderen gegenüber geduldiger und mitfühlender und habe gelernt, mich besser und effizienter auszudrücken.

Anna Humiston, Valley State Prison for Women[14]

Als ich anfing, lebenslang Inhaftierten die erwähnten Fertigkeiten beizubringen, hoffte ich, dass sie dies in die Lage versetzen würde, mögliche gewalttätige Auseinandersetzungen rasch und effizient zu deeskalieren. Und genau das passierte auch, nachdem sie die Techniken ein paar Wochen lang gelernt hatten. Nach einigen Monaten Training geschah noch etwas weitaus Magischeres. Die Insassen berichteten, dass sie sich nicht mehr so leicht provozieren ließen. Dass sie ihre Beherrschung nicht einfach verlören oder auf Konfrontation aus seien. Stattdessen machten sie auf ganz natürliche Weise mit sich selbst *Affect Labeling*.

Dieser unerwartete Nutzen veranlasste meine Kollegin Laurel Kaufer und mich, unserem Ausbildungsprogramm für Friedensstifter einen weiteren Baustein über »Selbstwahrnehmung« hinzuzufügen. Wir hatten bereits einen Abschnitt über den Umgang mit heftigen Emotionen verfasst, und so ging es eigentlich nur noch darum, alle Ideen in einem Kapitel zusammenzufassen, das zum Unterrichten geeignet war. Die Ergebnisse hatten eine ausgesprochen tief greifende Wirkung. Je besser die Häftlinge verstanden, was ihre Reaktionen auslöste und *Affect Labeling* aktiv an sich selbst ausprobierten, desto mehr Ruhe und inneren Frieden fanden sie. Für viele von ihnen war dies ein weiterer lebensverändernder Moment innerhalb unseres »Prison of Peace«-Projekts.

Die Entwicklung emotionaler Intelligenz

Es gibt inzwischen Tausende von Artikeln und Hunderte von Büchern darüber, wie man die eigene emotionale Selbstwahrnehmung entwickeln kann. Emotionale Selbstwahrnehmung bildet die Grundlage für emotionale Intelligenz. Allerdings scheint es sich um eine Fertigkeit zu handeln, von der uns als Menschen nur sehr wenig zur Verfügung steht. Ich glaube, der Grund dafür liegt in der Tatsache begründet, dass wir in der Kindheit nicht systematisch lernen, wie man sich seiner selbst gewahr wird. Stattdessen sind wir, wie ich in Kapitel 2 gezeigt habe, Opfer emotionaler Entwertungen. Wir lernen, dass unsere Gefühle etwas Negatives, Irrationales und Unheimliches sind. Wir lernen, dass wir, wenn wir emotional sind, nicht rational sein können.

Hingegen bringt uns niemand bei, dass wir erst durch unsere Gefühle zum Menschen werden, und nicht durch unsere begrenzte Fähigkeit zum logischen Denken. Folglich hängt es von unserer persönlichen Motivation ab, ob wir lernen, uns unserer emotionalen Erfahrungen gewahr zu werden. Für gewöhnlich entwickeln wir die Fähigkeit zur Selbstwahrnehmung, weil uns der Schmerz unbewusster Emotionen und die dadurch bedingten destruktiven Verhaltensweisen dazu zwingen, unseren Blick nach innen zu richten – doch was geschieht, wenn wir diese Selbstmotivation nicht haben?

Emotionale Selbstwahrnehmung ist eine komplexe kognitive Funktion. Erinnern Sie sich an dieser Stelle noch einmal an die Behauptung des Psychologen Silvan Tomkins aus Kapitel 1 dieses Buches, dass Menschen über neun angeborene Affekte verfügen. Affekte sind die biologische Reaktion im Gehirn auf Ereignisse, die sich in unserer direkten Umgebung abspielen. Hier noch einmal Tomkins' neun Affekte:

Interesse/Begeisterung
Vergnügen/Freude
Überraschung/Erschrecken
Angst/Grauen

Leid/Qual
Ärger/Wut
Ekel vor schlechtem Geschmack
Ekel vor schlechtem Geruch
Scham/Demütigung

Dies sind die noch unverstellten biologischen Reaktionen, die man bei Kindern beobachten kann. Es sind keine erworbenen Verhaltensweisen. Vielmehr scheint es sich dabei um angeborene Reaktionen auf die Umgebung zu handeln. Über viele Monate hinweg verbinden sich diese Affekte dann mit bestimmten Grundgefühlen bzw. *Basisemotionen.* Emotionen sind kognitive Strukturen, die Affekt und Gefühl in Form einer schlichten Bezeichnung miteinander verbinden. Selbst durch die einfachsten Bezeichnungen, die wir erzeugen, lernen wir, was wir erleben, mit Worten auszudrücken. Wir denken auf einer rudimentären Ebene darüber nach, was uns veranlasst hat, eine bestimmte Emotion zu empfinden, und tun – abhängig von der Situation – alles, um mehr oder weniger von dieser Emotion zu erleben. Die Erzeugung dieser kognitiven Bezeichnungen nennt man emotionale Kategorisierung, und wir lernen sie im Gegensatz zu den Affekten aufgrund von Erfahrung.

Wenn wir älter werden und wenn alles gut geht, nehmen wir nach und nach zunächst weiter gefasste emotionale Kategorien und unterteilen diese stückchenweise in kleinere, feiner abgestufte Grade. Diesen Vorgang nennt man emotionale Körnung.[15] Diese erzeugen wir, indem wir uns direkt und indirekt den unterschiedlichsten emotionalen Erfahrungen aussetzen. Einer der Gründe, weshalb das Lesen guter Literatur als eine Voraussetzung zur Ausbildung eines gebildeten Geistes gilt, sind die emotionalen Erfahrungen, die ein Autor dem

Leser vermittelt. Dies beginnt mit so einfachen Texten wie *Pu der Bär* und erreicht seinen Höhepunkt in der außergewöhnlichen emotionalen Komplexität eines Werkes wie *Moby Dick*.

Das Hauptproblem ist jedoch, dass es uns irgendwann nicht mehr gelingt, unsere emotionalen Erfahrungen mit dem unüberschaubaren Vokabular an Gefühlen, das wir im Leben gelernt haben, in Einklang zu bringen. Die meisten von uns sind in der Lage, zwanzig oder dreißig Gefühle zu benennen, wenn wir uns die Zeit nehmen, darüber nachzudenken. Werden wir jedoch gefragt, wie wir uns fühlen, benutzen wir normalerweise nur fünf oder sechs Gefühle zur Beschreibung unseres Gemütszustandes. Selbstwahrnehmung ist die Fähigkeit, genau beschreiben zu können, welche Gefühle wir zu jedem gegebenen Zeitpunkt erleben, insbesondere dann, wenn es sich um starke Gefühle handelt.

Die Aufgabe, Selbstwahrnehmung zu entwickeln, besteht darin, unsere im Moment gemachten emotionalen Erfahrungen mit den Worten zu verbinden, die diese Erfahrung beschreiben. Ein Mensch mit der Fähigkeit zu emotionaler Selbstwahrnehmung ist in der Lage, seine emotionalen Erfahrungen jederzeit zu beobachten und diese sich selbst oder anderen mitzuteilen.

Die Vorteile dieser Fähigkeit sind zahlreich und von maßgeblicher Bedeutung.

Erstens, je höher die emotionale Körnung unserer Gefühle ist, umso klarer können wir das, was wir erleben, mit Worten ausdrücken. Wir sind in der Lage, emotionale Erfahrungen in unserer bewussten Selbstwahrnehmung genauer zu bestimmen. Dies verringert unsere Ängste, verstärkt unser Gefühl von Sicherheit und unterstützt unsere höheren kognitiven Verarbeitungsprozesse. Zweitens, emotionale Körnung erlaubt uns, Ursache und Wirkung genauer zu beurteilen. Sind wir zum Beispiel imstande, zwischen Angst, Ärger und Frustration zu unterscheiden, kann uns dies viel über unsere unmittelbare Umgebung erklären. Dies verringert wiederum unsere Ängste und stärkt unser Gefühl von Kontrolle. Drittens versetzt sie uns in die Lage, genauer auszuwählen, wie wir auf unsere emotionalen Erfahrungen reagieren wollen. Zu guter Letzt können wir dadurch anderen Menschen in klaren Worten erklären, was wir fühlen und warum. Dies hat eine unglaubliche Wirkung!

Wie Sie Ihre emotionale Körnung entwickeln

Die Aufgabe, die eigene Selbstwahrnehmung zu entwickeln, kann – sofern Sie es richtig angehen – durchaus Spaß machen. Zum Glück haben wir Zugriff auf alle möglichen Formen emotionaler Erfahrungen. Wir müssen sie nur als Momente des Lernens zum Einsatz bringen. Vielleicht erinnern Sie sich noch, als ich Ihnen in Kapitel 1 darüber berichtete, wie ich in einem Wartezimmer einmal einen Radiospot hörte. Rein spaßeshalber beschloss ich, die Gefühle, die in dem Werbespot vorkamen, zu benennen und mitzuzählen. Ich war erstaunt, wie viele Gefühle in 30 Sekunden vermittelt wurden. Beim Zuhören fiel mir auf, wie bewusst Werbung Emotionen einsetzt. Sie ist dafür konzipiert und gemacht, uns zum Handeln zu veranlassen. Welch großartiges und kostenloses Lernobjekt!

Die folgende Übung verdeutlicht dies noch etwas genauer:

1. Wählen Sie einen Radiosender aus.
2. Hören Sie sich an, was gerade kommt.

Läuft gerade ein Musikstück, achten Sie darauf, welche Gefühle durch den Sänger, die Musik und den Text vermittelt werden. Hier ist ein kleiner Leitfaden:

» Popmusik: Traurigkeit, Einsamkeit, verlorene Liebe (Verlassenheit)
» Country: Traurigkeit, Einsamkeit, verlorene Liebe (Verlassenheit)
» Hip-Hop: Wut, Frustration, Verzweiflung
» Rock: Wut, Rage, Traurigkeit, Einsamkeit

Benennen Sie, was Sie hören und fühlen, indem Sie das jeweilige Gefühl laut für sich aussprechen. Kommt ein Werbespot, notieren Sie alle Gefühle, die der Sprecher vermittelt, in Form einer Liste.

Machen Sie diese Übung ein paarmal und achten Sie darauf, wie Ihr Gehör in Bezug auf Gefühle immer mehr geschult wird. Wenn Sie Menschen in Ihrer Umgebung zuhören, achten Sie darauf, wie laut und klar deren Gefühle zu Ihnen durchdringen. Und noch wichtiger ist, Sie werden nach einigen Wochen des Übens bemerken, dass Ihre Selbstwahrnehmung erheblich schärfer geworden ist.

Hier ist eine zweite Übung:

1. Sehen Sie sich eine Sendung im Fernsehen oder einen Film an.
2. Machen Sie während einer oder zwei Szenen einige Minuten lang mit den Gefühlen der Schauspieler *Affect Labeling*. Machen Sie dies nicht zu lang, denn es ist ermüdend, und Sie werden die Sendung oder den Film nicht genießen können.

3. Alternativ hören Sie nur die Tonsequenz der Sendung oder des Films und benennen Sie die Gefühle.
4. Jetzt schalten Sie auf stumm und beobachten die Schauspieler. Benennen Sie deren Gefühle auf Grundlage ihrer nonverbalen Verhaltensweisen.
5. Schreiben Sie Ihre Beobachtungen auf als eine Methode, um Ihren Gefühls-Wortschatz mit Ihren konkreten Beobachtungen zu verbinden. Im Internet finden Sie viele Listen zu Gefühlen.

Sie werden schnell neue Verbindungen schaffen zwischen Ihrem intellektuellen Wissen über Gefühle und Ihrer konkreten Erfahrung der Gefühle. Dadurch entwickeln Sie Ihre emotionale Körnung.

Was sind Ihre Trigger?

Der nächste Schritt ist, Ihre emotionalen »Trigger« zu verstehen. Ein Trigger ist ein bestimmter Schlüsselreiz aus der Umgebung, der eine Kaskade von Erlebnissen aus der Vergangenheit auslöst, die automatisch und in der Regel unbewusst aktiviert werden. Unser tägliches Verhalten läuft größtenteils unbewusst ab, weil wir Abertausende von kognitiven Schemata gelernt haben, um unser Leben zu bestreiten. Jedes Schema lässt sich mit einem Computerprogramm vergleichen, wenngleich wahrscheinlich um einiges komplizierter. Diese Schemata oder Drehbücher erlauben es uns, Routine- und Alltagsaufgaben zu erledigen, ohne dass wir besonders viel darüber nachdenken müssen.

Der Kehrseite der Medaille ist, dass unsere emotionalen Reaktionen im Alltag ebenfalls in Form kognitiver Schemata ablaufen. Mit anderen Worten, wenn Onkel Harry sich über seine politischen Ansichten auslässt, löst dies bei uns automatisch eine bestimmte emotionale Erfahrung aus. Wir verfügen über eine Reihe von Schemata, die außerhalb unseres Bewusstseins in Gang gesetzt werden. Sind Sie sich der Gefühle, die aufgrund Ihrer Schemata ausgelöst werden, nicht bewusst, fehlt es Ihnen an emotionaler Selbstwahrnehmung.

Obwohl wir Zehntausende von Schemata gespeichert haben, sind es nur einige wenige, die uns wirklich in Schwierigkeiten bringen. Wenn wir Selbstwahrnehmung entwickeln wollen, müssen wir unsere täglichen Erfahrungen genau beobachten und unsere Trigger zu ermitteln versuchen. Wir beginnen mit Wut und beobachten dann Schritt für Schritt weitere Basisemotionen. In einem ersten Schritt denken Sie darüber nach, welche drei Situationen Sie wütend machen, und bestimmen diese. Notieren Sie sich die Situationen auf einem Blatt Papier.

Sie können zum Beispiel schreiben:

1. Ich werde wütend, wenn mir mein Mann nicht zuhört.
2. Ich werde wütend, wenn meine Kinder nicht tun, was ich sage.
3. Ich werde wütend, wenn mir mein Chef nachmittags um halb fünf ein riesiges Projekt aufbrummt.

Dann versuchen Sie zu bestimmen, wann Sie zum letzten Mal getriggert wurden, indem Sie sich folgende Fragen stellen:

» Wo war ich?
» Um welche Tageszeit war es?
» Wer war in meiner Umgebung?
» Was habe ich gehört, gerochen, gesehen?

» Welche Gefühle hatte ich?
» Welche körperlichen Empfindungen hatte ich?
» Wie war meine Verhaltensreaktion (Was habe ich getan)?

Erkennen Sie beim Überprüfen Ihrer Ergebnisse einen wiederholt auftauchenden Trigger, der mit Wut zu tun hat? Wenn ja, können Sie versuchen, sich neu zu programmieren, indem Sie sich folgende Frage stellen: Werde ich getriggert, wenn ich zu einer bestimmten Uhrzeit, an einem bestimmten Ort und mit bestimmten Leuten zusammen bin? Ist dies der Fall – welche Wahl habe ich, um auf meine Emotionen und Gefühle zu reagieren?

Ergänzen Sie die nachfolgenden Sätze:

» Als ich fühlte, dass ...
» Ich habe möglicherweise erlebt, dass ...
» Meine automatische Reaktion war ...
» Andere Wahlmöglichkeiten in diesem Moment waren ...
» Das Ergebnis meiner automatischen Reaktion war ...
» Eine andere Wahl, die ich zukünftig bewusst treffen kann, ist ...

Wenn Sie sich 15 Minuten Zeit nehmen, diese Fragen zu beantworten, erhalten Sie wertvolle Einsichten in Bezug auf Ihre automatische und unbewusste Programmierung. Wiederholen Sie die Übung anschließend für Gefühle wie: Frustration, Traurigkeit, Einsamkeit, Sich-ungeliebt-Fühlen, Sich-wertlos-Fühlen. Denken Sie einen Moment darüber nach und notieren Sie sich, was Sie aus der Übung gelernt haben.

Sich selbst deeskalieren

Verwenden Sie während einiger Tage jeweils ein paar Stunden darauf, alle Übungen zu machen, die ich aufgelistet habe, und Sie werden einen klaren Blick für Ihre automatisch ablaufenden emotionalen Reaktionen bekommen. Wenn Ihnen eine emotionale Erfahrung auffällt, die von einem bestimmten Trigger ausgelöst wurde, machen Sie *Affect Labeling* mit sich selbst, genau wie Sie es mit jeder anderen Person auch tun würden:

»Ich bin wütend.«
»Ich bin frustriert.«
»Ich fühle mich nicht ernst genommen.«
»Ich habe das Gefühl, niemand schenkt mir Aufmerksamkeit oder hört mir zu.«
»Ich bin traurig.«
»Ich habe Angst.«
»Ich bin einsam.«
»Ich fühle mich ungeliebt.«
»Ich fühle mich wertlos.«

Affect Labeling macht Ihnen Ihre emotionalen Erfahrungen deutlicher bewusst, und Sie können entscheiden, wie Sie darauf reagieren. Dabei kann Ihre Wahl positiv oder negativ ausfallen. Entscheidend ist, dass Sie nicht mehr unbewusst handeln. Dies zu wissen wird Sie beruhigen und Ihre automatische Reaktion verlangsamen. Wenn Sie herausfinden möchten, welche Wahlmöglichkeiten für Sie die besten sind in einem Zustand emotionaler Aufregung, machen Sie folgende Übung:

Ergänzen Sie nachfolgenden Satz für jede negative Emotion, die Sie regelmäßig erleben:

Wenn ich erlebe, dass _____, muss ich
mehr _____.

Zum Beispiel:

» Wenn ich erlebe, dass es mir an Inspiration mangelt,
  muss ich mehr Inspiration entwickeln.
» Wenn ich erlebe, dass ich gegen jemanden Groll hege,
  muss ich mehr Dankbarkeit (für diese Person) entwickeln.
» Wenn ich erlebe, dass ich in die Opferrolle gerate, muss
  ich mehr Verantwortung übernehmen.
» Wenn ich erlebe, dass ich schwach bin und keine Kontrolle
  habe, muss ich mehr Kraft und Kontrolle entwickeln.
» Wenn ich erlebe, dass ich ungeduldig bin, muss ich mehr
  Geduld entwickeln.

Welche Kraft darin steckt, *Affect Labeling* an sich selbst auszuprobieren, wurde mir in einem Gespräch mit einem Häftling
deutlich:

»Hey Doug, du glaubst ja nicht, was mir passiert ist.«

»Na, Daniel. Dann erzähl mal!«

»Vor Kurzem stand ich in der Schlange an der Medikamen-
tenausgabe, und als ich an der Reihe war, schloss der Kerl direkt vor mir den Laden zu.«

»Du warst wütend«, erwiderte ich, indem ich *Affect Labeling* verwendete.

»Und wie! Aber jetzt kommt das Interessante. Normalerweise wäre ich ausgeflippt und hinter ihm her. Aber diesmal hielt
ich inne und sagte mir: ›Ich bin wütend. Ich fühle mich nicht
ernst genommen. Ich bin frustriert.‹ Sobald ich *Affect Labeling*
mit mir selbst gemacht hatte, lösten sich meine Gefühle in Luft

auf. Ich war in der Lage, über die Situation nachzudenken. Ich hielt den Typen zwar für einen ziemlichen Trottel, aber es lohnte sich nicht, deshalb einen Streit vom Zaun zu brechen.«

»Das ist fantastisch! Du warst wirklich stolz darauf, dass du dir über deine Gefühle klar geworden bist, und eine bewusste Wahl getroffen hast, wie du darauf reagieren wolltest.«

»Oh ja«, bestätigte mir Daniel.

»Gute Arbeit, Daniel! Ich bin stolz auf dich.«

Das war der Moment, als ich merkte, dass man *Affect Labeling* wirklich an sich selbst ausprobieren kann.

Der transzendente Zustand der Egolosigkeit

In seinem Buch *Jetzt! Die Kraft der Gegenwart* beschreibt Eckhart Tolle eine Weltanschauung, die darauf beruht, ganz im gegenwärtigen Moment zu leben, ohne die Aufmerksamkeit auf die Vergangenheit oder die Zukunft zu richten. Seine berühmte Behauptung lautet, dass wir uns durch die Übung der Kraft des Jetzt von unserem Schmerzkörper befreien und ein Leben im Gleichgewicht führen können. Den Schmerzkörper beschreibt Tolle als die Summe all unserer Leiden, die in Form von negativer Energie von unserem Körper und Geist Besitz ergreift.[16] Als ich sein Buch las, war ich enttäuscht, dass Tolle dem Leser keine neuen Hilfsmittel anbietet, mit denen sich der von ihm befürwortete Zustand der Egolosigkeit erreichen lässt. Er selbst war eher durch ein Erleuchtungserlebnis als durch jahrelange systematische Arbeit dorthin gelangt. Dennoch fühlte ich mich von seinen Ausführungen zur Egolosigkeit angesprochen.

Ich bin mir nicht sicher, wann es passierte; ich glaube, es war während eines Workshops. Ich führte *Affect Labeling* vor, als etwas Sonderbares und gleichzeitig Wunderbares mit mir geschah. Während der 15 oder 20 Sekunden, in denen ich mich auf die emotionalen Erfahrungen meines Sprechers konzentrierte, geriet ich in einen Zustand der Egolosigkeit. Mein Gefühl von »Ich« löste sich auf, und ich war mir nur noch meiner eigentlichen Essenz bewusst. Obwohl ich mit dem Kursteilnehmer *Affect Labeling* machte, schien ich mich in einem Zustand der Transzendenz zu befinden. Natürlich fuhr ich mit meinem Unterricht fort und konnte erst später nachvollziehen, was eigentlich geschehen war.

Als ich Zeit hatte, darüber nachzudenken, stellte ich fest, dass ich durch *Affect Labeling* offenbar in jenen Zustand geraten war, den Tolle als die Kraft des Jetzt bezeichnete – einen Zustand reiner Egolosigkeit. Wow! – War *Affect Labeling* womöglich eine spirituelle Praxis? Das war ein zusätzlicher Gewinn, mit dem ich nicht gerechnet hatte. Wie bei allem, was mit meiner Arbeit zu tun hat, wollte ich auch in diesem Fall wissen, ob es für die Erfahrung der Egolosigkeit beim *Affect Labeling* eine neurowissenschaftliche Begründung gab. Nach einiger Zeit und einigen Nachforschungen stieß ich auf eine mögliche Erklärung.

Sigmund Freud prägte im frühen 20. Jahrhundert den Begriff vom *Ich* und hielt es für die Quelle unseres Bewusstseins und Selbstbewusstseins. Dieses Ich wurde zum Synonym für unser kleines, persönliches »Ich« und irgendwann mit negativen Attributen wie Selbstsucht, Egozentrik und Narzissmus versehen. Ein großes Ich schrieb man Menschen zu, die ein besonders hohes Selbstbild besaßen und andere in ihrer Umgebung geringer schätzten.

Die erweiterten bildgebenden Verfahren erlaubten den Neurowissenschaftlern im 21. Jahrhundert eine wesentlich differenziertere Vorstellung davon, was das Ich eigentlich ausmacht.

In moderne Begriffe gefasst, geht es beim Ich um ein Ich-Bewusstsein – die Fähigkeit, im Verhältnis zu unserer Umgebung und unseren sozialen Beziehungen über uns selbst nachzudenken. Unsere Fähigkeit zum Ich-Bewusstsein, angesiedelt in einem Bereich, der von einigen Forschern als »Selbstwahrnehmungszentrum« bezeichnet wird, besteht aus zwei Komponenten: das *reaktive* Selbstwahrnehmungszentrum und das *bewusste* Selbstwahrnehmungszentrum.

Das reaktive Selbstwahrnehmungszentrum, das dem ventromedialen (unten-Mitte) präfrontalen Cortex zugeordnet wird, ist aktiv, wenn wir subjektive Beurteilungen vornehmen. »Wie viel Geld kann ich verdienen?« oder »Was springt dabei für mich heraus?« sind Gedanken und damit verbundene Gefühle, die im reaktiven Selbstwahrnehmungszentrum entstehen. Dieser Teil unseres Gehirns bekommt Informationen aus den emotionalen Zentren im Gehirn, die sowohl für die Reaktionen von Angst und Ekel als auch für emotionale Entscheidungsprozesse verantwortlich sind. Ein Großteil dieser Aktivitäten spielt sich automatisch und unbewusst ab. Ist dieser Teil unseres Gehirns aktiv, erfahren wir jenes Ich, das Freud postuliert hat.

Das bewusste Selbstwahrnehmungszentrum, das dem dorsolateralen (oben) präfrontalen Cortex zugeordnet wird, ist aktiv, wenn wir *Mentalisierungen* vornehmen. Eine Mentalisierung liegt vor, wenn wir uns Gedanken darüber machen, was andere Menschen denken oder fühlen. Mit anderen Worten, machen wir mit jemandem *Affect Labeling* oder erleben wir Mitgefühl, betreiben wir einen Prozess des »Mentalisierens« im bewussten Selbstwahrnehmungszentrum unseres Gehirns. Ist das bewusste Selbstwahrnehmungszentrum aktiv, bleibt die Ich-Erfahrung aus, stattdessen machen wir die Erfahrung von Weisheit und Egolosigkeit.

Ohne entsprechende Übung leben wir den Großteil unserer Zeit über im reaktiven Selbstwahrnehmungszentrum. Weil viele Aktivitäten automatisch und gewohnheitsmäßig ablaufen, ist es für uns leichter, uns dort aufzuhalten. Der Prozess des »Mentalisierens« im bewussten Selbstwahrnehmungszentrum des Gehirns ist dagegen viel mühsamer und funktioniert nicht automatisch. Zu dieser Aktivität müssen wir uns bewusst entscheiden. Dies erklärt auch, weshalb *Affect Labeling* und das Formulieren von Kernaussagen nicht Bestandteil unseres alltäglichen Lebens sind. Beide Fertigkeiten erfordern von uns eine Denkanstrengung und sind – sofern wir sie nicht ständig üben – ganz und gar nicht selbstverständlich.

Die gute Nachricht ist, dass wir durch schlichtes, aber beständiges Üben in einen Zustand der Egolosigkeit kommen können. Indem wir *Affect Labeling* und das Formulieren von Kernaussagen mit anderen Menschen praktizieren, trainieren wir unser bewusstes Selbstwahrnehmungszentrum. Diese Übung führt zur Ausbildung neuer Nervenbahnen in unserem Gehirn, die sich mit der Zeit konsolidieren. In der Tat üben wir jedes Mal, wenn wir einem anderen Menschen zuhören und dessen Gefühle benennen, eine tiefe spirituelle Praxis. Wir können die Kraft des Jetzt erfahren, indem wir anderen durch *Affect Labeling*, empathisches Zuhören und das Formulieren von Kernaussagen dienen.

Ich habe dies in mehreren Workshops ausprobiert. Nachdem die Teilnehmer einige Übung im gegenseitigen *Affect Labeling* und dem Formulieren von Kernaussagen gesammelt hatten, bat ich sie, auf ihre eigenen Erfahrungen zu achten. Manche berichteten in der anschließenden Gesprächsrunde, sie hätten nichts Außergewöhnliches bemerkt, viele andere hingegen äußerten sich voller Begeisterung über eine Erfahrung von Transzendenz, die sie erlebt hätten. Auch wenn es sich dabei nur um Einzelberichte handelt, deckten sich ihre Geschichten mit meiner eigenen Erfahrung. Es schien, als hätten wir alle eine ähnliche und nachvollziehbare Erfahrung von Egolosigkeit gemacht.

Es werden noch weitere Forschungen nötig sein, damit wir uns sicher sein können, ob an dieser Erfahrung mehr dran ist als das subjektive Gefühl von Transzendenz. Allerdings legt die Häufigkeit, mit der Menschen über diese Erfahrung berichten, den Schluss nahe, dass sich bestimmte Dinge ereignen, während wir *Affect Labeling* machen oder Kernaussagen formulieren.

＊ ＊ ＊

Zusammenfassung des Kapitels

In diesem Kapitel haben wir gelernt:

» Wie sich *Affect Labeling* einsetzen lässt, um unsere eigenen starken Gefühle zu deeskalieren.
» Wie wir typische emotionale Trigger identifizieren können.
» Wie wir uns selbst neu programmieren können.
» Wie wir durch *Affect Labeling* und das Formulieren von Kernaussagen mit anderen Menschen die tiefe spirituelle Erfahrung des transzendenten Zustands der Egolosigkeit erleben können.

9
Eine Schlüsselqualifikation für Lehrer

Ich habe letztes Jahr an dem Fortbildungskurs teilgenommen. Im Vergleich zu allen Ausbildungskursen, die in unserem Schulbezirk in den vergangenen 25 Jahren für Lehrer angeboten wurden, fand ich diesen Kurs für unsere Interessengruppe am wertvollsten und relevantesten. Die Ausbildung ist so sachbezogen und bedeutsam für alle Schulangestellten (und überhaupt im Hinblick auf zwischenmenschliche Beziehungen), dass ich vorschlagen würde, sie zu einem Bestandteil unserer Lehrerfortbildungen zu machen. Es wäre natürlich noch toller, wenn wir es als schulweites Programm für all unsere Schüler anbieten könnten – und in kleineren Gruppen, wie im Fall der Wahlkurse. Viele Eltern unserer Schüler hätten den Kurs dringend nötig! Ich bin so begeistert, dass ich mich schon für die nächste Fortbildung angemeldet habe. Neue Wege zu finden, wie man mit Menschen effektiver in Beziehung treten kann, erfordert Übung – ein weiterer wichtiger Grund, weshalb wir diese Ausbildung zu einem regulären Teil unsere wöchentlichen Lehrerfortbildungen machen sollten, sodass wir alle gemeinsam daran teilnehmen können.

Paul Germain, Lehrer

Deeskalation im Klassenzimmer

Unter die Schlüsselkompetenzen für jeden Lehrer fallen Unterrichtsführung und Disziplin. In einer Klasse mit dreißig oder mehr Schülern ist es eine große Herausforderung, die Ordnung aufrechtzuerhalten. Von dreißig Schülern gibt es sicherlich welche, die zum Lernen bereit sind, andere hingegen sind es nicht. Manchen knurrt vielleicht der Magen oder sie sind abgelenkt. Manche sind womöglich traumatisiert. Manche lernen schnell, manche langsam.

Die Langeweile der Schüler zu überwinden, sie vom Benutzen ihrer Smartphones abzuhalten und sie zum Lernen zu motivieren erfordert Geschick, Ausdauer und Geduld. An vielen Schulen haben Lehrer keine Zeit, sich mit emotionalen Kindern abzugeben. Wenn ein emotionales Kind den Unterricht stört, schickt man es für gewöhnlich zum Direktor. Alle diese Dinge haben zur Folge, dass sich eine effektive Unterrichtsführung oftmals als sehr schwierig erweist.

Die traditionelle Unterrichtsführung bestand in dem »Versuch«, Schüler zum Aufpassen zu zwingen. In der Regel besaßen die Kinder früherer Generationen einen größeren Respekt gegenüber Autoritätspersonen. Für die wenigen Schüler, die sich absichtlich danebenbenahmen, war Strafe das probate Mittel – gemäß dem Sprichwort: »Wer sein Kind liebt, der züchtigt es!« Während durch die Strafe das unmittelbare Kontrollproblem gelöst wurde, blieben die eigentlichen Probleme weiterhin ungelöst: Was ist die Ursache für das Fehlverhalten des Schülers? Warum ist der Schüler nicht motiviert und ein begeisterter Lerner? Was spielt sich gefühlsmäßig bei dem Schüler ab?

Heutige Schüler verfügen über weitaus mehr Informationen und besitzen eine größere Unabhängigkeit. Sie widersetzen sich den Bemühungen der Autoritätsperson, das Fehlverhalten zu unterbinden. In manchen Fällen setzen die Schüler sogar noch einen drauf und versuchen die Autoritätsperson herauszufordern, wohlwissend, dass die Möglichkeiten des Lehrers zur Strafe beschränkt sind. Der Gang ins Büro des Direktors bleibt als Drohung häufig ohne Wirkung; für den Schüler ist es eher eine Möglichkeit, sich einer quälend langweiligen Umgebung zu entziehen. Strafmaßnahmen sind schlicht kontraproduktiv. Lehrer sind sich dessen bewusst und infolgedessen frustriert. Die Schüler wissen dies ebenfalls und fordern die institutionelle Machtlosigkeit heraus.

Es gibt einige nützliche Rahmenpläne zur Unterrichtsführung für Lehrer, die, wenn sie mit *Affect Labeling* kombiniert werden, wirksame Werkzeuge darstellen. Diese Rahmenpläne bauen nicht auf Autorität oder Zwang auf und erfordern zudem die Entwicklung einer Reihe von Fertigkeiten, die man nicht an der Universität lernt. Einer dieser Rahmenpläne, die Grundlage des Projekts »Sichere und höfliche Schulen«, besteht aus fünf Komponenten:

1. Strukturieren Sie Ihre Klasse für den Erfolg.
2. Lehren Sie Ihre Schüler das richtige Verhalten.
3. Beobachten Sie das Verhalten Ihrer Schüler.
4. Interagieren Sie in positiver Weise mit Ihren Schülern.
5. Korrigieren Sie Fehlverhalten auf flexible Weise, sodass dies nicht zu einer Unterbrechung des Unterrichts führt.[17]

Affect Labeling ist die wesentliche Fertigkeit, die sich bei den letzten beiden Komponenten obiger Methode effektiv einsetzen lässt: Die positive Interaktion mit Schülern und das flexible Korrigieren von Fehlverhalten. Wenn Sie *Affect Labeling* als einen zentralen Teil Ihrer Führungstechniken im Unterricht anwenden, werden Sie einschneidende und transformierende Veränderungen im Verhalten Ihrer Schüler beobachten. Wenn Ihre Schüler sehen, wie Sie in hochemotionalen Situationen *Affect Labeling* machen, lernen sie die Methode für sich selbst zu nutzen. Sie werden die Kraft, die darin steckt, die Gefühle anderer Menschen zu benennen, auf natürliche und mühelose Weise verinnerlichen. Schon bald werden sie mit Ihnen *Affect Labeling* machen. Geschieht dies, können Sie stolz sein – Sie haben Ihren Schülern emotionale Intelligenz vermittelt!

Dies sind die fünf sozialen und emotionalen Bereiche, die auf emotionaler Intelligenz und dem Vermögen zur Entscheidungsfindung aufbauen, zu denen Schüler befähigt sein sollten, um im Unterricht erfolgreich zu sein:

1. Selbstwahrnehmung
2. Selbstorganisation
3. Soziales Bewusstsein
4. Beziehungsfähigkeit mit anderen
5. Verantwortungsbewusste Entscheidungsfindung

Stellen Sie sich einmal folgende Frage: Weiß jeder Ihrer Schüler, wie man zu einem mitfühlenden, respektvollen und verantwortungsbewussten Teil der schulischen Gemeinschaft wird? Früher sah es die Gesellschaft als Aufgabe der Familien an, Kindern soziale und emotionale Fertigkeiten beizubringen. Heutzutage erfüllen viele Familien diese Aufgabe nicht mehr, und die Last wird auf die Lehrer abgewälzt. Ihre Aufgabe als Lehrer ist es daher, sicherzustellen, dass Ihre Schüler die Möglichkeiten geboten bekommen, emotionale Intelligenz zu entwickeln.

Die dritte Komponente steht für »Beobachtung«. Doch was sollen Sie beobachten? In unserem Zusammenhang geht es darum, die emotionalen Erfahrungen Ihrer Schüler vorherzusehen und anzuerkennen. Schüler der Mittelstufe durchlaufen bekanntlich eine schwierige Zeit in ihrem Leben: die Pubertät. Durch die einsetzenden Veränderungen in Körper und Gehirn, in Verbindung mit neuen Hormonen und körperlichem Wachstum, verändern sich auch ihre emotionalen Erfahrungen. Legen Sie auf einem Blatt Papier ein Tabellenraster mit folgenden Überschriften an. Notieren Sie sich in jede der Spalten einige emotionale Erfahrungen, die Schüler erleben können:

» Gefühle in Bezug auf sich selbst
» Gefühle in Bezug auf Eltern und Erwachsene
» Gefühle und Wahrnehmung
» Gefühle in Bezug auf Kameraden und Freunde

Vergleichen Sie Ihre Aufzeichnungen im Lehrerkollegium. Es wird Ihnen auffallen, dass Schüler nur über ein begrenztes Repertoire an Gefühlen und Verhaltensweisen verfügen. Sie werden immer wieder auf die gleichen Gefühle und Verhaltensweisen stoßen. Egal für wie einzigartig sich ein Schüler halten mag – sein Verhalten ist in hohem Maße vorhersehbar!

Hier ist eine weitere einfache Übung, die Ihnen dabei helfen soll, die emotionalen Erfahrungen Ihrer Schüler zu verstehen. Vervollständigen Sie die folgenden Sätze:

» Eine Schülerin/ein Schüler hat Folgendes getan:
» Dabei fühlte sie oder er vermutlich:

» Ihre/seine unbefriedigten emotionalen Bedürfnisse waren vermutlich:
» Meine erste Reaktion auf ihre/seine unbefriedigten emotionalen Bedürfnisse war:
» Das Ergebnis meiner Wahl war:
» Eine andere Wahl, die ich hätte treffen können, wäre gewesen:

Sie haben sich vorbereitet und sich die mögliche Bandbreite emotionaler Erfahrungen Ihrer Schüler überlegt – jetzt können Sie mit *Affect Labeling* loslegen!

Schülern und Eltern zuhören

Die vierte Komponente steht für »positive Interaktion mit Schülern«, insbesondere mit denen, die Fehlverhalten zeigen. Auch hier vertrauen Sie wieder auf die Fertigkeit des *Affect Labeling*. Sehen wir uns nun einige typische Beispiele an und wie *Affect Labeling* zu einer positiven Interaktion mit Ihren Schülern beitragen kann.

Nehmen wir an, Sie haben eine Schülerin, die im Unterricht ständig dazwischenredet und Sie unterbricht. Nach dem Unterricht bitten Sie sie um ein kurzes Gespräch.

Sie (S): »Sally, ich frage mich, was du fühlst, wenn du dazwischenrufst und den Unterricht unterbrichst.«
Sally (Sa): »Keine Ahnung! Es passiert eben. Ich kann nicht anders.«
S: »Okay. Was fühlst du, wenn du dazwischenrufst?«
Sa: »Ich bin begeistert.«
S: »Du bist begeistert.«

Sa:»Ja! Ich will die Erste sein, die Ihre Frage beantwortet.«

S: »Wie fühlst du dich, wenn du meine Frage als Erste beantwortest?«

Sa:»Ich fühl mich gut.«

S: »So, so, du fühlst dich gut! Und wie, denkst du, fühle ich mich, wenn du dazwischenrufst, bevor ich dich aufgerufen habe?«

Sa:»Ich weiß nicht!«

S: »Überleg mal! Wie würdest du dich fühlen, wenn du in meiner Situation wärst?«

Sa:»Ich denke, ich wäre wütend und verärgert.«

S: »Genau. Wenn du dazwischenrufst und den Unterricht unterbrichst, bin ich wütend und verärgert.«

Sa:»Aha.«

S: »Wenn du mich unterbrichst, fühlst du dich gut, und ich ärgere mich. Da haben wir beide ein Problem miteinander!«

Sa:»Ja, stimmt.«

S: »Also, ich möchte, dass du begeistert bist und dich im Unterricht gut fühlst. Und ich will mich nicht ärgern müssen. Was könntest du, außer ständig dazwischenzurufen und mich zu unterbrechen, noch tun, damit du dich gut fühlst?«

Sa:»Ich weiß nicht! Sie sind die einzige Person, die mir zuhört!«

S: »Du hast das Gefühl, niemand anders hört dir zu. Auch zu Hause nicht?«

Sa:»Nö.«

S: »Du bist traurig, weil dir niemand Aufmerksamkeit schenkt. Du fühlst dich ignoriert und allein.«

Sa:»Ja!«

S: »Und du möchtest, dass ich dir Aufmerksamkeit schenke, obwohl du weißt, dass ich mich ärgere, wenn du mich unterbrichst.«

Sa: »Ja!«

S: »Ich mach dir einen Vorschlag. Wärst du einverstanden, wenn wir uns nach der Schule unterhalten und ich dir einfach mal zuhöre?«

Sa: »Ja, das wäre super!«

S: »Würdest du mir im Gegenzug versprechen, im Unterricht nicht mehr dazwischenzurufen und mich zu unterbrechen? Ich werde dich nicht ignorieren und dich drannehmen. Natürlich geht das nicht immer, nur weil du als Erste die Hand gehoben hast!«

Sa: »Ja!

S: »Gut. Wann wollen wir uns mal unterhalten?«

Sa: »Heute?«

S: »In Ordnung! Du wartest nach der Schule hier auf mich, ja?«

Sa: »Okay. Vielen Dank!«

S: »Gerne.«

Sally lebt wohl in einer eher gefühlskalten Familie, wenn sie das Gefühl hat, dass man ihr zu Hause nicht zuhört. Ihr Dazwischenrufen im Unterricht ist nichts weiter als eine unbewusste Strategie, mit der sie ihre emotionalen Bedürfnisse zu erfüllen versucht. Andere mögen sagen, Sally habe ihre Impulse nicht unter Kontrolle, sie sei vorlaut und aggressiv. Diese Bewertungen werden das Problem jedoch nicht lösen.

In diesem Gespräch nehmen Sie sich die Zeit dafür, herauszufinden, was Sally fühlt, wenn sie dazwischenruft. Als Sie Sally ihr Verhalten widerspiegeln, beginnt sie zu verstehen, welche Reaktion dies bei Ihnen auslöst. Obwohl sie mit Ihnen nicht *Affect Labeling* macht, bestätigen Sie ihr, was sich emotional in Ihnen abspielt – Sie sind verärgert! Statt ihr zu sagen, sie möge ihr Verhalten abstellen, benennen Sie das Problem. Sallys Wunsch ist, sich gut zu fühlen, und das löst bei Ihnen Ärger aus. Sie stimmt mit Ihnen überein, dass ein Problem vorliegt. Da die Ursache des Problems darin zu liegen scheint, dass Sally sich von niemandem gehört fühlt, liegt die Lösung auf der Hand: Ein kurzes tägliches Gespräch, bei dem Sie Sally zuhören und ihre emotionalen Bedürfnisse auf tiefe Weise befriedigen – gleichzeitig lösen Sie damit Ihr eigenes Problem. Vermutlich werden Sie nach ein paar Gesprächen merken, dass Sallys Bedürfnisse erfüllt wurden. Ihr Bedürfnis, von Ihnen gehört zu werden, wird weniger werden, je mehr Sally sich von Ihnen wahrgenommen fühlt.

Wie bei vielen Dingen im Leben zahlt es sich am Ende vielfach aus, wenn Sie am Anfang ein wenig Zeit investieren. Das Problem ist, dass der Lohn am Anfang für Sie noch nicht greifbar und ungewiss ist, Ihre Vorausinvestition – sprich Ihre Zeit – hingegen kostbar und begrenzt. Die meisten Menschen scheuen das Risiko. Sie sind nicht bereit, Ihre Zeit zu investieren, wenn sie nicht klar erkennen können, was dabei für sie herausspringt. Bei *Affect Labeling* im Unterricht werden Sie jedoch schnell erkennen, dass Ihre Zeitinvestition verglichen mit den Veränderungen im Verhalten Ihrer Schüler von geringer Bedeutung ist.

Eine weitere typische Situation, mit der man im Unterricht konfrontiert ist, sind Schüler, die nicht aufpassen. Unaufmerksamkeit kann viele Gründe haben. Manchmal erhält man tiefe Einblicke, wenn man hinhört, was sich bei einem Schüler eigentlich abspielt. Hier ist ein weiteres Schüler-Lehrer-Gespräch, das nach dem Unterricht stattfand. Sie hören Ihrem Schüler zu, um etwas über dessen Gefühle zu erfahren, aber auch, um diese anzuerkennen.

Sie (S): »Tim, wir wissen beide, dass du in der Schule nicht aufpasst. Wie fühlst du dich im Unterricht?«

Tim (T): »Er ödet mich an!«

S: »Im Unterricht zu sitzen langweilt dich und macht dich unglücklich.«

T: »Ja! Ich verstehe nicht, warum wir all diese Sachen lernen müssen. Ich kann damit nichts anfangen, also klinke ich mich einfach aus.«

S: »Wie fühlst du dich, wenn du dich ausklinkst?«

T: »Ich bin entspannt und relaxt!«

S: »Du fühlst dich glücklich und entspannt, wenn du dich im Unterricht ausklinkst.«

T: »Ja, genau!«

S: »Wie müsstest du dich im Unterricht fühlen, damit du dich nicht ausklinkst?«

T: »Ich weiß nicht.«

S: »Gut. Was müsste deiner Meinung nach geschehen, damit dies hier zum aufregendsten Teil deines Tages würde?«

T: »Hä?«

S: »Was müsste geschehen, damit dieser Unterricht zum aufregendsten Teil deines Tages würde?«

T: »Ich weiß nicht! Das hat mich noch keiner gefragt.«

S: »Gut, dann lass mal deine Fantasie spielen – denk dir was Lustiges aus! Nenn mir ein paar Sachen, die den Unterricht für dich aufregender machen würden.«

T: »Na ja, es wäre echt cool, wenn ich mit meinen Freunden Videospiele spielen könnte.«

S: »Ja, klingt interessant. Was noch?«

T: »Wenn wir coole Musik hören könnten, so zum chillen und abhängen!«

S: »Okay. Was noch?«

T: »Ich weiß nicht! Das wäre ja schon ganz geil ...«

S: »Du bist ziemlich begeistert, wenn du dir vorstellst, im Unterricht Videospiele zu spielen und coole Musik zu hören.«

T: »Ja, das wäre echt cool!«

S: »Ich mach dir ein Angebot. Ich erkläre mich bereit, über deine Ideen nachzudenken, aber du musst mir einen Gefallen tun. Schreib bitte einen Vorschlag, aus dem ich ersehen kann, wie sich der Stoff, den wir lernen, mit deinen Ideen verbinden lässt, den Unterricht aufregender zu gestalten.«

T: »Was meinen Sie damit?«

S: »Du bist in der Schule, um zu lernen. Das heißt natürlich nicht, dass es die ganze Zeit langweilig sein muss. Allerdings brauche ich gute Gründe, wenn ich vom Lehrplan abweichen soll. Wenn du mir also ein paar gute Motive nennst, die ich dem Direktor vorlegen kann, haben wir vielleicht eine Chance, den Unterricht anders zu gestalten. Bist du einverstanden, den Vorschlag zu schreiben?«

T: »Ja, sicher.«

S: »Wunderbar! Wenn du damit fertig bist, reden wir weiter. Am besten passt du im Unterricht gut auf, um herauszufinden, wie sich deine Ideen in diesen einbauen lassen. Tust du es nicht, wird dir wahrscheinlich auch nichts Gescheites einfallen.«

T: »Okay. Verstehe. Vielen Dank!«

S: »Gern geschehen.«

Die Wahrscheinlichkeit, dass Tim einen brauchbaren Vorschlag schreiben wird, ist sehr gering, ja, fast gleich null – und Sie sind sich dessen bewusst! Darum geht es in dem Gespräch auch gar nicht. Ziel des Ganzen ist es, Tim auf einer tieferen Ebene zuzuhören und sein Interesse zu wecken. Wenn Sie ihm aufmerksam zuhören und seine Ideen nicht bewerten, nehmen Sie Tim ernst. Sie eröffnen eine Chance auf Zusammenarbeit, indem Sie seinen Ideen einen gewissen Wert zusprechen. Durch Ihre Bitte, einen Vorschlag zu schreiben, der von jemand anders als Ihnen genehmigt werden muss, lenken Sie sein Interesse wieder zurück auf den Unterricht. Tim weiß, sein schriftlicher Vorschlag muss zumindest so gut sein, dass er den Ansprüchen des Direktors genügt.

Vielleicht wird Tim im Unterricht jetzt aufpassen, vielleicht auch nicht. Jedenfalls haben Sie sein Interesse auf eine neue Weise geweckt. Indem Sie ihm zugehört haben, haben Sie ihm gezeigt, dass Sie ihn respektieren. Er wird Sie ebenfalls respektieren und sich unbewusst noch stärker darum bemühen, auch künftig Ihren Respekt zu genießen.

Die meisten Schüler haben Respekt vor ihren Lehrern. Andere nicht. Wie können Sie mangelndem Respekt begegnen, ohne dabei Ihre Autorität oder Machtposition aufzugeben? Hier ist ein typisches Szenario:

Schüler (Sch):»Sie können mich mal!«
Sie (S):»Du bist wütend und beleidigt.«
Sch:»Ja, Mann!«
S:»Du fühlst dich nicht ernst genommen.«
Sch:»Ja!«
S: »Niemand hört dir zu, du fühlst dich alleingelassen.«
Sch:»Hm.«

S: »Du bist traurig, weil dich niemand versteht.«
Sch:»Ja! Woher wissen Sie das?«
S: »Du fühlst dich ungeliebt und unerwünscht.«
Sch:»Ja, genau. Ich bin überhaupt nichts wert!«
S: »Du hast das Gefühl, du seist nicht liebenswert und fühlst dich vollkommen wertlos.«
Sch:»Ja!«
S: »Alles klar.«

Im Tai-Chi nutzen Sie die Energie des Gegners, um sie gegen diesen zu verwenden. *Affect Labeling* verfolgt eine ähnliche Idee. Wir nutzen die Gefühle des Schülers, um diesem zuzuhören, statt mit unseren eigenen Gefühlen darauf zu reagieren. In dem vorangegangenen Beispiel spiegeln Sie einfach nur die Gefühle Ihres Schülers, die sich hinter seinem respektlosen Verhalten verbergen. Dadurch fördern Sie wichtige emotionale Schichten zutage. Sie merken, dass das respektlose Verhalten Ihres Schülers nur ein Ausdruck seiner eigenen Selbstverachtung ist. Statt auf seine Respektlosigkeiten mit den üblichen Strafmaßnahmen zu reagieren, üben Sie sich in Geduld. Am Ende wird Ihr Mitgefühl zu einer bedeutsamen Lehre für Ihren Schüler!

Sie mögen sich fragen: Und was ist mit Strafe? Natürlich muss das Fehlverhalten eines Schülers Bestrafung nach sich ziehen, in welcher Form auch immer. Damit sie eine Bedeutung für den Schüler hat, muss sie jedoch in einem Moment erfolgen, wenn der Schüler sich emotional wieder beruhigt hat. Es ist besser, zuerst die Situation zu deeskalieren und sich dann über Strafmaßnahmen Gedanken zu machen. Wie sich Strafmaßnahmen am besten einsetzen lassen, werde ich an späterer Stelle in diesem Kapitel erwähnen.

Eine weitere typische Herausforderung, mit der sich Lehrer

auseinandersetzen müssen, ist Wut. Dies muss jedoch nicht zwangsläufig so sein. Hier ist ein Beispiel, wie man einem wütenden Schüler zuhört:

Schüler (Sch): »Er hat mich aus dem Unterricht geschmissen, weil er mich nicht leiden kann!«

Sie (S): »Du bist wütend.«

Sch: »Er rief mich auf, ich wusste die Antwort, aber er hat sie nicht akzeptiert, er wollte mich bloß vor der Klasse blamieren!«

S: »Du fühlst dich nicht ernst genommen.«

Sch: »Ich hab ihm ins Gesicht gesagt, dass ich es nicht okay finde, wie er mich von oben herab behandelt, danach hat er mich aus dem Unterricht geschmissen! Ist mir egal, wenn er mich nicht in seiner Klasse haben will – ich will auch nicht in seiner Klasse sein!«

S: »Du fühlst dich tief verletzt.«

Sch: »Man sollte diesen Lehrer feuern, der macht ständig solche Sachen!«

S: »Du bist wütend.«

Sch: »Ja! Woher wissen Sie das?«

S: »Du fühlst dich ungeliebt und unerwünscht.«

Sch: »Meine Mutter wird stinkwütend auf mich sein.«

S: »Du hast Angst.«

Sch: »Dabei ist es seine Schuld, er hat versucht, mich als Dummkopf hinzustellen!«

S: »Du hast das Gefühl, für etwas beschuldigt zu werden, wofür du nichts kannst.«

Sch: »Ja, das ist echt nervig!«

S: »Du bist richtig frustriert.«

Sch: »Ja!«

Denken Sie daran, Ihr Ziel muss immer sein, den Schüler zu deeskalieren und die Situation zu beschwichtigen. Sie werden sehen, *Affect Labeling* mit den Gefühlen Ihrer Schüler zu machen ist schneller, als sich diesen zu widersetzen, sie zu bekämpfen oder zu bedrohen. Sobald Sie ein Kopfnicken seitens Ihres Schülers erhalten, können Sie sich der Problemlösung sowie dem Thema Bestrafung/Strafmaßnahmen zuwenden.

Umgang mit Bestrafung

Unsere Gesellschaft vertritt die Vorstellung, dass Gerechtigkeit und Bestrafung miteinander gleichzusetzen sind. Um dies zu rechtfertigen, bemühen wir unter anderem Begriffe wie Abschreckung, Strafe, die Machtstellung von Autoritäten über Individuen oder Vergeltung. Es gibt nur wenige empirische Daten, die solche Rechtfertigungen stützen würden. Die meisten Begründungen in Bezug auf Bestrafung wurden entwickelt, um unser tiefes Verlangen nach Rache zu erklären, das wir gegenüber Menschen mit Fehlverhalten hegen. Dementsprechend haben Schulen, in Anlehnung an die Fürsprecher eines kompromisslosen Vorgehens gegenüber Straftätern, gleichfalls das Nulltoleranz-Prinzip übernommen.

Ein wissenschaftlicher Artikel von Brea L. Perry und Edward W. Morris, veröffentlicht in der Zeitschrift *American Sociological Review*, verwies darauf, dass harte Disziplinarstrafen niemandem etwas nützen – auch nicht den Schülern, die weiterhin auf der Schule bleiben. Für ihre Untersuchung, ob und wie sich ein Schulausschluss auf die schulischen Leistungen der übrigen Schüler auswirkt, benutzten die Forscher Daten der Disziplinstudie der Kentucky School. Sie fanden Folgendes heraus: »Kommt es in einer Schule innerhalb eines bestimmten Zeitraums zu häufigen Schulausschlüssen, sinken die schulischen

Leistungen der übrigen Schüler, selbst wenn sich die Gesamtsituation der Schule in Bezug auf Gewalt und mangelnde Organisation verbessert.«[18] Kurz gesagt, diejenigen Schüler, die keinen Grund zur Beschwerde gaben, leiden unter den Folgen von Zwangsmaßnahmen – wie etwa dem Schulausschluss der Schüler mit Fehlverhalten.

Es liegt nicht im Interesse der Lehrer, dass das Fehlverhalten von Schülern toleriert wird. Sich einen ruhigen und friedlichen Unterricht zu wünschen ist ihr gutes Recht. Außerdem haben Lehrer das Bedürfnis, als Mittel zur Sozial- und Verhaltenskontrolle ihre Autorität und Macht über die Schüler gesichert zu sehen. All das ist völlig in Ordnung. Die Frage ist, wie kann man dies auf effektive Weise gestalten?

Wirksame schulische Disziplinarmaßnahmen erfordern ein gemeinsames und abgestimmtes Vorgehen von Lehrern, Schulverwaltung und Eltern. Dies ist leichter gesagt als getan, bedenkt man einmal die zeitlichen und personellen Einschränkungen aller am Projekt Beteiligten. Hingegen ist ein effektives und positives Disziplinarmodell auf Gerechtigkeit ausgerichtet, organisiert sich stufenweise, konzentriert sich auf die Kernprobleme des Schülers und fasst Strafe als positives Moment des Lernens auf. Entsprechend konzipiert und umgesetzt, haben sich Programme zu ausgleichenden Justizmaßnahmen, wie Ron und Roxanne Claassens »Disziplin, die stärkt©«, bei positiven schulischen Disziplinarmaßnahmen als sehr effektiv erwiesen. Die Grundlage jedes positiven Disziplinarmodells ist die Fähigkeit des Erwachsenen, mit dem Schüler *Affect Labeling* zu machen, und danach durch Problemlösung zu einer Einigung zu kommen, um den Frieden im Klassenzimmer wiederherzustellen und künftigem Fehlverhalten vorzubeugen.

Wie man wütenden Eltern zuhört

Jeder Lehrer ist schon einmal mit wütenden Eltern konfrontiert worden. Eine solche Begegnung ist nie angenehm, und der Lehrer hat dabei die schwierige Aufgabe, souverän zu bleiben. Zu lernen, wie man *Affect Labeling* mit erzürnten Eltern macht, ist ein wirksames Mittel, das Sie als Lehrer jederzeit davor bewahren kann, selbst ärgerlich und wütend zu werden. Es erlaubt Ihnen, mit noch so beleidigenden, drohenden und respektlosen Eltern in effektiver Weise umzugehen und diese so weit zu beruhigen, dass ein konstruktives Gespräch über ihr Kind möglich wird.

Ihre wesentliche Strategie, mit wütenden oder schwierigen Eltern umzugehen, ist folgende:

1. Hören Sie zu und machen Sie mit den emotionalen Erfahrungen der Eltern *Affect Labeling* im gegenwärtigen Augenblick.
2. Wenn die Eltern sich beruhigt haben, formulieren Sie in Form einer Kernaussage deren Anliegen. (Zum Formulieren von Kernaussagen siehe Kapitel 5.)
3. Prüfen Sie, ob das Problem, um das es geht, in Ihren Zuständigkeitsbereich fällt oder nicht. Unter Probleme, die Sie selbst nicht regeln können, fallen schulübergreifende Themen, Lehrpläne, Vorfälle und Verhaltensweisen, die sich außerhalb Ihres Unterrichts ereignet haben. Eltern, die mit solchen Themen zu Ihnen kommen, sollten Sie an die Schulverwaltung verweisen.
4. Fragen Sie die Eltern nach einer Lösung für das Problem. Bieten Eltern Ihnen eine solche an, befinden Sie sich bereits mitten in einer Verhandlung. Über manche Dinge lässt sich verhandeln, über andere nicht. Wenn Sie finden, dass das

Thema nicht verhandelbar ist, bieten Sie eine Kompromisslösung zu etwas an, über das sich verhandeln ließe. Wir alle lieben Deals! Bereiten Sie diesbezüglich vielleicht schon eine Liste mit verhandelbaren Punkten vor.

5. Wenn Sie in der Lage sind, das Problem zu lösen, zögern Sie nicht – und übernehmen Sie die Verantwortung dafür!

6. Falls möglich, vereinbaren Sie mit den Eltern, dass diese zu Hause an dem Problem weiterarbeiten. Ihre Vereinbarung beruht auf Gegenseitigkeit, beide Seiten tragen dabei Verantwortung.

7. Halten Sie die Vereinbarung schriftlich fest. Ich weiß, es hört sich komisch an. Aber einfache Vereinbarungen werden – wenn schriftlich festgehalten – in der Regel ernster genommen als mündliche.

8. Haken Sie ein paar Wochen später noch einmal nach, um zu sehen, ob beziehungsweise welche Fortschritte die Eltern hinsichtlich des Problems gemacht haben.

Hier sind einige Beispiele, die Ihnen zeigen, wie Sie mit wütenden Eltern *Affect Labeling* machen können:

Erziehungsberechtigter (E):»Ich verstehe nicht, warum Sie Deirdre eine Drei minus gegeben haben. Sie ist doch eine glatte Einser-Schülerin. Sie sind wohl kein besonders kompetenter Lehrer.«
Sie (S):»Sie sind frustriert und wütend.«
E:»Ja! Wie können Sie es wagen, meiner Einser-Schülerin eine so schlechte Note zu geben?«
S:»Sie haben Angst um Deirdres schulischen Erfolg.«
E:»Ja! Mir ist klar, sie ist erst in der dritten Klasse, aber wie soll sie mit solchen Noten später mal Medizin oder Jura studieren?«

S: »Sie haben Angst, dass Deidre im Leben nicht erfolgreich sein wird.«

E: »Ja!«

S: »Sie fühlen sich in Ihrer Elternschaft nicht genügend unterstützt und finden, dass sich niemand wirklich um ihr Kind kümmert.«

E *(fängt an zu weinen):* »Ja!«

S *(machen eine Pause und lassen dem Elternteil Zeit für seine Gefühle):* »Wollen wir gemeinsam an einer Lösung arbeiten, um Deirdre bei ihrem schulischen Erfolg zu unterstützen?«

E: »Meinen Sie das ernst? Ja, natürlich. Was bitte kann ich tun?«

Das Gespräch beginnt mit einer typischen Schuldzuweisung und einem Vorwurf, der direkt an Sie gerichtet ist. Meistens erleben Eltern, die Lehrern Vorwürfe machen, eine ganze Reihe an vielschichtigen Gefühlen. Da sie sich dessen nicht bewusst sind, suchen sie nach dem Grund für ihr eigenes emotionales Unbehagen, und zielen dabei auf Sie, den Lehrer. Wenn Sie das nächste Mal mit Vorwürfen und Schuldzuweisungen konfrontiert werden, denken Sie daran – so unhöflich das Verhalten auch sein mag –, es hat nichts mit Ihnen zu tun!

Bleiben Sie ruhig und machen Sie mit den aufkommenden Gefühlen von Wut und Frustration *Affect Labeling*. Der Erziehungsberechtigte fühlt sich dadurch sicherer und wird sich Ihnen weiter öffnen. Indem Sie einfach die Gefühle von Deirdres Mutter zurückspiegeln, gelangen Sie zu der Einsicht, dass sie Angst hat. Als Sie es mit *Affect Labeling* überprüfen, bestätigt sich Ihre Vermutung. Schließlich stoßen Sie auf die eigentlichen Probleme der Mutter: Sie hat Angst und das Gefühl, nicht genügend unterstützt zu werden. Sie haben gute Arbeit geleistet!

Der nächste Schritt wäre, dass sie die Mutter zu einem Problemlösungsgespräch einladen, bei dem Sie ihr das Gefühl von Unterstützung und Zusammenarbeit vermitteln.

Elternteil (E):»Ich finde, Sie geben viel zu viel Hausaufgaben auf. Raymond hat nach der Schule einfach nicht genügend Zeit, um das alles zu bewältigen, außerdem beeinträchtigt es inzwischen schon unsere Familienaktivitäten.«

Sie (S):»Sie sind frustriert und verärgert, dass ich Raymond zu viele Hausaufgaben gebe.«

E:»Ja! Also wirklich – vier Seiten Mathematik jeden Abend! Ist das für einen Siebtklässler nicht ein bisschen viel?«

S:»Sie sind besorgt.«

E:»Na ja, ich würde eher sagen, ich bin beunruhigt.«

S:»Sie sind beunruhigt.«

E:»Ja! Ich bin sehr beunruhigt.«

S:»Hat sich Raymond Ihnen gegenüber beschwert?«

E:»Nein.«

S:»Hm. Also, seine Hausaufgaben sind ausgezeichnet, und in Mathematik steht er weiterhin auf einer Eins. Er ist einer meiner besten Schüler!«

E:»Ich weiß. Darauf ist er ja auch wahnsinnig stolz. Aber genau das ist das Problem. Er muss ständig Mathe büffeln, und verbringt so gut wie keine Zeit mit mir.«

S:»Sie fühlen sich von Raymond verlassen.«

E:»Oh ja! Mein Sohn ist mein bester Freund.«

S:»Sie fühlen sich also einsam.«

E:»Ja!«

S:»Was fühlt Raymond in Bezug auf seine Hausaufgaben?«

E:»Die macht er gerne. Er würde am liebsten den ganzen Tag nur Rechenaufgaben machen!«

S: »Sie sind stolz auf Raymonds schulischen Erfolg.«

E: »Oh ja, das bin ich!«

S: »Aber gleichzeitig fühlen Sie sich verlassen, weil Raymond es vorzieht, Hausaufgaben zu machen, statt Zeit mit Ihnen zu verbringen.«

E: »Ja, genau.«

Das Problem sind nicht die vielen Hausaufgaben, sondern die Einsamkeit der Mutter und dass sie sich nicht klar von ihrem Sohn abgrenzen kann. Man gibt Ihnen die Schuld daran, dass Mutter und Sohn zu wenig Zeit miteinander verbringen, obwohl alles darauf hindeutet, dass Raymond seine Hausaufgaben als Grund vorschiebt, um von seiner Mutter nicht emotional erdrückt zu werden. Statt in den Verteidigungsmodus zu gehen, machen Sie so lange *Affect Labeling* mit der Mutter, bis der Widerspruch an die Oberfläche kommt. Vielleicht wird die Erziehungsberechtigte das Problem verstehen, vielleicht nicht. Sie haben jedenfalls einen wertvollen Dienst geleistet, indem Sie diese widersprüchlichen Gefühle auf eine Weise reflektiert haben, die es dem Erziehungsberechtigten ermöglicht, sie zu verarbeiten. Für gewöhnlich werden Eltern solche Widersprüchlichkeiten erkennen und einsehen, dass das Problem mit ihnen selbst zu tun hat und nicht mit dem Lehrer.

Erziehungsberechtigter (E): »Jamie hat enorme Probleme mit diesem Pflichtfächer-Kanon. Sie ist wütend und frustriert darüber, dass es so schwer ist.«

Sie (S): »Sie machen sich Sorgen, dass Jamie mit den Pflichtfächern zu kämpfen hat.«

E: »Ja! Sie beklagt sich die ganze Zeit darüber.«

S: »Sie sind Jamies Klagen langsam müde?«

E: »Oh ja! Mir ist klar, dass der Lehrplan höhere Ansprüche stellt, und da stehe ich auch voll dahinter. Aber könnte man den Übergang denn nicht etwas sanfter gestalten?«

S: »Sie finden den anspruchsvollen Lehrplan gut, aber Sie sind ein wenig frustriert, dass man den Übergang nicht sanfter gestaltet.«

E: »Ja, genau!«

S: »Sagen Sie, unterstützen Sie Jamie zu Hause beim Lernen in irgendeiner Form?«

E: »Na ja, wir lassen sie eigentlich meistens allein damit zurechtkommen.«

S: »Wären Sie für ein paar Vorschläge offen, wie Sie Jamie unterstützen könnten?«

E: »Ja, sicher. Klar!«

Wie schön. Wir haben es mit einem ehrlich besorgten Erziehungsberechtigten zu tun, der emotional Anteil nimmt am Erfolg seines Kindes. Statt in den Verteidigungsmodus zu wechseln oder sich herablassend über den Lehrplan zu äußern, nehmen Sie sich ein paar Minuten Zeit und erkennen die Gefühle des Elternteils mittels *Affect Labeling* an. Sobald Sie feststellen, dass die Mutter oder der Vater wirklich besorgt ist, gehen Sie rasch zum Problemlösungs-Modus über. Erinnern Sie sich an die Regel: zuerst deeskalieren, dann Problem lösen!

Die meisten Menschen versuchen das Problem zu lösen, bevor sie die Gefühle ihres Gegenübers verstanden oder anerkannt haben. Dies führt bei diesem fast immer zu dem Gefühl, nicht gehört oder ernst genommen zu werden. Nehmen Sie sich die Zeit, den emotionalen Erfahrungen der Eltern Aufmerksamkeit zu schenken. Sie werden sehen, dass die Problemlösung sanft vonstattengeht und die Eltern in der Regel dankbar sind.

Hier ist eine Situation, in der ein Erziehungsberechtigter nicht wahrhaben will, dass sein Kind faul und unmotiviert ist und sich nicht am Unterricht beteiligt:

Sie (S): »Danke, dass Sie gekommen sind! Ich mache mir ein wenig Sorgen um Henry. Seine Noten sind schlecht. Ich habe den Eindruck, er will sich nicht am Unterricht beteiligen und hat keine Lust zu lernen. Darüber wollte ich mit Ihnen sprechen und sehen, ob uns nicht eine Lösung einfällt, wie wir ihm helfen könnten.«

Erziehungsberechtigter (E): »Hören Sie, mein Junge hat keine Probleme! Er ist der Star des Fußballteams und äußerst beliebt. In Sachen Sport und Schule ist er total motiviert.«

S: »Sie sind auf Henrys sportliche Leistungen stolz.«

E: »Darauf können Sie Gift nehmen!«

S: »Und wie ist es mit seinen schulischen Leistungen?«

E: »Klar, er ist kein Einstein – aber so schlecht ist er auch nicht!«

S: »Sie sind zufrieden mit seinen schulischen Leistungen.«

E (hält einen Moment inne): »Na ja, das nicht gerade, aber er ist auch nicht so schlecht.«

S: »Sie sind ein wenig besorgt, dass er keine so guten Leistungen bringt.«

E: »Hören Sie, er wird sich schon verbessern!«

S: »Sie machen sich ernsthaft Sorgen um seine schulischen Leistungen und wissen nicht, was Sie diesbezüglich tun sollen.«

E: »Ja, ich denke da haben Sie recht!«

S: »Sie haben auch ein bisschen Angst, dass er in der Schule durchfällt, was seine Aussichten auf eine Karriere als Fußballstar vereiteln würde.«

Schülern und Eltern zuhören 279

E: »Ja, ein bisschen schon.«

S: »Sie und Ihre Frau wären wahnsinnig traurig, wenn Henry sein Potenzial als Fußballspieler nicht ausschöpfen könnte.«

E: »Ja, das stimmt.«

S: »Sie und Ihre Frau wären enttäuscht, wenn Henry in der Schule durchfallen würde.«

E *(nickt):* »Ja!«

S: »Okay, wären Sie einverstanden, mit mir an einer Lösung zu arbeiten, um Henry zu helfen?«

E: »Ja, natürlich!«

In diesem Gespräch geht es nicht so sehr darum, starke Gefühle zu deeskalieren, als vielmehr einem Erziehungsberechtigten zu helfen, der die Wahrheit nicht sehen will und nicht weiß, wie er den Lernerfolg seines Kindes unterstützen soll. Sie sind sich dessen bewusst, dass es extrem schwierig sein wird, wenn nicht unmöglich, Henry zu helfen, falls Sie die Eltern nicht auf Ihrer Seite haben. In diesem Fall ist der erste Schritt, die Ursache für die Gefühle des Vaters herauszufinden – dadurch sichern Sie sich dessen Unterstützung.

An einem bestimmten Punkt machen Sie ein umgekehrtes *Affect Labeling*, wobei Sie jedoch keine Frage stellen. Dies ist eine fortgeschrittene Anwendung der Technik. Beim umgekehrten *Affect Labeling* benennen Sie einfach das Gegenteil des Gefühls, welches Sie bei Ihrem Gesprächspartner vermuten. Dies kann hilfreich sein, wenn jemand eine Situation nicht wahrhaben will oder mit der Scham oder Verlegenheit nicht zurechtkommt, die seine wahren Gefühle in ihm auslösen. Sehen wir uns die Situation noch einmal an:

S:»Und wie ist es mit seinen schulischen Leistungen?«

E:»Klar, er ist kein Einstein – aber so schlecht ist er auch nicht!«

S:»Sie sind zufrieden mit seinen schulischen Leistungen.«

E *(hält einen Moment inne)*:»Na ja, das nicht gerade, aber er ist auch nicht so schlecht.«

S:»Sie sind ein wenig besorgt, dass er keine so guten Leistungen bringt.«

E:»Hören Sie, er wird sich schon verbessern!«

S:»Sie machen sich ernsthaft Sorgen um seine schulischen Leistungen und wissen nicht, was Sie diesbezüglich tun sollen.«

E:»Ja, ich denke da haben Sie recht!«

Indem Sie dem Vater erwidern:»Sie sind zufrieden mit seinen schulischen Leistungen«, helfen Sie diesem, sich seiner eigenen Bedenken gewahr zu werden und diese zu verarbeiten, wozu er allein nicht imstande wäre. Stellen Sie beim umgekehrten *Affect Labeling* jedoch nicht die Frage:»Sind Sie mit seinen schulischen Leistungen zufrieden?« Eine Frage löst einen anderen Reaktionsmechanismus aus. Im Grunde genommen weiß der Vater, dass er nicht glücklich mit der Situation ist, aber er will seine Bedenken nicht wahrhaben. Die Frage, ob er mit den Leistungen seines Sohnes zufrieden ist, könnte er als Urteil, Herabsetzung oder sarkastische Bemerkung auffassen. Er wird in den Verteidigungsmodus wechseln, und die Situation wird höchstwahrscheinlich eskalieren.

Sosehr dies auch Ihrer Intuition widersprechen mag – beim umgekehrten *Affect Labeling* wird Sie Ihr Gegenüber nicht als wertend oder kritisierend empfinden! *Affect Labeling* ist eine Form der emotionalen Körnung, die Menschen hilft, ihre wahren Gefühle zu verstehen und zu verarbeiten. Umgekehrtes oder negatives *Affect Labeling* zwingt die Person, ihre eigenen emotionalen Erfahrungen mit einer bestimmten Aussage abzugleichen. Menschen fällt es viel leichter, ein negatives *Affect Labeling* zu korrigieren, als auf eine Frage zu antworten; erstens erfordert die Beantwortung einer Frage eine höhere kognitive Verarbeitungsleistung, zweitens sieht sich der Gefragte einem unbequemeren Grad von Verletzbarkeit ausgesetzt. Es erstaunt mich immer wieder, welche Auswirkungen der geringfügige Unterschied zwischen einer Aussage und einer Frage darauf hat, ob sich eine Person beruhigt oder nicht.

In dem Moment, in dem sich Henrys Vater bewusst wird, dass er mit der Situation nicht zufrieden ist, setzen Sie Ihr *Affect Labeling* fort, bis er einsieht, wie traurig und enttäuscht er wäre, wenn Henry in der Schule durchfallen würde. Das ist der Punkt, an dem Sie mit der Problemlösung beginnen können.

In anderen Fällen sind Eltern arrogant oder äußern ihren Unmut darüber, dass sie ihre Zeit in einer Sprechstunde mit dem Lehrer verschwenden. Hinter dem arroganten Verhalten steckt in der Regel eine tiefer sitzende Unsicherheit, die aus einem starken Bedürfnis nach Verbundenheit und einer gleichermaßen starken Angst vor Zurückweisung resultiert. Arroganz ist ein Verteidigungsmechanismus gegen den emotionalen Schmerz der Zurückweisung.

Sie (S): »Danke, dass Sie gekommen sind, um mit mir über die Fortschritte Ihrer Tochter zu reden.«

Elternteil (E): »Das ist eine Riesenzeitverschwendung! Wissen Sie, wie viel Geld ich in der Stunde verdiene?«

S: »Sie sind wütend und frustriert, dass Sie zu der Besprechung mit mir kommen mussten.«

E: »Ich bin Geschäftsführer eines Unternehmens, das den
größten Teil der Arbeitsplätze in der Region stellt. Die
Hälfte der Eltern Ihrer Schüler arbeitet in meinem
Unternehmen!«

S: »Sie fühlen sich nicht ernst genommen und erniedrigt, weil
Sie zu mir in die Sprechstunde kommen müssen.«

E: »Ich sollte besser mit der Vorsitzenden der Schulbehörde
über Brenda sprechen. Schließlich habe ich dieser Frau den
Wahlkampf finanziert!«

S: »Sie haben das Gefühl, man bringt Ihnen nicht den
Respekt entgegen, den Sie verdienen.«

E: »Ganz genau. Warum in aller Welt sollte ich mich mit
einem Lehrer unterhalten?«

S: »Sie haben das Gefühl, mit mir zu sprechen sei unter Ihrem
Niveau und beleidige Ihre Würde.«

E: »Ja, ganz richtig! Warum bin ich eigentlich hier?«

S: »Ihre Tochter Brenda hat Probleme in Mathe.«

E: »Für so was ist meine Frau zuständig, nicht ich!«

S: »Sie sind frustriert, dass Sie sich um diese Angelegenheit
kümmern müssen.«

E: »Oh ja! Wären Sie es etwa nicht?«

S: »Sie sind frustriert und wütend auf Brendas Mutter.«

E: »Genau aus diesem Grund haben wir uns scheiden lassen.«

S: »Sie sind wütend, dass Sie hierherkommen mussten, um
über eine Angelegenheit zu sprechen, für die Ihrer
Meinung nach Brendas Mutter zuständig ist.«

E *(nickt):* »Ganz genau!«

S: »Nun, da Sie schon einmal hier sind, wollen wir uns nicht
eine Lösung überlegen, wie wir Brenda bei ihren Mathe-
Problemen helfen könnten?«

E *(seufzt):* »Ja, das müssen wir wohl!«

Schülern und Eltern zuhören 283

S: »Es kränkt Sie, dass Sie sich dieser Aufgabe widmen müssen.«

E: »Ich bin ein extrem beschäftigter und viel gefragter Mann. Natürlich ärgert es mich!«

S: »Wie fühlen Sie sich dabei, dass Brenda schlechte Noten in Mathe hat?«

E: »Offenbar ist sie nicht fleißig genug. Wahrscheinlich kümmert sich ihre Mutter nicht darum.«

S: »Sie sind wütend über Ihre Beziehung zu Brendas Mutter.«

E: »Total wütend! Und Brenda leidet ebenfalls.«

S: »Sie machen sich Sorgen um Brenda.«

E: »Allerdings! Ich weiß, dass sie Probleme in Mathe hat. Aber ich kann ihre Mutter einfach nicht davon überzeugen, ihr bei den Hausaufgaben zu helfen.«

S: »Sie sind ein wenig hilflos in Bezug auf Brendas Hausaufgaben.«

E: »So ist es!«

S: »Und Sie sind ein wenig beschämt darüber, dass Sie Brenda nicht helfen können.«

E *(leise):* »Ja!«

S: »Wären Sie dazu bereit, mit mir eine Lösung zu finden, wie wir Brenda in Bezug auf ihre schulischen Leistungen unterstützen könnten?«

E: »Ja, selbstverständlich!«

S: »Wunderbar.«

Das ist ein schwieriges Gespräch. Der Vater schleudert Ihnen eine Beleidigung nach der anderen an den Kopf. Es fehlt ihm an emotionaler Selbstwahrnehmung, und er ist von seiner beruflichen Bedeutung und seinem Einfluss vollkommen eingenommen. Die normale Reaktion wäre, das Gespräch mit ihm aufgrund seiner Arroganz und Respektlosigkeit zu beenden. Sie lassen sich in diesem Fall jedoch nicht aus Ihrem inneren Gleichgewicht bringen und bewegen sich mit den Gefühlen Ihres Gegenübers. Schließlich sehen Sie Ihre Chance und riskieren folgende Aussage:

S: »Sie sind wütend über Ihre Beziehung zu Brendas Mutter.«
E: »Total wütend! Und Brenda leidet ebenfalls.«
S: »Sie machen sich Sorgen um Brenda.«
E: »Allerdings! Ich weiß, dass sie Probleme in Mathe hat. Aber ich kann ihre Mutter einfach nicht davon überzeugen, ihr bei den Hausaufgaben zu helfen.«
S: »Sie sind ein wenig hilflos in Bezug auf Brendas Hausaufgaben.«
E: »So ist es!«
S: »Und Sie sind ein wenig beschämt darüber, dass Sie Brenda nicht helfen können.«
E *(leise)*: »Ja!«

Am Ende erkennt der Vater, dass er Scham empfindet und seine Ängste in Bezug auf seine Tochter. Obwohl er Brendas Mutter die Schuld gibt, weiß er, dass sein Anteil an der Schuld genauso groß ist. Unter normalen Umständen würde ihn sein geringes Selbstbewusstsein daran hindern, sich selbst einzugestehen, dass er der Angelegenheit ein wenig hilflos und beschämt gegenübersteht. Ein Teil der Kraft von *Affect Labeling* liegt darin, dass es nicht bewertet und kritisiert. Sie spiegeln einfach nur die emotionale Erfahrung des Sprechers wider. Indem Sie sozusagen zum Spiegel der Gefühle des anderen werden, kann der Sprecher – in diesem Fall der Vater – seine Gefühle verarbeiten, die andernfalls zu heikel wären, um sich damit auseinanderzusetzen.

Die wichtigste Lehre ist: Lassen Sie sich niemals provozieren! Der Vater in unserem Beispiel ist selbst zutiefst verletzt. Seine Verletzung hat er durch finanziellen Erfolg kompensiert, und dieser Erfolg hat es ihm erlaubt, über die Maßen arrogant zu werden. Vermutlich hat er noch nie erlebt, dass jemand seinen Gefühlen wirklich zuhört, ohne diese zu bewerten. Diese Erfahrung kann durchaus verunsichern. Dennoch liebt der Mann seine Tochter, und er fühlt sich hilflos. Er schreit förmlich nach Hilfe, aber er weiß nicht, wie er diese einfordern soll, ohne den Eindruck von Schwäche zu erwecken. *Affect Labeling* ist hier eine Möglichkeit, einem Menschen einen Rettungsring zuzuwerfen.

* * *

Zusammenfassung des Kapitels

In diesem Kapitel haben wir untersucht, wie Lehrer *Affect Labeling* anwenden können, um Schüler und Eltern zu deeskalieren. Die wichtigsten Erkenntnisse waren:

» *Affect Labeling* ist ein wirksames Hilfsmittel zur Unterrichtsführung in Schulen, mit dem sich verärgerte Schüler deeskalieren lassen und emotionale Intelligenz vermittelt werden kann.

» Schüler verfügen – abhängig von ihrem Alter und ihrer sozialen und kognitiven Entwicklung – über unterschiedlich stark ausgeprägte Grade an emotionaler Kategorisierung und emotionaler Körnung. Wenn Sie genau hinsehen, werden Sie immer wieder das gleiche begrenzte Repertoire an emotionalen Verhaltensweisen erkennen.

» Wenn Sie sich die Zeit nehmen, das emotionale Innenleben Ihrer Schüler zu verstehen, wird Ihnen dies helfen, deren Verhalten im Unterricht besser in den Griff zu bekommen.

» Die Gefühle eines Schülers anzuerkennen kann große Wirkungskraft entfalten.

» Denken Sie daran: zuerst deeskalieren – dann Problem lösen!

» Disziplinierungsmaßnahmen, die auf Zwang, Bestrafung und Nulltoleranz-Prinzip aufbauen, lassen sich empirisch nicht stützen. Systeme ausgleichender Justizmaßnahmen und ähnliche Verfahren – mit anderen Worten *Affect Labeling* – haben sich im Zusammenhang mit Strafen als geeigneter erwiesen.

» *Affect Labeling* und das Formulieren von Kernaussagen sind hervorragende Hilfsmittel im Umgang mit wütenden und verärgerten Eltern. Nachdem Sie einen emotional aufgebrachten Erziehungsberechtigten deeskaliert haben, können Sie sich gemeinsam Möglichkeiten zur Problemlösung überlegen.

10
Wie bleiben Sie höflich in einer unhöflichen Gesellschaft?

»Damit Kooperation überhaupt in Gang gesetzt werden kann, ist eine weitere Bedingung erforderlich. Das Problem besteht darin, dass in einer Welt unbedingter Defektion kein vereinzeltes Individuum, das seine Kooperation anbietet, erfolgreich sein kann, solange nicht andere in seiner Umgebung sind, die Gegenseitigkeit zeigen.«[19]

Robert Axelrod, *Die Evolution der Kooperation*

Wie kann ich mit jemandem eine Beziehung führen oder ihn weiterhin lieben, wenn er eine gegensätzliche Position zu mir vertritt, oder ich seine Auffassungen nicht verstehen oder respektieren kann? Wie kann ich trotz meiner eigenen Überzeugungen von jemand anders geliebt und respektiert werden? Wie vertrete ich meine Meinung in einer Weise, die andere nicht verletzt, es mir aber gleichzeitig erlaubt, meinen eigenen Prinzipien treu zu bleiben? Wie höre ich anderen Menschen zu, deren Ansichten ich zutiefst verabscheue? Wie kann ich Kooperation und Frieden in meinem Zuhause und meiner Gemeinde fördern?

Die Probleme einer gesellschaftlich polarisierten Welt sind für unsere Familien und Gemeinden zur Plage geworden. Liberal gesinnte Familienmitglieder können kaum noch mit konservativen Familienmitgliedern sprechen, ohne dass einer den anderen beziehungsweise beide sich lautstark beschimpfen. Wir alle scheinen uns an Facebook und Twitter zu entzünden. Niemand ist mehr in der Lage, zuzuhören, den anderen zu verstehen oder sich auf höfliche Weise zu unterhalten – vor allem, wenn es um so persönliche und emotionale Themen wie Politik, Religion und Kultur geht. Auch wird die Situation von den von uns gewählten höchsten Volksvertretern und Führungspersönlichkeiten nicht gerade begünstigt, wenn diese sich gegenseitig, die Medien und überhaupt jeden, der von ihrer Meinung abweicht, diskreditieren und schlechtmachen. Was geschieht hier eigentlich? Und gibt es irgendetwas, das wir dagegen tun können?

Die knappe Antwortet lautet: Ja! Doch beginnen wir zuerst mit etwas wissenschaftlichem Hintergrundwissen, das uns helfen soll, das Problem besser zu verstehen.

Was sind Überzeugungen?

Eine Überzeugung bedeutet, an die Wahrheit einer bestimmten Idee zu glauben. Überzeugungen unterscheiden sich von anderen geistigen Funktionen wie Gedächtnis, Wissen und innerer Einstellung. Wir entwickeln Überzeugungen in der Regel unbewusst; sie dienen uns als Mittel, die Welt, in der wir leben, zu verstehen – ohne Überzeugungen, die uns leiten, müssten wir uns die Bedeutung eines neuen Ereignisses oder einer neuen Situation jedes Mal aufs Neue erarbeiten. Überzeugungen helfen uns dabei, dass unsere höheren kognitiven Verarbeitungsprozesse (etwa unser Denken) den wirklich schwierigen Herausforderungen oder Problemen vorbehalten bleiben.

Außerdem schaffen Überzeugungen ein Gefühl von Gemeinschaft und Sicherheit. Gemeinsame Überzeugungen helfen uns, unsere Gruppen zu definieren. Überzeugungen ermöglichen es uns, bestimmte Werte in Bezug auf Ernährung, Unterbringung, Sprache, Kleidung, Verhalten, Religion und Moral zu entwickeln. Ebenso sorgen Überzeugungen dafür, dass wir gemeinsame Auffassungen von der Welt haben. Wenn Sie und ich eine Überzeugung miteinander teilen, fühlen wir uns verbunden. Dann sind wir in der Lage, leichter miteinander zu kooperieren und klarer miteinander zu kommunizieren. Besitzen wir hingegen unterschiedliche Überzeugungen, fühlen wir uns nicht verbunden – Kooperation erscheint uns schwieriger, Kommunikation wird mühsam.

Natürlich variieren Überzeugungen hinsichtlich ihrer Dauer, Intensität und Verbindlichkeit. Der Begriff Dauer legt nahe, dass manche Überzeugungen von langer Dauer sind, andere dagegen kurzlebig. Der Glaube an Gott kann dauerhaft sein. Der Glaube daran, dass die Chicago White Sox die World Series im Baseball gewinnen, ist es vielleicht weniger. Auch was ihre Intensität betrifft, können Überzeugungen variieren. Wir besitzen starke und schwache Überzeugungen. Wir halten mit allen Mitteln an Dingen fest, an die wir intensiv glauben, aber opfern schon mal eine Überzeugung, die für uns von geringerer Bedeutung ist. Überzeugungen variieren auch hinsichtlich ihrer Verbindlichkeit. Manche Überzeugungen können wir leicht ändern; andere hingegen bestimmen unser Denken so sehr, dass es uns schwerfällt, sie zu ändern.

Manche Überzeugungen basieren auf unserem Urteilsvermögen und auf logischem Denken. So sind wir etwa der Überzeugung, dass sich die Erde um die Sonne dreht, nicht weil wir dies aus eigener Anschauung wüssten, sondern weil wir wissen, dass Astronomen Beobachtungen und Berechnungen geliefert haben, die unsere Überzeugung verifizieren. Andere Überzeugungen basieren auf Gefühlen. Dank ihrer fühlen wir uns wohl, sind beruhigt, und sie erzeugen für uns das Bild einer vorhersagbaren Welt. Überzeugungen, die auf Gefühlen basieren, sind häufig das Ergebnis eines unbewussten Prozesses, den man als motiviertes Denken bezeichnet. Motiviertes Denken ist ein auf Vorurteilen gegründetes Denken, das genau die Schlüsse generiert, die wir gefühlsmäßig bevorzugen. Mit anderen Worten, unser Gehirn versucht eine Überzeugung rational zu erklären oder zu rechtfertigen, indem es widersprüchliche Fakten ausblendet oder Fakten hinzuerfindet, um die Überzeugung zu stützen.

Politische Polarisierung ist meist eine Folge von motiviertem Denken. Menschen geben sich motiviertem Denken hin, um sich eine politische Überzeugung zu bilden, die sie emotional befriedigt. In vielen Fällen werden die zugrunde liegenden Fakten einfach nicht beachtet oder verzerrt, damit sie zu einer bestimmten Überzeugung passen. Wenn wir mit einer Situation oder einer Tatsache konfrontiert werden, die die Kohärenz unserer Überzeugungen bedroht, versuchen wir die Unstimmigkeit durch Anpassungsprozesse zu lösen – mit anderen Worten, wir manipulieren die Fakten so weit, dass sie wieder zu unseren Überzeugungen passen.

Motiviertes Denken beschreibt folglich den Prozess, Tatsachen zu erfinden beziehungsweise sich nur die angenehmen Tatsachen herauszupicken, um eine Überzeugung zu stützen, anstatt auf der Grundlage aller objektiven Tatsachen zu einer logischen, aber womöglich unerfreulichen Schlussfolgerung zu gelangen. Statt sich mit den gefühlsmäßig weniger angenehmen und unvorteilhaften empirischen Fakten herumzuschlagen, wird eine alternative Version zur Wahrheit erhoben, die der Überzeugung einer Person entspricht und diese bestätigt. Eine Überzeugung, die durch motiviertes Denken entstanden ist, wird noch stärker, wenn sie mit widersprüchlicher, aber zugleich wahrer Information konfrontiert wird.

In einer wissenschaftlichen Studie wählte man die Teilnehmer entsprechend ihrer politischen Parteinahme aus. Anschließend untersuchte man ihre Gehirne in MRT-Scannern, während man ihnen Erklärungen von George W. Bush und John Kerry aus dem Wahlkampf von 2004 vorspielte. Einige Erklärungen der Wahlkampfkandidaten deckten sich mit den Auffassungen der Parteigänger. Während dieser Erklärungen befanden sich die Gehirne der Teilnehmer in einem ruhigen Zustand. Bei Erklärungen hingegen, in denen die Partei-Kandidaten sich in Widersprüche verwickelten, sprangen die emotionalen Zentren in den Gehirnen der Teilnehmer an. Und noch bedeutender war, dass viele Dopaminrezeptoren aktiviert wurden. Das Gehirn des Parteigängers belohnte sich selbst dafür, dass es angesichts wahrer, aber widersprüchlicher Fakten seinen festen Überzeugungen treu blieb. Als man den Parteigängern Beweise lieferte, dass ihre Überzeugungen falsch waren, wurden sie im Hinblick auf ihre Überzeugungen nur noch sturer.[20]

Wie man Menschen zuhört, die eine gegensätzliche Meinung vertreten

Als ich das Thema Überzeugungen aus meiner Sicht eines Mediators und Friedensstifters erforschte, entwickelte ich vier Regeln, die mir dabei halfen, schwierige Auseinandersetzungen rund um Ideologien und Werte zu lösen. Diese sind:

1. Argumentieren Sie nie gegen eine emotionale Überzeugung, denn Logik und logisches Denken werden eine emotionale Meinung niemals ändern.
2. Fakten sind bedeutungslos, also ignorieren Sie diese!
3. Versuchen Sie Verständnis zu erwecken, nicht zu überzeugen.
4. Seien Sie geduldig, ruhig, sensibel und mitfühlend.

Die erste Regel »Argumentieren Sie nie gegen eine emotionale Überzeugung« basiert auf Ergebnissen aus den Neurowissenschaften. Untersuchungen haben gezeigt, dass emotionale Überzeugungen, versucht man gegen diese zu argumentieren, eher zu- als abnehmen. Jeder von uns hat dies schon einmal am Beispiel von sturen Freunden oder Verwandten erlebt. Sie sind nicht ohne Grund starrsinnig. Um ihre Überzeugungen zu untermauern, werden ihre Gehirne regelrecht von Dopamin überflutet. Sie haben keine bewusste Kontrolle über den Prozess, und können ihre festen Überzeugungen nicht ohne Weiteres ändern. Der Versuch, ihre Meinung zu ändern, wäre reine Zeitverschwendung!

Die zweite Regel ist nur schwer zu akzeptieren: »Fakten sind bedeutungslos, also ignorieren Sie diese!« Wir alle haben das Bedürfnis, im Recht zu sein. Ignorieren wir Fakten, ist es für uns so, als würden wir die Wahrheit opfern. Nun, es gibt Momente im Leben, in denen dies die beste Strategie ist. Natürlich gibt es viele Situationen, in denen die Wahrheit ein Ergebnis bestimmt. So sind etwa wissenschaftliche Methoden die rigorose Anwendung von Hypothese, Experiment, Beobachtung und Auswertung – konzipiert, um die Wahrheit herauszufinden. Niemand würde den Anspruch erheben, bei der Verfolgung wissenschaftlicher Ziele die Fakten ignorieren zu wollen – wenngleich die Geschichte voll solcher Beispiele ist. (Vor nicht allzu langer Zeit herrschte die Auffassung, dass die Erde eine Scheibe sei und die Sonne sich um diese drehe. Menschen, die eine andere Meinung vertraten, wurden auf dem Scheiterhaufen verbrannt.) Bei der Auseinandersetzung mit gegensätzlichen Überzeugungen geht es nicht darum, einen Gerichtsprozess zu führen. Es geht auch nicht darum, irgendetwas zu gewinnen. Es geht darum, mit Menschen, deren Weltsicht sich grundlegend von der unseren unterscheidet, in Verbindung zu treten und eine Beziehung zu ihnen aufzubauen.

Die dritte Regel ergibt sich aus den ersten beiden: »Versuchen Sie Verständnis zu erwecken, nicht zu überzeugen.« Verständnis wecken bedeutet, wir stellen Fragen, die Antworten mit einer tieferen Erklärung nach sich ziehen. Hier sind zum Beispiel sieben Fragen, die Sie jemandem stellen könnten, der eine politisch gegensätzliche Meinung vertritt:

1. Welche Lebenserfahrungen veranlassten dich zu den Werten, an die du heute glaubst?

Dies ist eine einfache Frage von großer Wirkungskraft. In der Regel machen sich Menschen nicht besonders viele Gedanken darüber, was sie zu ihren Überzeugungen veranlasst hat. Die meisten Werte sind unbewusst entstanden. Solange Sie einen Menschen nicht danach fragen, wird er sich über seine Überzeugungen keine Gedanken machen. Indem Sie andere danach fragen, wie sie zu ihren Werten gelangt sind, helfen Sie ihnen dabei, sich selbst besser zu verstehen. Manchmal werden Sie eine Antwort im Sinne von »Das weiß ich nicht!« bekommen. Wenn die Person, mit der Sie reden, nie gelernt hat, ein wenig Selbstreflexion zu betreiben, können Sie sich genauso gut über das Finalspiel der American-Football-Liga unterhalten – Sie werden Ihrem Gegenüber in diesem Moment nichts Bedeutsames entlocken!

2. Was macht deine Werte für dich so bedeutungsvoll?

Werte und Überzeugungen erzeugen Realität. Indem Sie fragen, warum Werte Bedeutung haben, stellen Sie die Werte selbst nicht infrage; es veranlasst den anderen Menschen lediglich, sich darüber Gedanken zu machen, weshalb die Werte für ihn wichtig sind. Dies endet manchmal in einem Zirkelschluss. Für gewöhnlich sind Ihnen andere Menschen aber dafür dankbar, dass Sie ihnen diese Frage stellen.

3. Wie lebst du deine Werte im Alltag?

Diese Frage kann Unbehagen hervorrufen, wenn die Antwort Widersprüche ans Licht bringt. Zum Beispiel, Sie beschäftigen eine Putzkraft illegal und lassen sie für sich schwarzarbeiten, unterstützen gleichzeitig aber eine Politik, die sich gegen Immigration richtet und Abschiebung befürwortet – dann besteht ein klarer Widerspruch zwischen Ihren Werten und Ihrem Verhalten. Viele Menschen werden starke Überzeugungen vertreten wie: »Ich bin absolut gegen eine zentrale Regierung«, aber sie werden nicht merken, wie sehr dies im Widerspruch steht zu Äußerungen wie: »Aber bitte ändern Sie nichts an meiner staatlichen Kranken- und Sozialversicherung!« Wenn Sie diese dritte Frage stellen, diskutieren Sie nicht oder versuchen dem anderen zu beweisen, dass Sie im Recht sind. Gehen Sie hier besser behutsam vor.

4. Hast du schon einmal mit einem Menschen zusammengearbeitet, der andere Werte vertrat als du?

Die meisten Menschen machen sich keine Gedanken darüber, ob die Menschen um sie herum andere Werte als sie selbst vertreten. Häufig neigen wir dazu, zu glauben, dass alle anderen so sind wie wir und eine ähnliche Weltsicht besitzen. Diese Frage regt zum Nachdenken darüber an, wie viele andere Überzeugungen es eigentlich gibt.

5. Wie bist du mit einer solchen Beziehung umgegangen?

Meistens erklären Menschen, dass sie es lieber vermeiden, über Überzeugungen zu sprechen, die einen Streit nach sich ziehen könnten. Diese Frage veranlasst uns erneut dazu, über den Unterschied zwischen Taten und Überzeugungen nachzudenken. Es kann sein, dass jemand nicht das geringste Problem mit einem muslimischen Nachbarn hat, aber auf strenge

Kontrollrichtlinien in Bezug auf muslimische Einwanderer beharrt. Durch Fragen wie diese kann man Einsichten darüber gewinnen, wie ein Mensch mit einer gegensätzlichen Meinung im Hinblick auf politisch heiße Eisen tatsächlich empfindet.

6. Wie fühlst du dich, wenn jemand behauptet, an Werte zu glauben, die sich grundlegend von den deinen unterscheiden?

Viele Menschen streiten die Tatsache ab, dass sie gegensätzliche Werte verärgern. Wir wollen als offene und tolerante Wesen erscheinen, obwohl wir in Wahrheit ausgesprochen intolerant sein mögen. Wenn Sie einen Menschen nach seinen emotionalen Erfahrungen fragen, geben Sie ihm die Möglichkeit, über seine eigenen emotionalen Erfahrungen nachzudenken. Im Anschluss daran können Sie eine »Warum«-Frage stellen, im Sinne von: »Warum glaubst du, ärgerst du dich, wenn du über das Recht von Frauen auf legalen Schwangerschaftsabbruch nachdenkst?«

7. Wie sollte deiner Meinung nach eine Gesellschaft funktionieren, die sich aus Menschen mit völlig unterschiedlichen und gegensätzlichen Werten zusammensetzt?

Diese Frage veranlasst uns dazu, darüber nachzudenken, ob die Polarisierung der Gesellschaft wirklich die beste Möglichkeit ist, um mit unterschiedlichen Werten nebeneinander zu leben. Natürlich mögen Sie auf jemanden stoßen, der alle Menschen, die nicht so sind wie er selbst, einfach loshaben will. Zumindest wissen Sie dann, woran Sie sind. In diesem Fall wechseln Sie besser das Thema und sprechen übers Wetter. Die vierte Regel zur Lösung schwieriger Auseinandersetzungen rund um Ideologien und Werte ist, geduldig, ruhig, sensibel und mitfühlend zu sein. Sind Sie tief in einer gegensätzlichen Überzeugung verhaftet, ist dies oft nicht einfach. Der müheloseste Weg, ruhig und einfühlsam zu bleiben, ist, auf Ihre starken Fertigkeiten als empathischer Zuhörer zu setzen. Auf die Antworten auf Ihre Fragen reagieren Sie am besten durch das Formulieren von Kernaussagen und *Affect Labeling,* aber nicht mit Streit, Fakten und logischem Denken. Behalten Sie Ihr Ziel im Auge: Sie wollen den anderen verstehen und mit ihm in Verbindung treten!

Hier sind einige Beispiele, wie Sie ein Gespräch mit Menschen führen können, die eine politisch gegensätzliche Meinung vertreten:

Samuel (Sa): »Ich freue mich dermaßen, dass unsere Regierung all die illegalen Ausländer aus dem Land wirft.«

Sie (S): »Du freust dich über die Einwanderungspolitik der Regierung.«

Sa: »Oh ja!«

S: »Sam, erzähl mal, was hat dich eigentlich zu der Überzeugung gebracht, dass man illegale Ausländer aus dem Land werfen sollte?«

Sa: »Verflucht! Die nehmen uns unsere Jobs weg und begehen alle möglichen Straftaten. Willst du etwa nicht, dass man die rausschmeißt?«

S: »Du ärgerst dich, dass illegale Einwanderer uns die Jobs wegnehmen und Straftaten begehen.«

Sa: »Ja! Wozu gibt es Grenzen, wenn sie nicht geltend gemacht werden?«

S: »Dir ist wichtig, dass den Gesetzen Rechnung getragen wird.«

Sa: »Allerdings!«

S: »Dir ist wichtig, dass Menschen sich an die Gesetze halten.«

Sa: »Jawohl! Ich bin jemand, der für Recht und Ordnung eintritt.«

S: »Es macht dich glücklich, wenn die Gesetze eingehalten und geltend gemacht werden.«

Sa: »Ja, sicher.«

S: »Du fühlst dich sicherer, wenn alle die gleichen Regeln befolgen.«

Sa: »Das habe ich noch nie so betrachtet, aber du hast recht – wenn die Regeln befolgt werden, fühle ich mich sicherer.«

S: »Du liebst Ordnung und Sicherheit in deinem Leben.«

Sa: »Jawohl!«

S: »Du fühlst dich also sicherer, wenn die illegalen Ausländer aus dem Land geworfen werden, weil dadurch Recht und Ordnung wiederhergestellt werden.«

Sa: »Du hast's erfasst!«

S: »Ja, das glaube ich auch! Danke Sam, dass du mir geholfen hast, deine Gefühle diesbezüglich besser zu verstehen.«

Dieses Gespräch verläuft ziemlich gut. Samuel macht zu Beginn seine Meinung ziemlich klar deutlich. Sie reagieren darauf nicht mit Streit, sondern machen mit seinen Gefühlen *Affect Labeling*. Samuel beruhigt sich umgehend, und Sie fragen ihn, wie er zu seinen Überzeugungen gelangt ist. Im weiteren Gesprächsverlauf fordern Sie Samuel in keinem Moment heraus, führen keine Fakten gegen ihn ins Feld, sondern bemühen sich in jedem Moment um Verständigung.

Sie machen mit Samuels emotionalen Erfahrungen *Affect Labeling* und formulieren Kernaussagen hinsichtlich der Werte, die seinen Gefühlen zugrunde liegen. Gehorsam gegenüber den rechtmäßigen Autoritäten ist für Samuel wichtig, da er sich nach Ordnung und Sicherheit sehnt. Die Gewissheit, dass Gesetze eingehalten und geltend gemacht werden, verleiht Samuel ein Gefühl von Kontrolle. Oder wie er selbst sagt: »Wozu gibt es Grenzen, wenn sie nicht geltend gemacht werden?« Sie werden Samuels Meinung in Bezug auf die Einwanderungspolitik nicht ändern. Aber Sie haben gelernt, dass Samuel das Bedürfnis nach einer geordneten und berechenbaren Welt hat, was sich in seiner Überzeugung ausdrückt, dass alle illegalen Ausländer abgeschoben werden sollten.

Hier ist ein weiteres kontroverses politisches Thema, die Gesundheitsversorgung in den USA:

Irene (I): »Es freut mich dermaßen, dass unsere Regierung die gesetzliche Krankenversicherung in den einzelnen Bundesstaaten abschafft.«

Sie (S): »Du freust dich über das Ende der föderalen gesetzlichen Krankenversicherung.«

I: »Ich bin begeistert! Es war eines der übelsten Gesetze, die je verabschiedet wurden.«

S: »Was war deiner Meinung nach denn so schlimm an der gesetzlichen Krankenversicherung?«

I: »Wer keine Versicherung hatte, wurde dadurch bestraft, dass er höhere Steuern zahlen musste.«

S: »Du warst wütend, dass die Regierung Menschen gegen ihren Willen dazu genötigt hat, für eine Krankenversicherung zu bezahlen.«

I: »Genau. Eine Krankenversicherung ist eine private

Angelegenheit, da sollte sich eine Regierung nicht einmischen.«

S: »Du bist der festen Überzeugung, dass sich die Regierungen aus dem Leben der Menschen heraushalten sollten.«

I: »So ist es!«

S: »Und dass es jedem freistehen sollte, in Sachen Gesundheit und Krankenversicherung für sich selbst zu sorgen.«

I: »Ja, ich bin absolut dagegen, dass die Regierung ärmere Menschen bei der Finanzierung ihrer Krankenversicherung unterstützt.«

S: »Hm. Du lehnst eine gesetzliche Krankenversicherung ab, weil sie Menschen ihrer Wahlmöglichkeiten beraubt, sie in ihren Freiheiten beschneidet und die Ärmeren auf Kosten der Wohlhabenden begünstigt.«

I: »Ja. Das hast du gut zusammengefasst.«

S: »Im Grunde war die gesetzliche Krankenversicherung ein Angriff auf unsere Freiheit und die Idee, dass jeder für sich selbst sorgen und sich nicht auf die Regierung verlassen sollte.«

I: »So habe ich das noch nie betrachtet, aber es stimmt – die gesetzliche Krankenversicherung war ein Angriff auf unsere Freiheit!«

S: »Ich würde gerne wissen, welche Lebenserfahrung dich dazu veranlasst hat, Freiheit und die Verantwortung des Einzelnen so hoch zu schätzen.«

I: »Meine Eltern haben wahnsinnig viel gearbeitet und waren finanziell erfolgreich. Dann kam eine Zeit, da mussten sie, je mehr Geld sie verdienten, immer höhere Steuern zahlen. Sie beklagten sich darüber in bitterster Weise uns Kindern gegenüber. Es ist doch nicht gerecht, dass man schwer arbeitet und Erfolg hat, und dann kommt die Regierung und beraubt einen um einen Großteil des eigenen Verdiensts, um damit Sozialhilfeschecks und Essensmarken zu finanzieren.«

S: »Aus deiner Perspektive bedeutet Gerechtigkeit, dass du, wenn du viel arbeitest und Geld verdienst, es mit niemandem teilen musst, der nicht ähnlich hart arbeitet oder kein Einkommen hat.«

I: »Richtig. Der Sozialstaat ist grundsätzlich ungerecht gegenüber denen, die intelligent und tüchtig genug sind, um Geld zu verdienen.«

S: »Für dich besteht das eigentliche Problem also in der Gerechtigkeit.«

I: »So ist es!«

Dieses Gespräch – das leicht in einen hitzigen Streit hätte ausarten können – führte am Ende zu einem tieferen Verständnis von Irenes Weltsicht. Sie betrachtet die Dinge durch die Brille von Freiheit und Gerechtigkeit. Sobald Sie dies wissen, können Sie Irene zu einem Problemlösungsgespräch einladen über die Frage, wie sich Freiheit und Gerechtigkeit, wie Irene sie versteht, mit den strukturbedingten Ungerechtigkeiten, bedingt durch Rassismus, Sexismus und Armut, in Einklang bringen lassen. Auch wenn Sie sich nicht auf eine gemeinsame Strategie einigen können, führen Sie dennoch ein aufschlussreiches und höfliches Gespräch über die tieferen Probleme unserer Gesellschaft, ohne dabei die Werte das anderen infrage zu stellen.

Diese Gespräche erfordern von Ihnen gewisse Fertigkeiten und Bemühungen, aber auch nicht zu viel. Vor allem müssen Sie bereit sein, zuzuhören und die Gefühle zurückzuspiegeln, anstatt in den Verteidigungsmodus zu gehen und Ihr Gegenüber anzugreifen. Es ist eine Haltung, die sich vollkommen von den vorherrschenden, auf Auseinandersetzungen ausgerichteten Haltungen unterscheidet.

Hier ist eine weitere Situation, in der religiöse und säkulare Überzeugungen aufeinanderprallen:

Josh (J):»Ich finde die Liberalisierung hinsichtlich sexueller Orientierung, den Rechten Transsexueller und sogar das Abtreibungsrecht einfach grauenhaft!«

Sie (S):»Erzähl weiter ...«

J:»Ich habe das Gefühl, mein Glaube und meine Religion werden täglich infrage gestellt von einer Kultur, die für Sachen eintritt, die ich für schlecht und sündhaft halte.«

S:»Du bist wütend und fühlst dich bedroht.«

J:»Wo ich auch hinsehe, ändern sich die Regeln. Etwas wie Moral scheint es überhaupt nicht mehr zu geben.«

S:»Du bist frustriert und hast Angst.«

J:»Ja! Ich habe das Gefühl, Menschen meines Glaubens sind in der Minderheit, und unsere Überzeugungen werden abgelehnt. Es ist, als würden die Lehren der Bibel von einer große Flutwelle fortgespült!«

S:»Du bist besorgt, dass die moderne Kultur deine Glaubensüberzeugungen mit sich fortreißt.«

J:»Wir sind zahlenmäßig unterlegen. Ungeachtet der Kraft unseres Glaubens werden wir zerquetscht. Aber wir werden nicht weichen!«

S:»Du fühlst dich nicht mehr sicher. Die Welt verändert sich so schnell, und es gibt so viele Haltungen, die du verabscheust. Du hast das Gefühl, allein und isoliert zu sein.«

J:»Ja, genau! Ich weiß auch nicht, was ich von diesen Leuten in Machtpositionen halten soll, die uns ihre gesellschaftlichen Moralvorstellungen aufzwingen wollen.«

S: »Du fühlst dich deiner religiösen Identität beraubt.«

J: »So ist es. Es ist verdammt ärgerlich, wenn man ständig mit Menschen konfrontiert wird, die Atheisten sind.«

S: »Du ärgerst dich darüber, dass du mit Menschen konfrontiert bist, die deine Überzeugungen nicht vertreten.«

J: »Ja! Die Grundlage dieses Landes sind die Moralvorstellungen der Bibel. Es scheint, als würde all das über Bord geworfen!«

S: »Du fürchtest, wenn es keine moralischen Richtlinien mehr gibt, könnte die Gesellschaft irgendwann in sich zusammenbrechen.«

J: »So habe ich das noch nie betrachtet – aber ja, ich glaube du hast recht. Gott wird uns dafür bestrafen, dass wir von seinem Weg abweichen.«

S: »Du machst dir deswegen große Sorgen.«

J: »Allerdings!«

S: »Danke dir. Jetzt verstehe ich besser, wie du dich fühlst.«

J: »Gerne. Danke, dass du mir zugehört hast.«

Ein Teil der Polarisierung unserer Gesellschaft dreht sich um den krassen Gegensatz von religiösen und säkularen Überzeugungen. Unabhängig von ihren Überzeugungen erleben Menschen ein Gefühl der Angst, wenn sie spüren, dass man ihnen Überzeugungen aufzwingen möchte, die sie selbst verabscheuen. Der Streit darüber, ob sich die öffentliche Ordnung nach religiösen Überzeugungen richten oder säkularen Vorstellungen der Vorrang gegenüber Religionen eingeräumt werden soll, führt nur selten zu einem Ergebnis. Verständnis ist das Höchste, worauf wir hoffen können.

In der vorangegangenen Situation zwischen Josh und Ihnen nehmen Sie die Haltung des Zuhörers ein. Während Josh versucht, seine Ängste und Sorgen zu erklären, machen Sie mit ihm *Affect Labeling*. Er will Sie nicht überzeugen, und auch Sie haben nicht die geringste Absicht, ihm seine Überzeugungen ausreden zu wollen. Indem Sie versuchen, Josh durch tiefes Zuhören besser zu verstehen, erfahren Sie, welch große Angst er davor hat, seine Identität zu verlieren. Den säkularen Übergriff auf seine Glaubensüberzeugungen empfindet er wie eine existenzielle Bedrohung. Dieses Verständnis und die Anerkennung von Joshs starken Gefühlen schafft eine kleine Brücke des Vertrauens zwischen Ihnen. Vielleicht wird es zu einem späteren Zeitpunkt möglich sein, ein tiefer gehendes Gespräch darüber zu führen, wie die Rechte der einen mit denen der anderen in Einklang zu bringen wären. Im Augenblick genügt es vollkommen, dass sie den anderen verstehen.

Die Spaltung von Familien

Unterschiedliche Überzeugungen sind der Grund für die Spaltung vieler Familien. Häufig wird das Problem durch neue Technologien und Social Media noch verschärft, da Freunde und Familienmitglieder ihren Streit online und in öffentlichen Räumen ausfechten. Natürlich ist Facebook nicht der geeignete Ort, um ein bedeutsames Gespräch über ein Thema zu führen. Dennoch haben Facebook und andere soziale Netzwerke bereits viele Formen der Kommunikation zwischen Menschen verdrängt.

Wenngleich Facebook es uns ermöglicht, mit Freunden in Kontakt zu sein, die wir ansonsten nicht sehen könnten, wurden uns dadurch gleichzeitig soziale Begegnungsräume genommen. Die Unmittelbarkeit der Social Media erfordert eine sofortige Antwort. Außerdem sind wir zeitlich und entfernungsmäßig nicht mehr voneinander getrennt. Es scheint, als gäbe es überhaupt keinen Ort mehr, der es uns erlaubt, nachzudenken und wohlüberlegte Antworten zu geben. Es existieren keine inhärenten gesellschaftlichen Mechanismen bezüglich irgendwelcher Beschränkungen oder Höflichkeitsstandards. Anders als in einem direkten Gespräch zwischen Menschen haben Beleidigungen und respektloses Verhalten keine unmittelbaren Konsequenzen. Verwarnungen verlieren im Internet an Bedeutung. Des Weiteren funktionieren in den sozialen Medien keine der traditionellen Möglichkeiten, ein Gespräch zu verlangsamen. Deshalb haben die sozialen Medien direkte Auswirkungen auf unsere unbewussten Reaktionen, lösen unreflektierte Überzeugungen in uns aus und beschleunigen die Polarisierung.

Daher verwundert es nicht, dass unsere Kommunikationsgewohnheiten aus den sozialen Medien auf Familien (und jede Art von persönlichen Beziehungen) übergreifen. Gespräche zwischen Familienmitgliedern mit unterschiedlichen Überzeugungen unterliegen keinen natürlichen Beschränkungen mehr, lassen Etikette und Respekt vermissen und sind offenbar nicht abwägend oder langsam genug, um einen überlegten und bedeutungsvollen Austausch zu ermöglichen. Kurz gesagt, es kann schnell zur Spaltung innerhalb von Familien kommen. Ist eine Familie erst einmal gespalten, können verletzte Gefühle, Abschottung, das Gefühl von Verrat, Mangel an Vertrauen, Nichtachtung, Wut und Angst eine Versöhnung zusätzlich erschweren.

Aber es gibt Hoffnung. Als Mediator habe ich Tausende von Konflikten erlebt, viele davon zwischen Familienmitgliedern. Bei den meisten familiären Auseinandersetzungen war eine Versöhnung möglich. Sie können es in Ihrer Familie ebenfalls schaffen! Es mag mühevoll und bisweilen schmerzhaft sein, aber die Belohnung, die Sie am Ende erhalten, ist unbezahlbar.

In jeder menschlichen Beziehung, in der eine Polarisierung vorliegt, lautet Regel Nummer eins: Verlangsamen Sie den Prozess!

Die Gründe für das Zerwürfnis liegen zumeist in unseren automatischen Reaktionen, unserer Impulsivität und unserer Verantwortungslosigkeit. Beziehungen wiederherzustellen erfordert Beschränkung, Respekt und persönliche Verantwortlichkeit. Sie brauchen Instrumente, die ihre Gespräche verlangsamen und allen Beteiligten genügend Zeit geben, ihren Drang zu drosseln, immer als Erster und am lautesten zu schreien. Hier ist eine Reihe von Möglichkeiten, wie Sie dies tun können:

Stellen Sie einige Grundregeln für Gespräche auf

Die erste Technik besteht schlicht darin, sich auf einige grundlegende Gesprächsregeln zu einigen. Ich habe erlebt, dass Menschen, die sich nicht darauf einigen können, ob der Himmel blau oder schwarz ist, sich sehr wohl darauf einigen können, wie sie sich in einem Gespräch mit anderen verhalten wollen. Normalerweise beschreibe ich die Grundregeln folgendermaßen: »Erstens einigen wir uns darauf, dass immer nur eine Person sprechen darf und diese von niemandem unterbrochen wird. Wahrscheinlich werden wir Dinge zu hören bekommen, die uns nicht gefallen werden, die uns wütend machen, die wir als Lügen betrachten oder von denen wir anderweitig glauben, sie beantworten zu müssen. Machen Sie sich in diesem Fall einfach Notizen. Jeder von Ihnen wird die Gelegenheit zum Sprechen bekommen, wenn Sie an der Reihe sind. Können wir uns auf diese Grundregel einigen?

Zweitens einigen wir uns darauf, wenn wir zuhören, sowohl die Worte als auch die Gefühle, die der Sprecher erlebt hat, zu resümieren. Dies wird am Anfang eher unangenehm sein. Die Tatsache, dass wir die Worte des Sprechers zusammenfassen, heißt jedoch nicht, dass wir alles akzeptieren, was uns dieser sagt – wir zeigen dadurch lediglich, dass wir die Botschaft unseres Gegenübers verstanden haben. Können wir uns auf diese Grundregel einigen?

Drittens einigen wir uns darauf, die volle und ganze Wahrheit zu sprechen. Wahrheit ist etwas sehr Subjektives – versuchen wir an dieser Stelle also, unsere persönlichen Erfahrungen so wahrheitsgetreu wie möglich wiederzugeben. Ebenso wollen wir über die Fakten und die Gefühle sprechen, die in Bezug auf den Konflikt auftauchen. Können wir uns auf diese Grundregel einigen?

Viertens einigen wir uns darauf, respektvoll miteinander umzugehen. Das bedeutet, unsere Wortwahl, Stimmlage und Körpersprache zeugen von Respekt gegenüber dem anderen, auch wenn wir im Moment wütend, verärgert oder gereizt sind. Können wir uns auf diese Grundregel einigen?

Und zu guter Letzt, die Mediation muss gerecht verlaufen. Beide haben das Recht, alles infrage zu stellen, was ihnen nicht richtig oder gerecht erscheint. Können wir uns auf diese Grundregel einigen?«

Hier noch einmal eine Zusammenfassung der Grundregeln:

1. Es darf immer nur eine Person sprechen, sie darf von niemandem unterbrochen werden.
2. Der Zuhörer erklärt sich einverstanden, die Emotionen und Gefühle zu resümieren und sie seinem Gegenüber zurückzuspiegeln.
3. Wir einigen uns darauf, die volle Wahrheit zu sprechen.
4. Wir einigen uns darauf, andere in Bezug auf Wortwahl, Stimmlage und Körpersprache respektvoll zu behandeln.

5. Wir einigen uns darauf, uns im Gespräch fair zu behandeln.

Ich habe die Erfahrung gemacht, dass eine Einigung auf diese einfachen Grundregeln ein Gefühl von Ordnung und Sicherheit schafft, welches es uns ermöglicht, auch schwierigere Gespräche zu führen. Wenn es darum geht, einem anderen Menschen zuzuhören und Gefühle widerzuspiegeln, verlangt dies vom Zuhörer seine volle Bereitschaft zur Aufmerksamkeit. Das Zurückspiegeln führt zu einer Verlangsamung des Gesprächs und gibt den Gesprächsteilnehmern die Zeit, über das Gesagte nachzudenken und sicherzustellen, dass sie alles verstanden haben.

Natürlich werden die Grundregeln immer wieder verletzt werden – selbst wenn die Gesprächsteilnehmer noch so gute Absichten haben. Der wirksamste Weg, mit diesen Regelverletzungen umzugehen, ist, noch einmal an die Regeln zu erinnern. Nehmen wir an, John verfällt im Gespräch in einen sarkastischen Tonfall. Darauf könnten sie reagieren, indem sie sagen: »John, was ist mit deiner Verpflichtung gegenüber Grundregel Nummer vier, andere respektvoll zu behandeln?«

Wenn Sie John direkt ins Gesicht sagen, dass er sich respektlos geäußert hat, wird er dies vehement abstreiten. Eine bessere Strategie ist hier, nachzufragen, ob er seine ursprüngliche Verpflichtung zu erfüllen gedenkt. Stellen Sie ihm diese Frage, muss John innehalten, darüber nachdenken und Ihnen darauf antworten. Die Frage verlangsamt Johns Reaktion ausreichend, um sein Verhalten mit seiner ursprünglich eingegangenen Verpflichtung abzugleichen. Das reicht fast immer aus. Wenn Ihnen dies möglich ist, machen Sie mit Johns Reaktion auf Ihre Frage *Affect Labeling*.

Sie (S): »John, was ist mit deiner Verpflichtung, andere respektvoll zu behandeln?«

John (J): »Uff! Hm, ich schätze, ich bin ein wenig wütend und sarkastisch geworden!«

S: »Du warst im Gespräch wütend und hast dich sarkastisch geäußert.«

J: »Ja, stimmt! Tut mir leid! Ich habe mich verpflichtet, die anderen respektvoll zu behandeln. Danke, dass du mich daran erinnert hast!«

Die meisten Menschen sind von dem Wunsch beseelt, dass ihre Handlungen möglichst immer im Einklang mit ihren eingegangenen Verpflichtungen stehen. Indem Sie John an seine ursprüngliche Verpflichtung erinnern, rufen Sie auf behutsame Weise genau diesen Wunsch in ihm wach. Er wird sich dadurch auch nicht provoziert fühlen, denn er kann seine Verpflichtung ja jederzeit zurückziehen. Falls er sich dazu entscheidet, wird das Gespräch auf einen späteren Zeitpunkt vertagt. Bestätigt er dagegen seine Verpflichtung, respektvoll zu sein, wird er sich vermutlich sehr anstrengen, diese zu erfüllen.

Benutzen Sie beim Zuhören für Ihre Reflexion je nach Bedarf die Techniken Paraphrasieren, *Affect Labeling* oder das Formulieren von Kernaussagen. Erwarten Sie von einem unerfahrenen Zuhörer nicht, dass er das Widerspiegeln sofort perfekt beherrscht. Assistieren Sie ihm ein wenig dabei. Aber seien Sie mit allem zufrieden, was Ihr Zuhörer Ihnen zu spiegeln vermag. Die Anwendung dieser Grundregeln bei Familienmitgliedern mit gegensätzlichen Standpunkten ist eine einfache Möglichkeit, Vertrauen und Gemeinsamkeiten wiederherzustellen.

Der Einsatz von Friedenskreisen als Mittel zur Verlangsamung

Die Methode des Friedenskreises habe ich bereits in Kapitel 4 eingeführt. Ein Friedenskreis ist im Wesentlichen eine Zeit und ein Ort, um Geschichten zu erzählen. Anders als bei den meisten anderen Gesprächen schweigen die Teilnehmer eines Friedenskreises zumeist, wenn sie den Geschichten der anderen zuhören. Die Erfahrung des Friedenskreises hat aufgrund seiner Struktur nur wenig mit einem normalen Gespräch gemein; sie bietet uns die Möglichkeit zu einem tieferen und reichhaltigeren Gespräch und gibt uns Zeit zum Nachdenken.

Bei fünf oder mehr Familienmitgliedern mit gegensätzlichen Meinungen ist es zum Beispiel eine wirksame und sichere Möglichkeit, diese in einem Friedenskreis zu versammeln, damit sie sich einmal über tief sitzende Differenzen austauschen können.

Wenn Sie einen Kreis einberufen, in dem ein schwieriges Thema angesprochen werden soll, denken Sie sorgfältig über die Rituale des Friedenskreises nach. Der Gegenstand in der Mitte des Kreises sollte ästhetisch ansprechend und beruhigend sein. Blumen oder eine längere Kerze eignen sich dafür hervorragend. Gleichermaßen sollte auch das Rede-Utensil eine symbolische Bedeutung besitzen. Falls Sie im Kreis ein gewichtiges Thema ansprechen wollen, wäre wahrscheinlich eine lange Vogelfeder am angemessensten. Die Leichtigkeit der Feder bildet einen symbolischen Kontrast zur Schwere des zu behandelnden Themas.

Der Kreiswächter stellt die Grundregeln auf – beispielsweise jene fünf, die wir in diesem Kapitel vorgestellt haben, auf diese Weise einigen sich alle Teilnehmer auf die gleichen Verhaltensregeln. Im Anschluss daran stellt der Kreiswächter bestimmte Fragen zum Thema, die zum Nachdenken und zu gegenseitigem Austausch anregen. Zum Beispiel benutzt er eine der sieben Fragen, die ich in den Gesprächen mit Menschen gegensätzlicher politischer Meinung verwendet habe – er könnte den Friedenskreis etwa mit der Frage beginnen: »Welche Lebenserfahrungen haben dich zu den Werten veranlasst, die du heute zum Thema Immigration hast?«

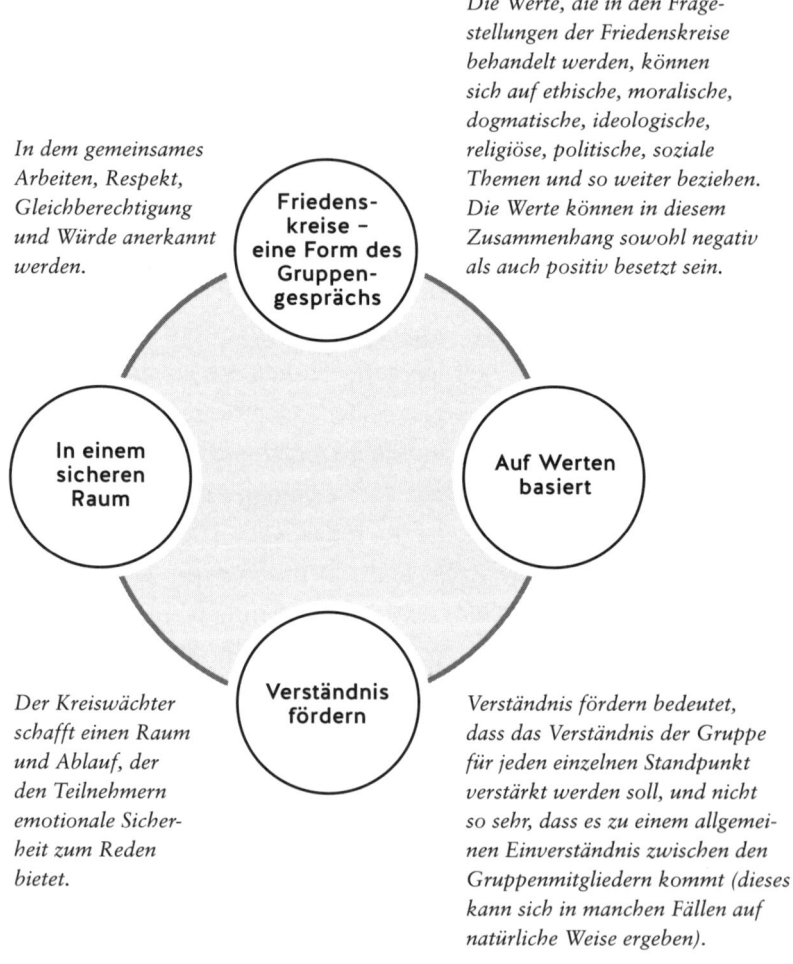

In dem gemeinsames Arbeiten, Respekt, Gleichberechtigung und Würde anerkannt werden.

Friedens-kreise – eine Form des Gruppen-gesprächs

Die Werte, die in den Fragestellungen der Friedenskreise behandelt werden, können sich auf ethische, moralische, dogmatische, ideologische, religiöse, politische, soziale Themen und so weiter beziehen. Die Werte können in diesem Zusammenhang sowohl negativ als auch positiv besetzt sein.

In einem sicheren Raum

Auf Werten basiert

Der Kreiswächter schafft einen Raum und Ablauf, der den Teilnehmern emotionale Sicherheit zum Reden bietet.

Verständnis fördern

Verständnis fördern bedeutet, dass das Verständnis der Gruppe für jeden einzelnen Standpunkt verstärkt werden soll, und nicht so sehr, dass es zu einem allgemeinen Einverständnis zwischen den Gruppenmitgliedern kommt (dieses kann sich in manchen Fällen auf natürliche Weise ergeben).

Denken Sie daran, im Uhrzeigersinn vorzugehen – die Person links vom Kreiswächter stellt die erste Frage. Der Wächter überreicht dieser das Rede-Utensil und erteilt ihr die Erlaubnis zum Sprechen. Wenn sie fertig ist, reicht diese das Rede-Utensil weiter an die Person zu ihrer Linken, die mithilfe von Paraphrasen, durch die Formulierung von Kernaussagen und *Affect Labeling* zusammenfasst, was ihre Vorgängerin beziehungsweise ihr Vorgänger gesagt hat; das Rede-Utensil darf erst weitergegeben werden, wenn sich der Sprecher mit der korrekten Widerspiegelung durch seinen Zuhörer zufrieden erklärt. Der Zuhörer wird seinerseits zum neuen Sprecher und so fort.

Da die Technik des Friedenskreises den Gesprächsprozess auf Schneckentempo verlangsamt, bleibt jedem Teilnehmer ausreichend Zeit, um über das Gesagte nachzudenken und sich darauf einzustellen. Jeder Teilnehmer sollte etwa 90 Sekunden lang sprechen. Für jemanden, der sich im reflexiven Modus befindet, kann dies zu einem überraschend langen Zeitraum werden, anders als im reaktiven Modus. Keiner der Teilnehmer ist zum Sprechen gezwungen und kann, wenn ihm dies lieber ist, das Rede-Utensil einfach an seinen Nachbarn weiterreichen. Das befreit ihn jedoch nicht von der Pflicht, seinem Vorgänger zuzuhören und dessen Worte widerzuspiegeln. Jeder muss der Person rechts von ihm zuhören und deren Worte zurückspiegeln.

Hier sind ein paar Fragen, die gut funktionieren, wenn Familien mit gegensätzlichen Standpunkten in einem Friedenskreis zusammenkommen:

» Welche drei Werte sind dir am wichtigsten?
» Wie drücken sich diese Werte in deinem Alltag aus?
» Wie wirst du in der kommenden Woche diese Werte leben?

Hier ist eine weitere Reihe typischer Fragen:

» Was ist Hoffnung?
» Wie drückt sich Hoffnung in deinem Leben aus?
» Was wirst du in der kommenden Woche tun, um Hoffnung zu schaffen?

Die Formel für Friedenskreise ist einfach: Der erste Teil besteht darin, möglichst weit gefasste und offene Fragen zu stellen, etwa zur Bedeutung von Werten und Hoffnung; im zweiten Teil stellen Sie dann widerspiegelnde Fragen, die auf das Leben des Sprechers abzielen; im dritten Teil rufen Sie zur Tat auf. Die Fragen beziehen sich auf Werte wie Hoffnung, Respekt, Liebe, Nächstenliebe, Toleranz, Weltoffenheit, Liebenswürdigkeit und so fort. Indem sich die Teilnehmer des Friedenskreises gegenseitig zu diesen Werten befragen und äußern, erinnert sich jeder im Kreis daran, dass wir mehr Werte und Überzeugungen miteinander teilen, als es Unterschiede zwischen uns gibt. Die Menschlichkeit und die maßgebliche Liebe der Familie macht es möglich, die Verbitterung von Polarisierung und Gegensätzen zu durchdringen.

Wir haben dieses Verfahren als Sprungbrett auf dem Weg zur Mediation an Häftlinge in Gefängnissen vermittelt. Für gewöhnlich sind unsere Schüler so lange skeptisch, bis sie es selbst ausprobieren. Aus den Erfahrungsberichten der ersten Friedenskreise geht hervor, dass sie von dem Verfahren durchweg verblüfft waren und zu enthusiastischen Nutzern desselben geworden sind.

* * *

Zusammenfassung des Kapitels

In diesem Kapitel haben wir Strategien einander gegenübergestellt und entwickelt, wie man mit Menschen und Familienmitgliedern verfährt, die gegensätzliche Standpunkte vertreten. Wir haben gelernt:

» Die Natur von Überzeugungen

» Warum Menschen in motiviertes Denken verfallen

» Wie man Menschen zuhört, die gegensätzliche Meinungen vertreten

» Wie soziale Netzwerke im Internet die Polarisierung beschleunigen

» Die Bedeutung, Gespräche zu verlangsamen und Verständnis zu wecken

» Wie sich Grundregeln einsetzen lassen, um eine sichere Gesprächsatmosphäre zu schaffen

» Wie man Menschen in Friedenskreisen versammelt, um sie auf ihre Gemeinsamkeiten aufmerksam zu machen

Nachwort

In unserer heutigen polarisierten und unhöflichen Gesellschaft können wir Frieden nicht mehr nur als statischen Begriff behandeln – er muss gelebt werden. Jeder von uns hat die Verantwortung, den Frieden zu schaffen, den wir in unserer Umgebung haben wollen. Frieden bedeutet nicht, »Kumbaya« zu singen oder Gefühlsduselei. Oder wie ich den Häftlingen im Gefängnis immer sage – ein Friedensstifter zu werden ist eine der schwierigsten Berufungen, die ein Mensch im Leben anstreben kann.

Konflikte gehen mit starken Emotionen, fiesen Worten, respektlosem Verhalten und manchmal auch Gewalt einher. Ein Friedensstifter begibt sich aus zweierlei Gründen in solch sumpfiges Terrain: um zu deeskalieren und Menschen bei der Lösung von Problemen zu helfen. Dieser Prozess verläuft nicht geradlinig, ist nicht planbar und nicht immer besonders lustig. Und doch handelt es sich dabei um wesentliche Fertigkeiten für das 21. Jahrhundert und über dieses hinaus. Gandhi soll gesagt haben: »Auge um Auge, Zahn um Zahn – und die ganze Welt wird blind und zahnlos sein.«[21] In einem Moment, wo viele unserer gewählten Volksvertreter unhöfliche Verhaltensweisen an den Tag legen und sich als unfähig erweisen, schwierige Probleme konfliktfrei zu lösen, müssen wir für die Menschen in unserer Umgebung selbst zu Vorbildern und Lehrern werden.

Doch das bloße Wissen, dass jeder von uns für Frieden verantwortlich ist, reicht nicht aus. Die Fertigkeit zum Frieden widerstrebt häufig unseren natürlichen Instinkten und erfordert eine Meisterschaft, zu der wir nur durch Übung gelangen können. Wir müssen gegen unsere angeborenen Reaktionen ankämpfen, gegen unsere Neigung zu klischeehaftem Denken und moralischer Abkoppelung. Da dies jedoch Vorurteile und Heuristiken sind, zu denen wir von Natur aus veranlagt scheinen und die außerhalb unseres Bewusstseins operieren, lassen sie sich häufig nur schwer erkennen oder festmachen.

Die einzigen durchgängig wirksamen Fertigkeiten zum Friedensstiften, die ich bislang kenne, sind die in diesem Buch vorgestellten. Ich habe die Hoffnung, dass durch das wachsende Wissen um das menschliche Gehirn und den menschlichen Geist neue Einsichten auch neue Fähigkeiten hervorbringen werden. Einstweilen sind die hier vorgestellten Deeskalations-Methoden von grundlegender Bedeutung, wenn es darum geht, Menschen beizubringen, wie sie in einer positiven und anerkennenden Weise auf starke Gefühle reagieren können, ohne dabei aus der Fassung zu geraten oder die Kontrolle zu verlieren.

Natürlich ersetzt die Lektüre eines Buches niemals die Praxis! Wie bei jeder neuen Technik bedeutet Anwendung immer auch, dass man Fehler macht. Es wird Momente geben, in denen Ihnen *Affect Labeling* schwerfallen wird und Sie ungeschickt agieren. Auch werden Sie bei Ihrem Gegenüber auf Widerstand stoßen. Dieser Widerstand bedeutet jedoch nicht, dass die Technik nicht funktioniert; er bedeutet lediglich, dass Sie vielleicht nicht subtil genug vorgegangen sind oder nicht den richtigen Moment gewählt haben. Nehmen Sie es als eine kleine Lektion hin, aber nicht als Hinweis, dass *Affect Labeling* nicht funktioniert! Bereits nach wenigen Wochen Übung wird es für Sie ganz natürlich sein, auf die Gefühle zu hören und *Affect Labeling* zu praktizieren. Haben Sie es sich erst einmal zur Gewohnheit gemacht, werden Sie von Menschen aus Ihrer Umgebung die erstaunlichsten Reaktionen erleben. Streit wird sich schnell in Luft auflösen, und Sie werden von anderen Menschen als jemand geschätzt werden, der »endlich einmal versteht, worum es mir eigentlich geht«.

Ich hoffe, dass dieses Buch große Verbreitung finden wird und die Praktiken und Methoden, die ich darin vorstelle, für Familien, Schulen, Gemeinden und Institutionen zum Gemeingut werden. Ich hoffe, dass Führungskräfte lernen, diese Fertigkeiten zu nutzen, um effektiver zu werden. Ich hoffe, dass Eltern die Gefühle ihrer Kinder nicht länger entwerten, sondern diesen widerspiegeln werden. Ich hoffe, dass Lehrer lernen, ihre Schüler besser zu motivieren, indem sie die emotionalen Datenfelder in der Klasse zu deuten wissen und entsprechend darauf reagieren. Wenn nur ein oder zwei Prozent der Bevölkerung diese Techniken regelmäßig üben, würden wir, wie ich glaube, bereits eine ganz andere Kultur erleben.

Ich bin immer an Geschichten interessiert. Wenn Sie eine gute Geschichte haben, kontaktieren Sie mich einfach auf meiner Website, www.dougnoll.com. Und nun machen Sie sich auf und schaffen Sie Frieden!

Dank

Ich danke meiner Kollegin und Mitbegründerin des »Prison of Peace«-Projekts, Laurel Kaufer. Laurel, du bist eine wahre Kraftnatur! Ohne deine unerschütterliche Tatkraft wäre unsere gemeinsame erstaunliche Reise niemals so erfolgreich verlaufen.

Außerdem möchte ich meiner Literaturagentin Devra Jacobs danken, die mich inzwischen zum dritten Mal auf einer Reise zur Entstehung eines Buches begleitet hat.

Weiterer Dank gilt meiner Agentin für Öffentlichkeitsarbeit Rebecca Stinson – du bist ein wahres Genie!

Dank auch an meine liebe Freundin, Lehrerin für Jazz-Violine und Autorenkollegin Julie Lyonn Lieberman – unsere beiden Unterrichtsstunden pro Woche sind stets viel mehr als nur Musik. Danke schön!

Schließlich danke ich meiner Frau, Aleya Dao – deine Brillanz stellt uns Übrige alle in den Schatten!

Anmerkungen

1. Zitiert nach: Robert Axelrod: *Die Evolution der Kooperation,* übersetzt und mit einem Nachwort v. Werner Raub und Thomas Voss, München 2009, S. 57 (Anm. d. Ü.).
2. Douglas E. Noll: Peacemaking. *Practicing at the Intersection of Law and Human Conflict,* Telford, PA: Cascadia Publishing House 2003, S. 150–85.
3. »Phaedrus by Plato,« aufgerufen am 25. Februar 2017, http://classics.mit.edu/Plato/phaedrus.html.
4. »Discourse on the Method of Rightly Constructing One's Reason and Seeking Truth in the Sciences by René Descartes (1637)«, aufgerufen am 25. Februar 2017, http://www.earlymoderntexts.com/assets/pdfs/descartes 1637.pdf.
5. Rikki Lund, Ulla Christensen, Charlotte Juul Nilsson, Margit Kriegbaum und Naja Hulvej Rod: »Stressful Social Relations and Mortality: A Prospective Cohort Study«, *Journal of Epidemiology & Community Health,* 68 (2014), S. 720–727, http://dx.doi.org/10.1136/jech-2013-203675.
6. Hans-Rüdiger Pfister und Gisela Böhm: »The Multiplicity of Emotions: A Framework of Emotional Functions in

Decision Making«, *Judgment and Decision Making*, 3, Nr. 1 (2008), S. 5–17.

7. »A Primer of Affect Psychology« von Vernon C. Kelly, Jr. (2009), aufgerufen am 19. März 2017, http://www.tomkins.org/wp-content/uploads/2014/07/Primer_of_Affect_Psychology-Kelly.pdf.

8. Debra Umberson, Kristi William und Kristin Anderson: »Violent Behavior: A Measure of Emotional Upset?«, *Journal of Health and Social Behavior*, 43 (Juni 2002), S. 189–206.

9. Vincent J. Felitti, Robert F. Anda, Dale Nordenberg, David F. Williamson, Alison M. Spitz, Valeria Edwards, Mary P. Koss, James S. Marks: »Relationship of Childhood Abuse and Household Dysfunction to Many of the Leading Causes of Death in Adults: The Adverse Childhood Experiences (ACE) Study«, *American Journal of Preventive Medicine 14*, Nr. 4 (1998), S. 245–258.

10. Ich möchte an dieser Stelle die Arbeit von Ridge Associates und Dr. Robert Bolton würdigen. Dessen frühe Schriften bildeten die Grundlage für meine Arbeit und den Lehrplan von »Prison of Peace«. Robert Bolton: *People Skills: How to Assert Yourself, Listen to Others, and Resolve Conflicts*, New York: Simon & Schuster 1979.

11. Sidney Zisook und Katherine Shear: »Grief and Bereavement: What Psychiatrists Need to Know«, *World Psychiatry* 8, Nr. 2 (2009), S. 67–74.

12. Lorne Campbell und Tara Marshall: »Anxious Attachment and Relationship Processes: An Interactionist Perspective«, *Journal of Personality* 79, Nr. 6 (2011), S. 917–947 doi:10.1111/j.1467-6494.2011.00723.x; Tianyuan Li und Darius K. S. Chan: »How Anxious and Avoidant

Attachment Affect Romantic Relationship Quality Differently: A Meta Analytic Review«, *European Journal of Social Psychology* 42, Nr. 4 (2012), S. 406–419.

13. Matthew D. Lieberman, Naomi I. Eisenberger, Molly J. Crockett, Sabrina M. Tom, Jennifer H. Pfeifer und Baldwin M. Way: »Putting Feelings into Words: Affect Labeling Disrupts Amygdala Activity in Response to Affective Stimuli«, *Psychological Science* 18, Nr. 5 (2007), S. 421–428.

14. Miss Humiston wurde nach über 20 Jahren Haft auf Bewährung freigelassen. Sie ist inzwischen glücklich verheiratet, hat Kinder und führt das vorbildliche Leben einer mustergültigen Staatsbürgerin.

15. Kristen A. Lindquist und Lisa Feldman Barrett: »Emotional Complexity«, in M. Lewis, J. M. Haviland-Jones und L. F. Barrett (Eds.): *The Handbook of Emotions*, 3. Auflage, New York: Guilford 2010.

16. Eckhart Tolle: *Jetzt! Die Kraft der Gegenwart*, Bielefeld: Kamphausen 2002, S. 55.

17. Im Amerikanischen wird diese Methode STOIC genannt; sie ist das Herzstück der auf wissenschaftlichen Ergebnissen basierenden CHAMPS-Methode für die Unterrichtsführung. Einen Überblick der empirischen Studien bietet http://www.safeandcivilschools.com/research/references/is-champs-evidence-based.pdf.

18. Brea L. Perry und Edward W. Morris: »Suspending Progress: Collateral Consequences of Exclusionary Punishment in Public Schools«, *American Sociological Review* 79, Nr. 6 (2014), S. 1067–1087.

19. Zitiert nach: Robert Axelrod: *Die Evolution der Kooperation*, übersetzt und mit einem Nachwort v. Werner Raub und Thomas Voss, München 2009, S. 158 (Anm. d. Ü.).

20. Drew Westen, Pavel S. Blagov, Keith Harenski, Clint Kilts und Stephan Hamann: »Neural Bases of Motivated Reasoning: An fMRI Study of Emotional Constraints on Partisan Political Judgment in the 2004 U.S. Presidential Election«, *Journal of Cognitive Neuroscience* 18, Nr. 11 (2006), S. 1947–1958.

21. Der Gandhi-Biograf Louis Fischer benutzte diesen Satz, um Gandhis Satyagraha-Philosophie zu veranschaulichen. Siehe Garson O'Toole: The Quote Investigator, aufgerufen am 8. März 2017, http://quoteinvestigator.com/2010/12/27/eye-for-eye-blind/.

Weiterführende Quellenangaben

Wenn Sie mehr über die Fertigkeiten und Techniken, die ich in diesem Buch vorstelle, erfahren möchten, verweise ich auf folgende Quellen:

Den Online-Kurs »It's Pure Magic«. Diese achtteilige Videoserie erklärt Ihnen die grundlegenden Fertigkeiten von *Affect Labeling* in Form von Online-Erklärungen, -Beispielen und -Übungen, die Sie selbst ausprobieren können. Für weitergehende Informationen siehe: http://itspuremagic.com.

Den Doug-Noll-YouTube-Kanal. Dort finden Sie viele meiner Vorträge, Präsentationen und Übungsstunden: http://bit.ly/2rHPkYx.

Für weitere Informationen zu meinen Workshops, Fortbildungen und Grundgedanken siehe auch meine Internetseite: http://dougnoll.com.

Für weitere Information zum »Prison of Peace«-Projekt siehe: http://prisonofpeace.org.

»Ich will dich doch erreichen!«

Angelika U. Reutter

WENN
DIE WORTE
FEHLEN

Auch für
Angehörige
von Demenz-
Erkrankten

Von der Kraft
der Seelensprache

SCORPIO

Klappenbroschur, 184 Seiten
ISBN 978-3-95803-094-7

Sprache ist das uns vertraute Instrument, mit dem wir mit anderen Menschen in Verbindung treten. Was aber tun, wenn ein geliebter Mensch nicht mehr zu sprechen vermag und die Worte ausbleiben? Angelika U. Reutter zeigt anhand zahlreicher Beispiele, dass die Seelensprache eine tragfähige Brücke zum anderen ist, die es ermöglicht, auf verschiedene Arten Kontakt herzustellen. Sie ist eine Sprache von Herz zu Herz, die eine Begegnung auf vielfältige Weise zulässt. Dieses praxisnahe Buch unterstützt dabei, Menschen aus Isolation und Einsamkeit zu führen.

Mehr über unsere Bücher   *www.scorpio-verlag*

Neue Energie jetzt!

JOSEPH CARDILLO

Energie für jede Lebenslage

Wacher, entspannter und durchsetzungs- fähiger werden

Klappenbroschur, 280 Seiten
ISBN 978-3-95803-082-4

SCORPIO

Die meisten Menschen wünschen sich mehr Energie, fühlen sich jedoch oft schlapp. Aber wie genau gewinnen wir Energie und wodurch geht sie uns verloren? Dr. Joseph Cardillo, Spezialist für Mind-Body-Medizin, zeigt: bewusste Energie-Steuerung ist der Schlüssel.

Anhand von Übungen zur Körperintelligenz, achtsamkeitsbasierten Mentaltechniken, Selbst-Tests und Schritt-für-Schritt-Anleitungen lässt sich das eigene Energielevel selbst regulieren, sodass dynamische, kreative oder entspannte Energie immer dann zur Verfügung steht, wenn wir sie brauchen.

SCORPIO